全本全注全译丛书

中华经典名著

李似珍　金玉博◎译注

化书　无能子

中华书局

图书在版编目（CIP）数据

化书;无能子/李似珍,金玉博译注. —北京:中华书局,
2020.10(2025.3 重印)
（中华经典名著全本全注全译丛书）
ISBN 978-7-101-14284-6

Ⅰ.化… Ⅱ.①李…②金… Ⅲ.①古典哲学-中国-五代十
国时期②古典哲学-中国-唐代③《化书》-译文④《化书》-注释
⑤《无能子》-译文⑥《无能子》-注释 Ⅳ.①B241.8②B241.9

中国版本图书馆 CIP 数据核字（2019）第 275787 号

书　名	化　书　无能子	
译 注 者	李似珍　金玉博	
丛 书 名	中华经典名著全本全注全译丛书	
责任编辑	王守青	
装帧设计	毛　淳	
责任印制	管　斌	
出版发行	中华书局	

（北京市丰台区太平桥西里 38 号　100073）
http://www.zhbc.com.cn
E-mail:zhbc@zhbc.com.cn

印　　刷	北京盛通印刷股份有限公司
版　　次	2020 年 10 月第 1 版
	2025 年 3 月第 6 次印刷
规　　格	开本/880×1230 毫米　1/32
	印张 9¼　字数 250 千字
印　　数	34001-38000 册
国际书号	ISBN 978-7-101-14284-6
定　　价	28.00 元

目录

化书

前言 ···································· 3

卷一　道化 ···························· 20

　　道化 ···························· 21

　　蛇雀 ···························· 23

　　老枫 ···························· 24

　　耳目 ···························· 25

　　环舞 ···························· 26

　　铅丹 ···························· 27

　　形影 ···························· 27

　　蛰藏 ···························· 28

　　枭鸡 ···························· 29

　　四镜 ···························· 30

　　射虎 ···························· 31

　　龙虎 ···························· 32

　　游云 ···························· 33

　　哕咽 ···························· 33

　　大化 ···························· 34

　　正一 ···························· 36

　　天地 ···························· 37

　　稚子 ···························· 38

阳燧 ·················· 39

死生 ·················· 40

爪发 ·················· 41

神道 ·················· 41

神交 ·················· 42

大含 ·················· 43

卷二　术化 ·················· 45

云龙 ·················· 46

猛虎 ·················· 47

用神 ·················· 48

水窦 ·················· 49

魍魉 ·················· 49

虚无 ·················· 50

虚实 ·················· 51

狐狸 ·················· 51

转舟 ·················· 52

心变 ·················· 53

珠玉 ·················· 54

螟蝣 ·················· 55

胡夫 ·················· 55

阴阳 ·················· 56

海鱼 ·················· 57

硐松 ·················· 58

动静 ·················· 59

声气 ·················· 60

大同 ·················· 61

帝师 ·················· 62

琥珀 ·················· 63

卷三　德化 ················ 64

　五常 ············· 65

　飞蛾 ············· 67

　异心 ············· 68

　弓矢 ············· 69

　聪明 ············· 70

　有国 ············· 71

　黄雀 ············· 72

　笼猿 ············· 73

　常道 ············· 73

　感喜 ············· 74

　太医 ············· 75

　谗语 ············· 76

　刻画 ············· 77

　酒醴 ············· 78

　恩赏 ············· 78

　养民 ············· 79

卷四　仁化 ············· 81

　得一 ············· 82

　五行 ············· 83

　畋渔 ············· 84

　牺牲 ············· 86

　太和 ············· 87

　墨鱼 ············· 88

　神弓 ············· 89

　救物 ············· 89

　书道 ············· 90

　凤鸥 ············· 91

知人 ……………………………… 92

蝼蚁 ……………………………… 93

歌舞 ……………………………… 94

踯躅 ……………………………… 95

止斗 ……………………………… 96

象符 ……………………………… 97

善恶 ……………………………… 98

卷五　食化 ……………………… 99

七夺 ……………………………… 100

巫像 ……………………………… 102

养马 ……………………………… 103

丝纶 ……………………………… 103

奢僭 ……………………………… 104

燔骨 ……………………………… 106

食迷 ……………………………… 106

战欲 ……………………………… 107

胶竿 ……………………………… 108

庚辛 ……………………………… 109

兴亡 ……………………………… 110

雀鼠 ……………………………… 110

无为 ……………………………… 111

王者 ……………………………… 113

鸥鸢 ……………………………… 113

卷六　俭化 ……………………… 116

太平 ……………………………… 118

权衡 ……………………………… 119

礼道 ……………………………… 120

食象 ……………………………… 120

民情 ···································· 121

悭号 ···································· 122

君民 ···································· 123

乳童 ···································· 124

化柄 ···································· 125

御一 ···································· 126

三皇 ···································· 127

天牧 ···································· 128

雕笼 ···································· 128

礼要 ···································· 129

清静 ···································· 130

损益 ···································· 131

解惑 ···································· 132

无能子

前言 ···································· 135

卷上

圣过第一 ···························· 157

明本第二 ···························· 168

析惑第三 ···························· 172

无忧第四 ···························· 175

质妄第五 ···························· 177

第六（阙） ·························· 183

真修第七 ···························· 184

第八（阙） ·························· 189

第九（阙） ·························· 190

第十（阙） ·························· 191

卷中

文王说第一 …………………………… 192

首阳子第二 …………………………… 198

老君说第三 …………………………… 203

孔子说第四 …………………………… 207

第五（阙） …………………………… 212

范蠡说第六 …………………………… 213

宋玉说第七 …………………………… 218

商隐说第八 …………………………… 225

严陵说第九 …………………………… 230

孙登说第十 …………………………… 238

卷下

答通问第一 …………………………… 243

答华阳子问第二 ……………………… 247

答愚中子问第三 ……………………… 251

鱼说第四 ……………………………… 253

鸩说第五 ……………………………… 256

答鲁问第六 …………………………… 259

第七（阙） …………………………… 263

纪见第八 ……………………………… 264

第九（阙） …………………………… 270

第十（阙） …………………………… 271

固本第十一 …………………………… 272

第十二（阙） ………………………… 278

第十三（阙） ………………………… 279

第十四（阙） ………………………… 280

化　书

前言

一　《化书》作者及版本

　　《化书》的撰成时代，大致为唐末五代时期，但是关于它的作者，说法并不统一。一说为宋齐邱，谓可以旧本题名"齐邱子"为证。宋初张耒《书宋齐邱化书后》、马令《南唐书》和晁公武《郡斋读书志》均认同此书名，并以为系南唐时宋齐邱所撰。按《化书》说郭本作者自序，谓"广平宋齐邱子嵩，性情慵，读书不知古今，然好属意于万物，有感于心者，必冥而道之。所以或得万物之情，或见变化之妙，遂著《化书》以尽其道，凡六卷，百有七篇"。此文亦可见于《全唐文》第870卷，然文字略有不同。目前有人据宋洪迈《容斋随笔》等书籍，考证出其为万载(今属江西)人，曾在南唐李昪等朝廷任谏议大夫、兵部侍郎等官职，著有《化书》《理训》等书。此说与说郭本自序之广平(今河北邯郸)籍贯又有不同。也有说宋齐邱为豫章(今江西南昌)人的。

　　对于以上说法，与宋齐邱同时代之陈抟则并不认可。据陈景元(号碧虚子)《化书后序》记载，陈抟曾与其弟子张无梦言："我师友谭景升，始于终南山著《化书》，因游三茅，经历建康，见齐邱子有仙风道骨，虽溺于机智，而异乎黄埃稠人……乃出《化书》授齐邱曰：'是书之化，其化无穷，愿子序之，流于后世。'于是杖蹤而去。齐邱夺为己有而序之耳。噫！昔向秀述《南华解义》，未传而死，郭象偷解成注，诚罪人也。今谭君名刻于白简,身不老于人间,齐邱敢纵其盗心,蔽其仙迹,其罪尤著也。"认为齐邱子(即宋齐邱、齐邱)只是传播此书者,而真正的作者是隐藏于山中修道的谭峭。明弘治刘达刻本《化书》后序、明天启刻本《化书》序等均据此认《化书》为谭峭著,齐邱窃之。

或又有此书虽谭峭所作,其中某些部分可能经齐邱增改之说。如明王世贞便谓:"是书也,吾以为齐邱必窜入其自著十之一二,而后掩为己有。"(《书〈化书〉后》)众说纷纭,莫衷一是。

然从宋、谭生平来看,宋齐邱为万载或豫章(均属今江西)人,历任五代十国时吴国左谏议兵部侍郎、右仆射平章事、洪州节度使,及南唐谏议大夫、兵部侍郎等职。于七十二岁去世前,一直在政界沉浮,虽有在九华山隐居经历,却与道教理论无缘,此与《化书》修炼内丹、愤世嫉俗之旨相去甚远。而谭峭则终生学道,与《化书》风格较接近,故本书弃宋齐邱撰作旧说而遵陈景元之考证,以谭峭为《化书》作者。至于书中是否有宋齐邱之论赘入,则有待于进一步的考证。

谭峭生平,《新五代史》仅及一句,南唐沈汾《续仙传》记载最早且甚详,其纳谭峭生平于"隐化八人"之中。言谭峭,字景升,唐国子司业洙之子。"幼而聪明,及长,颇涉经史,强记,问无不知。属文清丽。洙训以进士业,而峭不然,迥好黄老诸子及周穆、汉武、茅君列仙内传,靡不精究。"后辞父出游,历经终南、太白、太行、王屋、嵩、华、泰岳等名山大川。又师于嵩山道士十余年,得辟谷养气之术。唯以酒为乐,常醉醺醺云游各地。每行常吟诗曰:"线作长江扇作天,靸鞋抛向海东边。蓬莱信道无多路,只在谭生拄杖前。"最后终老于青城山。闽王王昶崇尚道教,曾拜谭峭为师,赐号"金门羽客正一先生"。他的出走学道,亦可视为对现实社会的一种消极反叛。可惜的是《续仙传》不记谭峭的生卒年月,也没有关于《化书》的记载,《十国春秋》虽有齐邱夺《化书》事,但又颇具神仙色彩。

《道藏》有谭峭号紫霄真人的记载,清周学曾等纂修的《晋江县志》

载:"谭峭……师嵩山道士,得辟谷养气之术。尝醉游,夏作乌裘,冬衣葛衫,或卧霜雪中。南唐主召至建康,赐号紫霄真人。归,修炼于清源紫泽洞。"据说跟他学道的有百余人,在士大夫中威信很高。南唐诗人孟贯《赠栖隐洞谭先生》诗云:"先生双鬓华,深谷卧云霞。不伐有巢树,多移无主花。石泉春酿酒,松火夜煮茶。因问山中事,如君有几家。"宋开宝六年(973)无疾而终,享年百余岁。余嘉锡《四库提要辨证》亦同此说,然陆游、马令《南唐书》、《十国春秋》等书却又谓谭紫霄隐庐山栖隐洞,叙其行状与沈汾所记迥异,似乎谭峭与谭紫霄为二人。如此行状至今仍无定论。或是由于道教中人,行踪本无恒定,官方史书又少有相关的记载;而《道藏》等书中,又往往以灵迹托人,广采神鬼,收罗芜杂,故其身世往往难以考定。

从上述生平材料来看,《化书》的作者谭峭应当是在思想上具有道教倾向的人,或者本身就是道教中的一个成员,大致是不错的。故其书被收入道教丛书《道藏》也是顺理成章的事情了。

二 "化"的主旨及其展开

本书题名《化书》,以"化"为中心来论述宗旨,各卷主题环环相扣,这种严整的结构形式,在我国古籍中尚不多见。

道家典籍中,最早用"化"一词的是《道德经》即《老子》一书。《道德经》中"化"字共出现三次。第三十七章云:"道常无为而无不为。侯王若能守之,万物将自化。化而欲作,吾将镇之以无名之朴。"出现了两次"化",均有消耗、改变的意思。另外在第五十七章,亦云:"我无为而民自化,我好静而民自正,我无事而民自富,我无欲而民自朴。"陈鼓应先生解释"自化"为"自我化育、自生自长",点出其"化"的"化育"含义。《庄子》中的"化"出现频率增加,有七十余处。同时还出现不少与"化"结合在一起的复词,如"物化""造化""变化""形化"等。陈鼓应先生认为《庄子》始畅言"化"的概念,此说颇有理(陈鼓应:《论道与物关系问题》，载《道家文化研究》第22辑，三联书店2007年）。

《周易》也屡言"化"，例如"乾道变化"（《乾·彖》）、"万物化生"（《咸·彖》）和"穷神知化"（《系辞》），其基本含义就是"变易"，与《庄子》所说的"化"较为接近。《周易·系辞》曰："化而裁之谓之变，推而行之谓之通。"又曰："一阖一辟谓之变，往来不穷谓之通。"这样就把"化"与"变"进行了有机的结合。成书于西汉时期的《黄帝内经》，在论及"生、化、极、变"的事物发生发展规律时，提出"物生谓之化，物极谓之变"（《素问·天元纪大论》），"夫物之生从于化，物之极由乎变"（《素问·六微旨大论》）。认为物之生从化而来，物之极由变而来，即新事物产生的过程，也就是"化"的过程；而旧事物由小到大发展到盛极的过程，也就是"变"的过程。然唐孔颖达疏《易·乾》"乾道变化，各正性命"句，以为"变，谓后来改前；以渐移改，谓之变也。化，谓一有一无；忽然而改，谓之为化"，即事物渐渐地发展过程，叫做变，事物从有到无，突然发生，叫做化。也就是说变属量变，化属质变。至于庄子所言之坐化、造化、融化、化生、转化、气化等，都属质变的范畴。两种解释有着矛盾。

自《化书》内容来看，作者将"化"与"道""德"直接相联系，而不在其中提及"变"字，可见其释"化"为质变的意向。对此明刘达在序《化书》时有所提示："道在天地间不可见，可见者化而已。化在天地间不可见，可见者形而已。盖道者，日用事物当行之理，无物不有，无时不然，所以不可须臾离也。若其可离，则为外物而非道矣。"这里指出谭峭讲的"化"是"道"的作用显现者，与"道"有着密不可分的关系："非道无以生化，非化无以显道。道之与化，一而二，二而一者也。"

《道化》篇中从"道之委""道之用"两个方面，来说明"道"和"化"的关系。提出道的变化有顺、逆两个方向："道之委"是道顺而产生万物的过程，"道之用"是道借外化的万物返回自身的过程。"委"和"用"二者的辩证关系构成了万物的运动，即"神化之道"。这里谭峭所体验的"道"和"化"有一种类似于体与用的关系：道是万物产生的本体及内在依据,通过道自身的变化作用,产生了有形之万物为人们耳所闻、目所见,是道的外在表现,即本体之用。因此"非道无以化生,非化无以显道",道通过"化生万物"来显示自己,而"化生万物"之源仍然是道。两者的关系是体用不二,道化为一。

《列子》中有"自化"的思想。提出大道本身以"生物者不生,化物者不化"的状态恒久永存。天地万物的生灭变化是自生、自灭、自变、自化的过程。《列子·天瑞》中曰:"自生自化,自形自色,自智自力,自消自息,谓之生化、形色、智力、消息者,非也。"就是这样的意思。魏晋王弼提出体用范畴,认为本体("道")以自身作为原因,天地万物是"道"的作用和表现。但"道"并不是一种外在力量,而是内在于万物的原因。本体内在于万物,万物就是本体自己运动的表现。谭峭的道化论体现的就是列子"自化"的思想,并对魏晋而来的"体用"理论有所吸纳。刘达推崇谭峭,认为他的认识"知之明,见之的,有以窥阴阳化育之原,达鸢鱼飞跃之机者,孰能与于斯哉"(刘达刻本《化书》序)!这样的称赞是恰如其分的。

谭峭对"化"的表现有多方面的体察。首先,他认为"化"之原始由于"对待"之相磨、相推,即事物内部两种势力的相互作用。《化书·术化·动静》说:"动静相磨,所以化火也;燥湿相蒸,所以化水也;水火相勃,所以化云也;汤盎投井,所以化雹也;饮水雨日,所以化虹霓也。"把火、水、云、虹等自然现象的变化,看成是动静两种状态互相磨荡所引起,符合自然界的实际状况。

其次,谭峭看到"化"是阴阳对立面相互作用的结果。《术化·阴阳》篇曰:"阴阳相搏,不根而生芝菌;燥湿相育,不母而生蝍蛆。是故世人体阴阳而根之,敩燥湿而母之,无不济者。小人由是知陶炼五行,火之道也;流行无穷,水之道也;八卦环转,天地之道也;神物乃生,变化之道也。是以君子体物而知身,体身而知道。夫大人之道幽且微,则不知孰是孰非。"正是由于"阴阳""燥湿"等对立面的相互作用,才有火之燃烧,水之流行,八卦之环转等现象的变化。这里所说的"不根而生""不母而生",并不是说万物变化没有"根",没有"母",而是认为这种"根"或"母"不是单一的,而是事物内部对立的两种势力。同卷中《胡夫》篇云:"以阴孕阳,以柔孕刚,以曲孕直,以短孕长,以小孕大,以圆孕方,以水孕火,以丹孕黄。"这里的"孕",当是孕育、包含的意思。指出事物内部包含着差别和矛盾(差别的内在发生),由此引起了事物的变化发展,结果导致了向对立面的转化,即"可以为异类",这就是"变化之道"。

《化书》叙述了不少对立面转化的实例,如《德化·异心》篇中云:"善驰者终于蹶,善斗者终于败。有数则终,有智则穷。巧者为不巧者所使,诈者为不诈者所理。"这是从人拥有的善驰、善斗、有数、有智、巧诈等技能角度,提出来的两极互换。《德化·弓矢》篇中言:"天子作弓矢以威天下,天下盗弓矢以侮天子。君子作礼乐以防小人,小人盗礼乐以僭君子。有国者好聚敛,蓄粟帛、具甲兵以御贼盗;盗贼擅甲兵、踞粟帛以夺其国。"这是从君王与百姓的对立关系中,来说明事态向相反方面的转化。同卷《聪明》篇中曰:"无所不能者,有大不能;无所不知者,有大不知。"这可看作是作者在对各种事物考察后做出的概括与总结。

第三,看到了转化的条件性。如《德化·常道》篇中谓:"仁义者常行之道,行之不得其术,以至于亡国。忠信者常用之道,用之不得其术,以至于获罪。廉洁者常守之道,守之不得其术,以至于暴民。财辩者常御之道,御之不得其术,以至于罹祸。"提出转化不是完全没有条件的。只有"得其术",才能获得预期的效果。反之,则行不通。

不过,《化书》中讲转化也有缺乏事实依据、主观臆断的一面。例如《道化·老枫》篇中说:"老枫化为羽人,朽麦化为蝴蝶,自无情而之有情也;贤女化为贞石,山蚯化为百合,自有情而之无情也。"枫树化为道士("羽人"),朽麦化为蝴蝶,显然是缺乏科学依据的。不过这里提到了"无情"之物可以幻化"有情"之物,"有情"之物也可以转化为"无情"之物,却蕴含着自然界由物质存在为基础观念的体认。

第四，谭峭在《化书》中还注意到事物转化有一定的必然性，遵循一定的规律。《道化·大化》篇中言："其来也势不可遏；其去也力不可拔。"《道化·死生》篇中说："万物非欲生，不得不生；万物非欲死，不得不死。"都是这层意思。只要人们对这种转化的必然性规律有所认识，并在行动上不违背这种必然性，那就能达到预期目的。《仁化·止斗》篇中说道："善救斗者预其斗，善解怨者济其怨。是故心不可伏，而伏之愈乱；民不可理，而理之愈怨。水易动而自清，民易变而自平。其道也在不逆万物之情。"这里虽然有君临民众之上的缺陷，但所提出"其道也在不逆万物之情"，即做事绝不可反其道而行之，只能顺其道而行之，却是有合理之处。

第五，看到人的主观能动性在"化"过程中的作用。《术化·止斗》篇中提到的"其道也在不逆万物之情"，也反映了谭峭对人的主观能动性的某种认识。在对待人的主观能动性问题上，道家与道教有所不同，老庄讲"无为"，虽有其尊重客观的一面，却反对实践，要求人消极地顺从命运的安排。而东汉而来的道教学说，却讲人的"能为"，讲"役用万物"（葛洪《抱朴子·内篇·对俗》），认为人能凭借主观能动性来夺阴阳造化之根。谭峭接受了道教的这一思想，提出"数可以夺"的观点。《术化·转舟》篇中说："转万斛之舟者，由一寻之木；发千钧之弩者，由一寸之机。一目可以观大天，一人可以君兆民。太虚茫茫而有涯，太上浩浩而有象。得天地之纲，知阴阳之房，见精神之藏。则数可以夺，命可以活，天地可以反覆。"人类之所以能"转万斛之舟""发千钧之弩"，就在于"得天地之纲，知阴阳之房"，即认识了事物内在的必然规律。

这样的思想在书中其他篇章中也屡有所见。如《道化·天地》篇说到，只要人能"录精气，藏魂魄，薄滋味，禁嗜欲，外富贵"，就能达到"虽天地老而我不倾，营虬死而我长生，奸臣去而国太平"的境地。《道化·游云》篇谓："君子常正其心，常俨其容，则可以游泳于寥廓，交友于神明而无咎也。"均是此例。

上述诸方面的认识,反映出《化书》作者对"化"概念的理解达到了相当深入的程度。

三 围绕"道化"的纲目结构

《化书》共六卷,分道、术、德、仁、食、俭六化,一百一十篇。其中之《道化》卷,接续老子有关"道"的思想,着重从"道"的变化方面展开思考。老子讲"道",主要从宇宙本源角度加以论述,提出"道"是一种超越宇宙的最高存在,为天地万物之母,是永恒存在、亘古不变的。在其发生、变化过程中,产生出阴阳、有无、虚实、动静等方面的相互作用。谭峭继承这样的思想,提出道的变化有顺、逆两个方向:"道之委"是道顺而产生万物的过程,"道之用"是道借外化的万物返回自身的过程。"委"和"用"二者的辩证关系构成了万物的运动,即"神化之道"。

《道化》二十余篇文章,都围绕"道"的变化主题而展开。其中《大化》《正一》《天地》《大含》等篇,采取了正面说理的方式。如《大化》篇以太虚自然运动产生的从虚到有的一系列变化,说明大道之降、世道有为都是有其必然规律的,即"其来也势不可遏,其去也力不可拔"。《正一》篇强调"一"的无处不在,无时不存。《天地》篇说宇宙之内万事万物都是相互依存的。《大含》篇旨在说明天地从至虚中生神。这些篇章中都提到人在懂得这些道理之后,就可以做到虚心无为、以道立身、以德辅世,这便是与天地同在的正确做法。

整卷篇章紧扣"道化"主题,以形神关系分析为重点,融入道教炼丹思想,对唐代以来的炼丹实践做出了理论上的总结。作者以"化"论"道",是当时"道"论的空白点,所以为其时的"道"论深入做出了贡献。

《德化》卷意在说明大道无言无形、看不见听不到摸不着,只有通过我们的思维意识去认识和感知它;而德是道的体现,能昭示道的一切,是我们通过感知后所做出的行为。显然这样的观点与老子所讲的"德"较为接近。《道德经》第二十一章曰:"孔德之容,惟道是从。"即说大德的内容,就是遵循"道"而行动。历代解读《道德经》的名家皆解"德"为"道"之功、"道"之用、"道"之见(现)。即"德"是"道"的具体体现形式,而"道"则为"德"的内容。《道德经》第五十一章谓"道生之,而德畜之,物刑之,而器成之。是以万物尊道而贵德",意思就是道生育万物,德蓄养万物,物质构成了万物,外形完成了万物的种类。这些内涵也是《德化》卷论述的出发点。不过作者在本卷中还涉及"德"的社会政治方面内容,体现了他对当时社会主流意识形态——儒家思想的关注。

儒家主流观念重道而轻术,而道家中人则对于术有着足够的关注。道教中人常有"道无术不行"的说法,认为"道"寓于"术",行术就是演道之意。这或许也是本书作者将《术化》篇紧随《道化》篇来论述的缘由所在。此卷论"术"采取了自道论术、自术论道的两个角度。所谓自道论术,是指将道家认作为"道"之本体的虚无,在事物层面加以考察。而以道论术篇章,则体现了作者对运术的多方面体悟。

"仁"的含义,本指人与人之间相互亲爱。孔子把"仁"作为最高的道德原则、道德标准和道德境界。本卷旨在将此"仁"的原则,放在了各种条件下加以考量。如首篇《得一》中将"仁"视为五常之一,有着儒学的内涵;然自把"仁""德"生万物相联系来看,又同老子"天地不仁"(《道德经》第五章)、即"大仁"为"无私""公正""平等"的含义相一致。

如果说"道""德""仁""术"概念在前人那里尚得到过充分的论述,那么立"食"与"俭"为主题,则在学术史上较为少见。特别是"食",虽然自先秦而来便得到过人们的注意,如儒家认为人有"食色"之需,"食"作为维持人的基本的生存条件,具有合理性。道家也对此观念持认可态度,如老子就肯定过"民各甘其食,美其服,安其俗,乐其业"(《道德经》第六十七章)为"至治之极"。但是"一日三餐"虽然在人类生活中不可或缺,但是它实在过于形而下,所以很难成为讨论的主题。谭峭在这方面打破了传统的束缚,专立一卷加以推敲,则是空前绝后的。作者在此卷中肯定了民众对"食"的正当要求,并对"贪欲"做出了分析、批判。他将"食"提至"五常之本"高度，认为民之要者莫如食，民无食则五常废，执政者当均其食以助五常之兴。

"俭"的话题虽然在老子那里已经出现，《道德经》第六十七章中将"俭"作为其"三宝"之一，为其有"能广"之功能，故当"持而保之"。《化书》中的《俭化》篇基本延续老子的这些思想。篇章中强调了养成"俭"的生活习惯的重要性，并对"俭"的范围做出设想。提出"俭"的对象可以是物质性的，如水火、饮馔、礼乐，等等；也可以是主体性的，如视听言说及心思之类。作者在本卷里还将"俭"与"五常""一"等概念相结合，并做出"俭可以为万化之柄"的结论，从而将"俭"与"万化"的联系做出了充分的说明。

《仁化·得一》篇中言："旷然无为之谓道，道能自守之谓德，德生万物之谓仁……通而用之之谓圣。"这里就各卷间的相互关系做出了说明。刘达序《化书》谓"其意谓道不足，继之以术；术不足，继之以德；德不足，继之以仁；仁不足，继之以食；食不足，继之以俭。其名愈下，其化愈悉"。认为其中以道为出发点，由此引出术、德、仁、食、俭各个方面依次展开，点出了《化书》各卷的内在结构，这些看法都是很有见地的。确实，在中国古代学术经籍中，能做到如此集中的主题论述，还是较为少见的。

四　均平、公正的政治观念

《化书》作者唐末时期的谭峭，继承道教宗主老子的思想，以"道"为核心，构建了一套返璞归真、唯天道是尊的"正义"观念。《化书·道化》篇提出：宇宙间以"道"为其本体，化生为虚、神、气、形四个阶段，从这个意义上说，整个世界都处于"大同"之状态，在此间非但人与人是平等的，甚至人与物、人与气、神、道，都处于全然和谐相处的状态之中。这种观念与西方哲学家罗尔斯（1921—2002）在《正义论》中提出的"原初状态""无知之幕"有着相似之处，即认为这时的人类不知道他们拥有的某些基本利益，也对有关心理、经济、生理和社会与自然的科学知识一无所知。这也与老子《道德经》中"公乃全,全乃天,天乃道,道乃久,没身不殆"(《道德经》第十六章)的"正义"思想相一致。

与儒家学者的视角不同的是,道教产生于民间,它几乎自一开始问世,便是平民百姓的代言人。早年的道教,起源于江西龙虎山天师道,它由东汉末年的五斗米道演变而来。信教的人主要是因为处于战乱年代,为求生存而要求治病消灾。他们的治病方法仰仗于符水与患病者的思过服罪,通过饮符水、设静室使病者于其中思过等方式,使人获得心理的安宁,起到治病的效果。由于其面对的是一群欲解决温饱、消除病痛等问题的人群,属弱势群体,所以问世于东汉末年的道教经籍《太平经》中即指出:要维护社会秩序的正常化,就必须具备君、臣、民三者共成一家,"常相得腹心,不失铢分"的条件,这样才能达到"立致太平,延年不疑"的情景(《太平经·兴帝王》)。这是因为君臣民原本之于"元气自然天地授命",因此具有不容怀疑的神学权威性。此种观点为《化书》所接受与延续。

《食化·无为》篇中说道:"自天子至于庶人,暨乎万族,皆可以食而通之。我服布素则民自暖,我食葵藿则民自饱。善用其道者,可以肩无为之化。"这里的"无为",实在是以不用有为之策伤害平民为出发点的,弱者关怀的主旨表现得十分明确。

从弱者关怀主旨出发,《化书》中的"正义"观念至少包括这样几点:

(一)直面战争问题

古时由于民族矛盾与政治变更而战争频繁,处于乱世的民众对此苦不堪言。老子把战争的根源归结于"争",认为战争的根源是人类之间为利益相互争夺,他对此持有强烈的反对态度。《化书》秉承老子的观点,对战争持有反对的态度。其书作者谭峭生活于唐末五代时期,正值社会动乱,他亲历其间,对百姓生存之艰难感同身受。所以他提出老百姓的生存条件也有被战争剥夺的因素,所谓"民事之急,无甚于食,而……兵吏夺其一，战伐夺其一"(《食化·七夺》)者，即是讲的这层意思。另外，他在《食化·有国》篇中分析说："穷民之力以为城郭，夺民之食以为储蓄"，"国不足守"。执政者发动战争驱使百姓出苦力建造城郭，夺百姓的口粮以充军粮，致使百姓流离失所，温饱难续，失去了基本的生活保障。也是对执政者穷兵黩武的一种批判。

有侵略的非正义战争，就有反侵略的正义战争。老子《道德经》第三十章曰："善者果而已，不敢以取强。"那些正义的不得已而为之的战争是有必要的，但目的要正，且用兵只要达到预期的目的即可。他还提出人应该效法天道利他而不争，如果人人都能做到这一点，残酷的战争就不会出现在我们身边。他向往上古社会"民至死不相往来"的状况。此种认识也可见于谭峭的《化书》之中。《仁化·得一》篇曰："旷然无为之谓道，道能自守之谓德，德生万物之谓仁，仁救安危之谓义，义有去就之谓礼，礼有变通之谓智，智有诚实之谓信，通而用之之谓圣。"清静无为的"道"，是通过仁、义、礼、智、信的途径加以体现的。这是万物之道的源头，而争夺、暴力等，则与之相违背。

(二)社会公平的制度保障

社会公平要靠制度来保障，是现代社会中人关注的重点，谭峭在《化书》中也涉及了这个方面。《道化·稚子》篇中提出："化家者不知为家所化，化国者不知为国所化，化天下者不知为天下所化。三皇，有道者也，不知其道化为五帝之德。五帝，有德者也，不知其德化为三王之仁义。三王，有仁义者也，不知其仁义化为秦汉之战争。"古代帝王企图利用权力治理国家，其结果是走向反面，导致国家动乱。这是以权治国引起人们的反抗。

所以如此，是由于政治不公平引起的。统治者用所谓"道德""仁义""刑礼"维护自己的利益，而百姓却深受其害，被迫反抗。因此只有以德治国，才能建立公正的政治制度，使国家长治久安。《德化·弓矢》

篇中指出："或曰：'安危，德也。'又曰：'兴亡，数也。'苟德可以恃，何必广粟帛乎？苟数可以凭，何必广甲兵乎？"君王以德治国要掌握正确的方法，不能太过或不及，更不能玩弄权术。《仁化·蝼蚁》篇曰："蝼蚁之有君也，一拳之宫，与众处之；一块之台，与众临之；一粒之食，与众蓄之；一虫之肉，与众咂之；一罪之疑，与众戮之。故得心相通而后神相通，神相通而后气相通，气相通而后形相通。故我病则众病，我痛则众痛，怨何由起，叛何由始？斯太古之化也。"这是要求君王向蝼蚁学习，建立一个公平公正的社会制度。这样的政治制度是去除纷争、避免战争发生的前提条件。

(三)社会分配中的"均平"要求

讲求社会分配均平、提倡"节俭"人生信条，是我们道教学说历来信守的原则，从现代理论的角度看，也是自经济角度追求"正义"的一种体现。同样与现代"正义"理论有着契合之处。《道德经》《太平经》中，都出现过对"均贫富"的赞同与追求。《化书》中同样有所反映。《食化》卷通篇强调"食"的重要性，认为其为百姓生存的最基本条件，贪官污吏的强取豪夺使百姓无"食"继而无法生存。《食化·七夺》篇云："一日不食则惫，二日不食则病，三日不食则死。民事之急，无甚于食，而王者夺其一，卿士夺其一，兵吏夺其一，战伐夺其一，工艺夺其一，商贾夺其一，道释之族夺其一，稔亦夺其一，俭亦夺其一。所以蚕告终而缫葛苎之衣，稼云毕而饭橡栎之实。王者之刑理不平，斯不平之甚也；大人之道救不义，斯不义之甚也。而行切切之仁，用戚戚之礼，其何以谢之哉！"指出"民事之急，无甚于食"，而统治者对"食"的掠夺，是不平、不义的极致体现，当然应作为社会治理的核心。为此，它指出统治者无法满足的贪欲，是疯狂夺民"食"的根源所在，也是社会动乱的根源。

不过在此基础上，谭峭没有提出完整系统的社会整治方案，只是将治乱的希望寄托在全民树立"节俭"观念之基础上。《俭化·太平》篇云："夫水火，常用之物，用之不得其道，以至于败家，盖失于不简也。饮馔，常食之物，食之不得其道，以至于亡身，盖失于不节也。夫礼失于奢，乐失于淫。奢淫若水，去不复返，议欲救之，莫过乎俭。俭者，均食之道也。食均则仁义生，仁义生则礼乐序，礼乐序则民不怨，民不怨则神不怒，太平之业也。"若能使人人去除贪念，回归于节俭风气，那么夺"食"的现象就可以避免了。这里有对老子以来思想的继承，也有对现实问题解决方案的设想。但是仅仅以"节俭"作为解决经济分配上的不合理，显然是治标不治本的。

《化书》在涉及"正义"问题的同时，给予我们现代社会中人以启示，特别是其中的"弱者关怀"立场，对现代中国实现社会的和谐公正也是有意义的。

五　"简劲"文风与创见融入

《化书》的文风亦秉承其"俭"之宗旨，此特点在著作问世不久便受到学人的关注与称赞。宋晁公武《郡斋读书志》称其"文章颇亦高简有可喜者"。明刘达序转述宋景濂评语："其文高简可亚关尹子，其于黄老道德时有所见。"指出此书很多地方富有启发，值得品味，加之语言简练通俗易懂，文字善用比喻而十分形象，颇受世人喜欢。《四库全书总目提要》概括为"其说多本黄老道德之旨，文笔简劲奥质"，一直为世人所接受并成为确论。

谭峭作《化书》，颇有其自身的体悟与创见。如在讲由"道"产生万物时，比较强调"虚"的作用。《道化》篇提出世界起源于"虚"。"道"是由"虚化神、神化气、气化形"，然后再由"形化气、气化神、神化虚"，而使得万物复归于"虚"。这里由"道"而生化的环节显然多过于老子的了。

《化书》各篇对"虚"化万物做出多角度的考量，认为不仅无生命的有形物由"虚"化生而来，而且一切有生命、有血气之物，也自"虚"产生。《道化·死生》篇曰："虚化神，神化气，气化血，血化形，形化婴，婴化童，童化少，少化壮，壮化老，老化死。死复化为虚，虚复化为神，神复化为气，气复化为万物。"由"虚""气"化生的人经生血而成形，然后经历自婴儿、童孩、少年及壮年、老年直至死亡的过程，"化化不间，犹环之无穷"，而其中亦有"理"（必然性）的贯穿。同篇中提出这个"理"意味的是"夫万物非欲生，不得不生；万物非欲死，不得不死"（《道化·死生》）的道理，而"达此理者虚而乳之，神可以不化，形可以不生"（《道化·死生》），即指通晓了虚、气、形、神相互转化的道理，就能达到运化形神的效果。这种对"理"的理解有其正确的一面，但推至极端也有其脱离了客观事实的一面。

《化书》中还认为，"虚""气"的作用不仅在于自然界，还能对人类社会的变化产生影响。《道化·大化》篇中言："虚化神，神化气，气化形，形化精；精化顾盼，而顾盼化揖让，揖让化升降，升降化尊卑，尊卑化分别，分别化冠冕，冠冕化车辂，车辂化宫室，宫室化披卫，披卫化燕享，燕享化奢荡，奢荡化聚敛，聚敛化欺罔，欺罔化刑戮，刑戮化悖乱，悖乱化甲兵，甲兵化争夺，争夺化败亡。"太虚、元气化为形体之后，通过人的情感的作用，形成了礼仪制度、尊卑等级的区分，于是相应的冠冕、车辂、宫室、侍卫、燕享的规定，也确立下来。为此贪欲与争斗之心出现，造成了社会奢侈淫荡、敛财欺蒙、杀戮变乱，耗费百姓精力建立起来的国家又因此而败亡。要避免这种情况的出现，就要达到"道"即"虚实相通"的精神境界，做到黜是非、忘祸福，对事物的差别没有执念，这样就能达到"大同"的理想境界。这样的历史观念有其可取之处。

谭峭对人的认识能力做出探讨，肯定了"观""闻"等认识方式的重要性。《仁化·知人》篇云："观其文章，则知其人之贵贱焉；观其书篆，则知其人之情性焉；闻其琴瑟，则知其人之道德焉；闻其教令，则知其人之吉凶焉。"对事物的认识可以通过一些间接的方式，通过文学艺术的观赏，能得到情感上的融通与升华，可见人的认识能力是多方面的。作为考察即"观"的方法，作者也加以了断想，《仁化·书道》篇中有"是故观之者,其心乐,其神和,其气融,其政太平,其道无朕"句,说的就是这层意思。究其原因,还是在于人心有共同之处的缘故。所以他接着说"夫何故? 见山思静,见水思动,见云思变,见石思贞,人之常也"(《仁化·书道》)。其意与《知人》篇中的"观"接近。谭峭关于"观"的作用有多角度的思考。《道化·环舞》篇中言:"作环舞者宫室皆转,瞰回流者头目自旋。非宫室之幻惑也,而人自惑之;非回流之改变也,而人自变之。"人的感觉会在某种条件下出现错误,这就是一些错觉、幻觉的由来。所以人要使自己的理性保持清醒状态,才能不被幻妄所迷惑,这就是其"惟清静者,物不能欺"的意思。

书中还有很多接续了前人并有新意的地方,值得品味。如《道化·天地》篇谓:"天地盗太虚生,人虫盗天地生,营虻盗人虫生。"这里的营虻指寄生虫,作者泛指与人类相互依存的外物。此种说法,与《阴符经》"天地万物之盗,万物人之盗,人万物之盗"意思相近,都认为天地、万物、人互为盗取,彼此利用。可以说是唐李筌"观时盗机"思想的接续与发展。不过李筌讲"三才相盗",是表达欲使天、地、人"三才"通过协调、适宜而各自安好,致天下大吉太平之意,《化书》作者则表达对营虻给予"人虫"即人类带来伤害的愤恨,体现其对事物正负互换的认识。

《道化·游云》篇谓:"游云无质,故五色含焉;明镜无瑕,故万物象焉。"这是道家对于心性本质的理解,与六祖慧能的"菩提本无树,明镜亦非台,本身空无物,何处惹尘埃"有类通之处,也与阳明先生的弟子记先生言教所言"心犹镜也。圣人心如明镜,常人心如昏镜。近世格物之说,如以镜照物,照上用功,不知镜上昏在,何能照? 先生之格物,如磨镜而使之明,磨上用功,明了后,亦未尝废照"有相通的地方。不过《化书》作者强调的是在表面看似"无质"、空虚如明镜之中,蕴藏着"五色"与"万象",与禅宗强调万物虚无、因心生灭的观念大相径庭,与阳明心学以心为念头起灭之论也不一样。如此新意发见在《化书》文本中历历可见。

　　不过,《化书》中的"简劲"文风,有时也会带来解读中的困难。如《术化·海鱼》篇中记载"海鱼有以虾为目者",据查资料,得知现代科学研究中确有海鱼靠感应虾等海洋生物的光子辨别视觉信号的认识。这是因为深海中的鱼类几乎被隔断光照,它们靠体内杆视蛋白和视黄醛蛋白的大量增加,拥有敏感的视觉神经。虾、章鱼、细菌等在海底能发出微弱的光线,而鱼类便是通过感知这样的光子而识别颜色,检测到周边危险信号源。此种情况与文中所说较为接近。此篇后文中有提到"囊萤为灯"及人类昼借日之光、夜借烛之明等的例子,都在讲人的视觉与发光源之间的关系,所以与前文所举例子的意思接近。但是之后则接以"观傀儡之假而不自疑,嗟朋友之逝而不自悲"的感叹,便有逻辑上的不相契合之处,体现了推理上的跳跃。类似的情况还有多处,需要读者加以辨析。

　　本书采用中华书局《道教典籍选刊》版本,同时参校宋、元刊本。个别字有校改,则在注释中加以说明。

华东师范大学李似珍、金玉博

2019 年 10 月

卷一　道化

【题解】

    "道"是我国先秦老子提出的一个哲学范畴。当时他主要是从宇宙本源角度加以论述,提出"道"是一种超越宇宙的最高存在,它为天地万物之母,是永恒存在、亘古不变的。在其发生、变化过程中,产生出阴阳、有无、虚实、动静等方面的相互作用。本卷接续老子有关"道"的思想,着重从其变化方面展开思考。《道化》篇提出,道的变化有顺、逆两个方向:"道之委"是道顺而产生万物的过程,"道之用"是道借外化的万物返回自身的过程。"委"和"用"二者的辩证关系构成了万物的运动,即"神化之道"。接着,作者谭峭指出古代的圣人能深通此道,因而能"穷通塞之端,得造化之源,忘形以养气,忘神以养虚"。这样就把他对"道"的演化体悟,落实到了如何实施虚心炼神、主宰外界的实务之上。这里体现了他对魏晋而来道教理论思考的延续与发展。

    《道化》二十余篇文章,都围绕"道"的变化主题而展开。其中采取正面说理方式的有《大化》《正一》《天地》《大含》等篇。《大化》篇以太虚自然运动产生的从虚到有的一系列变化,说明大道之降、世道有为都是有其必然规律的,即"其来也势不可遏,其去也力不可拔"。《正一》篇强调"一"的无处不在,无时不存。《天地》篇说宇宙之内万事万物都是相互依存的。《大含》篇旨在说明天地从至虚中生神。这些篇章中都提到人在懂得这些道理之后，做到虚心无为、以道立身、以德辅世的问题，认为这才是与天地同在的正确做法。

关于"道"与自然界之间的关系，在本卷《游云》《龙虎》《阳燧》等篇中有所涉及。其中的《游云》篇提出：虚空之中无所不有，万光之中无所不明。人之真灵与太空同体，神明离人并不远，君子应当正心俨容，敬天崇道，在太虚之中畅游，与神明交友。《龙虎》篇讲的也是"有""无"相通、"物""我"相同的道理，但是此篇中的龙虎，其实已成为道教内丹术中神、气的蕴意，所以由此所得的，则是"虚心以全其神""忘形以全其真"的结论。

本卷中的诸多篇章，都涉及了人的形体与精神的关系。如《神道》篇讲到，虚无之神、阴阳之神、血肉之神在本质上是相同的，相异的只是形体。如能忘掉形体，令虚灵返还太空，就知晓了无生无死的大道。《神交》旨在说明：有道之人能够体物知身，法阴阳以合天地之交泰，空其心以合自然之至真，养其气以充天地之气，就能与"道"应和。

其他如《蛇雀》《老枫》《耳目》《环舞》《形影》《爪发》《死生》等篇，从对各种外物现象的分析入手，来说明形质之可疑；《枭鸡》《四镜》《射虎》《哕咽》等篇，则指出精神现象的虚幻性，评析主观意见之不可靠；《铅丹》《蛰藏》又引入了炼丹的角度。总之是从具体事物的分析入手，来展开对"道化"的虚气合一道理的阐明。

整卷篇章紧扣"道化"主题，以形神关系分析为重点，融入道教炼丹思想，对唐代以来的炼丹实践做出了理论上的总结。作者以"化"论"道"，是当时"道"论的空白点，所以为其时的"道"论深入做出了贡献。

道　化

道之委也①，虚化神，神化气，气化形，形生而万物所以塞也②。道之用也③，形化气，气化神，神化虚，虚明而万物所以通也。是以古圣人穷通塞之端④，得造化之源⑤，忘形以养气，忘气以养神，忘神以养虚。虚实相通，是谓大同。

【注释】

①委：随顺，归属。这里指"道"化为形的意思。

②塞：堵，填满空隙，不通。

③用：可施行。

④穷：推究。

⑤造化：指天地自然界的创造化育。

【译文】

大道的顺衍化形的过程是：虚无化作神精，神精化作元气，元气化作有形实体；有形实体的产生是万物滞留阻塞的原因。大道的上升聚拢的过程是：有形实体化作元气，元气化作神精，神精化作虚无；虚无的显现是万物通畅的原因。所以古代的得道圣人寻求通畅与滞留阻塞的端倪，得到天地自然创造化育的根源；忘却有形实体来孕养元气，忘却元气来孕养神精，忘却神精来孕养虚无。虚无与真实互相通畅，这就叫做与大道融为一体。

故藏之为元精①，用之为万灵②，含之为太一③，放之为太清④。是以坎离消长于一身⑤，风云发泄于七窍⑥。真气熏蒸而时无寒暑，纯阳流注而民无死生。是谓神化之道者也。

【注释】

①元精：天地的精气。

②万灵：众多生灵，人类。

③太一：古代指天地未分前的混沌之气。

④太清：即天空，古人认为天系清而轻的阳气所构成的，故有此称。

⑤坎离："坎""离"本为《周易》的两卦，道教以"坎男"借指汞，内丹家谓为人体内部的阴精；以"离女"借指铅，内丹家谓为人体内部的阳气。

⑥风云：指遇合、相从。七窍：指眼、耳、口、鼻七孔。

【译文】

所以把大道收藏在内就化为元精，把大道运用在外就化为万灵，内外结合就化为太一，释放开来就化为太清。于是坎离即阴阳之气在人的全身中升降运行，遇合后从七窍之中发散。元气熏化蒸腾，四时就没有严寒或酷暑；纯粹的阳气流入贯注，人身就没有生死之忧了。这就叫做神化之道。

蛇　雀

蛇化为龟①，雀化为蛤②。彼忽然忘曲屈之状而得蹒跚之质③，此倏然失飞鸣之态而得介甲之体④。斫削不能加其功⑤，绳尺不能定其象⑥，何化之速也。且夫当空团块，见块而不见空；粉块求空，见空而不见块。形无妨而人自妨之，物无滞而人自滞之，悲哉！

【注释】

①蛇化为龟：传说中有种龟以蛇为食物。亦指长寿的动物。

②蛤（gé）：蛤蜊。软体动物，壳卵圆形，生活在浅海滩中。古人误认为由燕雀等变化而成。

③蹒跚：行步缓慢、摇摇摆摆的样子。此指龟行动之态。

④倏（shū）然：迅疾貌。介甲：披甲。指有甲壳的外形。

⑤斫（zhuó）削：指用刀斧等砍削。

⑥绳尺：工匠用以较曲直、量长短的工具。

【译文】

蛇化作龟，雀鸟化作蛤类。那一方忽然遗忘弯曲的形状，却得到蹒跚缓行的身躯；这一方忽然丧失飞翔鸣叫的形态，却变化成覆盖甲壳的躯体。靠砍伐削斫的加工不能形成那样的功效，靠墨线和尺子等工具无法规划出那种形状，变化是那么的神速。至于结成团的土块遮蔽了天空，使人见到土块却看不到天空；把土块粉碎，又只见到天空却看不到土块。形体没有设置障碍，人自己却妨碍了自己；万物没有阻塞不通，人却使自己阻塞不通，可悲啊！

老　枫

老枫化为羽人①，朽麦化为蝴蝶，自无情而之有情也；贤女化为贞石②，山蚯化为百合③，自有情而之无情也。是故土木金石④，皆有情性精魄⑤。虚无所不至，神无所不通，气无所不同，形无所不类。孰为彼，孰为我？孰为有识，孰为无识？万物，一物也；万神，一神也，斯道之至矣。

【注释】

①羽人：神话中有羽翼的仙人。道家学仙而飞升，因称道士为羽人。

②贞石：坚石。亦作碑石的美称。

③山蚯：即山中蚯蚓。百合：又名重箱、中逢花等，如胡蒜。白色，重叠相合如莲瓣，故有此名。

④土木金石：泛指自然界中的物品。

⑤情性：指人的禀赋和气质。精魄：精神气魄。

【译文】

老枫树化作仙人，腐朽麦粒化作蝴蝶，是从没有情性化为有情性的物体；贤良女子化作坚硬石头，山中蚯蚓化作百合花，是从有情性变化到没有情性者。所以土木金石，都各有其禀赋、本质、精气和魂魄的存在。虚无，没有达不到的；精神，没有不能贯通的；元气，没有不相同的；形体，没有不能归为一类的。哪个是他，哪个是我？谁是有见识的，谁是没有见识的？万物都是一物，众神都是一神，这就是大道的极致了。

耳　目

目所不见，设明镜而见之；耳所不闻，设虚器而闻之①。精神在我，视听在彼。骈趾可以割②，陷吻可以补③，则是耳目可以妄设，形容可以伪置。既假又假，既惑又惑。所以知魂魄魅我④，血气醉我⑤，七窍囚我⑥，五根役我⑦。惟神之有形，由形之有疣⑧；苟无其疣，何所不可？

【注释】

①"目所不见"几句："设虚器而闻之"中之"虚器"，原本作"虚气"，据宋、元本改之。虚器，中空的器物。按："虚器"与"明镜"分别为助听、助视之器，"虚气"则语意不明，故以宋、元二本为长。

②骈趾(pián zhǐ)：六个指头或脚趾。骈，通"骈"。原本作"骈指"。

③陷吻：裂唇。

④魂魄：人之精灵。魅：使惑乱，主宰。

⑤血气：此处指感情。

⑥七窍：指眼、耳、口、鼻等感觉器官。

⑦五根：佛教谓能生一切善法的五种根本法。即信根（信奉佛法）、精进根（勤修善法）、念根（忆念正法）、定根（使心不散）、慧根（思

维真理)。亦指眼、耳、鼻、舌、身五种感觉器官。

⑧由：通"犹"。疣(yóu)：由病毒性感染引起的皮肤表面赘生物。

【译文】

眼睛所看不到的,设置明镜就看到了;耳朵所听不到的,安设中空的器具就听得到了。精神在我身上,视觉、听觉的对象在别的地方。相连的手指脚趾可以通过割开修整,深陷的嘴唇可以补足。这样,眼睛和耳朵的功能发挥可以随意地变置,形体和容貌也可以人为地安排了。已经虚假了又加虚假,已经迷惑了又有迷惑。因此知道魂魄主宰我,血气迷醉我,七窍拘禁我,五根役使我。那精神有了形体,犹如形体有了赘疣;如果没有赘疣,还有什么不可以达到的呢?

环　舞

作环舞者宫室皆转,瞰回流者头目自旋①。非宫室之幻惑也,而人自惑之;非回流之改变也,而人自变之。是故粉巾为兔②,药石为马③,而人不疑;甘言巧笑,图脸画眉,而人不知。惟清静者,物不能欺。

【注释】

①瞰(kàn)：看,俯视。

②粉巾：白色汗巾,多为女性所用。

③药石：古时指治病的药剂和砭石,泛指药物。

【译文】

旋身而舞的人,感觉房屋在旋转;俯瞰漩流的人,感觉脑袋里浮现和眼睛前的景象都在旋转。不是房屋产生了迷惑,是人自己迷惑了自己;不是漩流发生了变化,是人自己的感觉有了变化。所以术士把白巾结成兔子状造成幻觉,把药石做成马形治病,人们却不加怀疑;术士让它们说好话，让它们发出诱人的笑声，粉饰它们的容貌，描绘它们的眉目，人们却不知道其中之诈。只有心地清静的人，才不能被外物欺骗。

铅　丹

术有火炼铅丹以代谷食者①，其必然也。然岁丰则能饱，岁俭则能饥，是非丹之恩，盖由人之诚也。则是我本不饥而自饥之，丹本不饱而自饱之。饥者大妄②，饱者大幻，盖不齐其道也。故人能一有无，一死生，一情性，一内外，则可以蜕五行③，脱三光④。何患乎一日百食，何虑乎百日一食？

【注释】

①铅丹：道教谓以铅炼成的丹，可服食。

②妄：原本作"忘"，据元本改。

③五行：指水、火、木、金、土，古代指构成各种物质的五种元素。

④三光：指日、月、星。又有以日、月、五星合称者。

【译文】

道术中有炼制铅丹来代替谷类食物的，这是有道理的。不过丰收年景就能吃饱，歉收年景还是会挨饿，这不是铅丹的恩泽，大致是由人的诚意带来的呀。由此可知，我本来不饥饿，是自己产生出饥饿感的；铅丹原本并不能让人吃饱，是人自己使自己有了饱感。饥饿的人会有很多非分之想，吃饱的人会有很多虚幻的感觉，多半是由于没能与大道相一致的缘故。所以人能够将有与无，生与死，情与性，内与外相统一，就可以超出五行之外，不受三光的制约。这样，还忧虑什么一天吃百顿饭，或者是百天内只吃一顿饭呢？

形　影

以一镜照形，以余镜照影。镜镜相照，影影相传，不变冠剑之状^①，不夺黼黻之色^②。是形也与影无殊，是影也与形无异。乃知形以非实^③，影以非虚，无实无虚，可与道俱。

【注释】

①冠剑：古代官员戴冠佩剑，这里代指官吏的服饰。

②黼黻（fǔ fú）：古代礼服上绘绣的花纹，这里借指官员贵族的服装。

③以：通"已"。

【译文】

用一面镜子照身体，用其余的镜子照影子。镜子和镜子相互映照，影子和影子相互转换，但不会改变戴冠和佩剑的形状，不会脱去礼服上花纹的颜色。这表明，形体与影子没有区别，影子与形体也没有差异。由此可知，形体已经不是实体，影子已经不是虚像了，没有实体也没有虚像，才可以和大道连成一体。

蛰　藏

物有善于蛰藏者^①，或可以御大寒，或可以去大饥，或可以万岁不死。以其心冥冥兮无所知^②，神怡怡兮无所之，气熙熙兮无所为。万虑不能惑，求死不可得^③。是以大人体物知身^④，体身知神，体神知真，是谓吉人之津^⑤。

【注释】

①蛰藏：即昆虫等动物之潜伏，蛰居，潜藏。

②冥冥：懵懂无知、昏昧的样子。

③可：元本作"能"。

④大人：道德崇高、志趣高远的人，犹圣人、君子。

⑤吉人：获得吉福的人。

【译文】

　　动物中有善于蛰伏藏匿的,有的可以抵御严酷的寒气,有的可以免除极度的饥饿,有的可以一万年也不死亡。因为它们的心思昏暗不明,什么也不知道;精神非常和顺,不会偏移到哪里去;气色温和欢乐,没有什么作为。种种忧虑不能使它们迷惑,寻求死亡也不能实现。志趣高远的人体察万物就知道自身,体察自身就知道精神,体察精神就知道真一,这就是人通往吉福的途径。

枭　鸡

　　枭夜明而昼昏①,鸡昼明而夜昏,其异同也如是。或谓枭为异,则谓鸡为同;或谓鸡为异,则谓枭为同。孰枭鸡之异昼夜乎?昼夜之异枭鸡乎?孰昼夜之同枭鸡乎?枭鸡之同昼夜乎?夫耳中磬②,我自闻;目中花,我自见。我之昼夜,彼之昼夜,则是昼不得谓之明,夜不得谓之昏。能齐昏明者,其唯大人乎③!

【注释】

①枭(xiāo):一种凶猛的鸟。也作"鸮",俗称猫头鹰,羽毛棕褐色,有黄纹,常在夜间飞出捕食。

②磬:古代用玉石制成的打击乐器。悬挂于架上,以物击之而鸣。单一的称"特磬",大小相次成组的称"编磬"。

③大人:道德崇高、志趣高远的人。犹圣人,君子。

【译文】

　　枭夜间目力清晰而白天视力昏弱,鸡白天目力清晰而夜间视力昏弱,它们的目力竟有这样的不同。有的说枭目是异状,于是认鸡目为正常;有的说鸡目有异,便认枭目为正常。到底是枭、鸡的昼夜有差异呢?

还是昼夜与枭、鸡有差异呢？到底哪里是昼夜与枭鸡的相同之处？或
枭、鸡的昼夜是相同的吗？那耳中的击磬声，我自然听得到；目中的鲜
花，我自然见得到。但不能由此确定我的昼夜与别人的昼夜相同。既
然这样，就不能称白天为明亮，不能称夜间为昏暗。能使昏暗与明亮达
到统一的，只有志趣高远的大人吧！

四　镜

　　小人常有四镜：一名璧，一名珠，一名砥，一名盂①。璧
视者大，珠视者小，砥视者正，盂视者倒。观彼之器，察我之
形，由是无大小，无短长，无妍丑②，无善恶。所以知形气诒
我，精魄贼我③，奸臣贵我，礼乐尊我。是故心不得为之君，
王不得为之主。戒之如火，防之如虎。纯俭不可袭，清净不
可侮，然后可以迹容广而跻三五④。

【注释】

①"小人"几句：四镜，四种可以察照之物。璧，平圆形、中心有孔的
　　玉器。砥，磨刀石，细为砥，粗为砺。盂，盛汤浆或食物之器皿。

②妍(yán)：美好。

③精魄：精，精气，元气。魄，阴神，古时谓人依附形体而又能独立
　　存在的精神。中医认为，肝属东方木而藏魂，肺属西方金而
　　藏魄。

④容：即容成，相传是黄帝的大臣，最早发明历法。后道教中人附
　　会为仙人，说是黄帝、老子之师。《汉书·艺文志》阴阳家有《容
　　成子》十四篇，又《方技·房中》有《容成阴道》二十六卷，皆不传。
　　广：即广成子，传说中黄帝时人，居崆峒山中。《庄子·在宥》：
　　"黄帝立为天子十九年，令行天下，闻广成子在于空同(山)之上，

故往见之。"三五：指三皇（伏羲、神农、燧人）、五帝（黄帝、颛顼、帝喾、尧、舜）。

【译文】

人们经常有四件物品可以察照：一件是璧玉，一件是珍珠，一件是砥石，一件是汤盂。用璧玉看起来大，用珍珠看起来小，用砥石看起来端正，用汤盂看起来扭曲倒转。观察那些器具，对照自身的情状，因而能达到没有什么先入为主的大小，没有短长，没有美丑，没有善恶的境界了。因此就知道形状、气色是在讨好我，精气、魂魄是在伤害我，奸臣是在奉承我，礼义乐舞是在尊奉我。所以主观之"心"不能作人身的主宰，国君也不能自作主张。对种种外物诱惑要像警戒火一样来警惕，像防备猛虎一样来加以防范。纯一的节俭不能被侵袭，清净的心地不能被污辱，然后就可以追迹容成子、广成子二仙，并和三皇五帝站在同列了。

射　虎

射似虎者，见虎而不见石[1]；斩暴蛟者，见蛟而不见水[2]。是知万物可以虚，我身可以无。以我之无，合彼之虚，自然可以隐，可以显，可以死，可以生而无所拘。夫空中之尘若飞雪，而目未尝见；穴中之蚁若牛斗，而耳未尝闻，况非见闻者乎？

【注释】

[1]"射似虎"二句：典出《韩诗外传》六，谓春秋楚熊渠子夜行，见大石横卧，以为伏虎，张弓射之，箭头入石。又见刘向《新序·杂事四》。今相传汉李广、北周李远也有类似传说，见《史记》《周书》本传。

②"斩暴蛟"二句：典出《晋书·周处传》，谓晋之周处入水斩蛟，其
　　入水之时但见蛟而不见水，故能一心搏之而水不为之碍。

【译文】

　　箭射形似老虎的石头的人，见到的是虎却看不到石头；斩杀凶暴蛟
龙的人，见到的是蛟龙却看不到水。由此可知万物可以虚无，我本身可
以不存在。用我的不存在去契合彼方的虚无，自然而然地就达到了可
以隐藏，可以显扬，可以死亡，可以生存的状态，而没有能够来缚得住它
的东西。那空中的尘埃像飞舞的雪花般地沉浮，我们的眼睛却不曾见
到；洞穴中的蝼蚁像牛那样地在搏斗，我们的耳朵也不曾听到，更何况
那些没有见到、没有听过的事物呢？

龙　虎①

　　龙化虎变，可以蹈虚空，虚空非无也；可以贯金石②，金
石非有也③。有无相通，物我相同。其生非始，其死非终。
知此道者，形不可得毙，神不可得逝。

【注释】

　　①龙虎：道教语。指水火。宋朱熹《〈周易参同契〉考异》："精，水
　　也，坎也，龙也，汞也；气，火也，离也，虎也，铅也。"
　　②贯：穿。金石：喻指坚固的东西。

【译文】

　　龙和虎即炼丹中的水火变化，可以涉入空旷的天空，空旷的天空不
是"无"；还可以贯穿于金石上，金石上有它的痕迹但不意味着就是
"有"。"有"与"无"互相通达，"物"与"我"彼此齐一。出生并不是初始，
死亡并不是终结。了解这个大道的，形体就不会死亡，精神就不会
消逝。

游 云

　　游云无质，故五色含焉①；明镜无瑕，故万物象焉。谓水之含天也，必天之含水也。夫百步之外，镜则见人，人不见影，斯为验也。是知太虚之中无所不有②，万耀之内无所不见③。而世人且知心仰寥廓④，而不知迹处虚空。寥廓无所间，神明且不远。是以君子常正其心，常俨其容⑤，则可以游泳于寥廓，交友于神明而无咎也。

【注释】

①五色：青、黄、赤、白、黑，旧时把这五种颜色作为正色。

②太虚：古代指宇宙的原始的实体气。

③万耀：指日、月、星所照耀的地方。

④寥廓：旷远、广阔之太空。或指虚无之境，宇宙的元气状态。

⑤俨：庄重的样子。

【译文】

　　游动的浮云没有杂质，所以能包含五色；明亮的镜子没有瑕斑，所以能使万物成像。说水含纳天空，必定是天空也含纳着水。一百步以外，镜子能照到人，人却看不见影子，这就是证验啊。所以知道太空之中，没有不存在的东西；日、月、星辰光芒照耀之下，没有见不到的东西。可是世上的人仅知道心中敬仰广阔天空，而不知道处身到虚无和空旷之中。广阔空间中没有空隙，神明并不遥远。因此君子经常使他的心志端正，经常使他的容貌庄重，就可以在广阔空间中遨游，与神明结交而没有灾祸。

哕 咽

　　有言臭腐之状，则辄有所哕①；闻珍羞之名②，则妄有所咽。臭腐了然虚，珍羞必然无，而哕不能止，咽不能已。有惧菽酱若蝤蛴者③，有爱鲍鱼若凤膏者④。知此理者，可以齐奢俭，外荣辱，黜是非，忘祸福。

【注释】

①哕（yuě）：呕吐，气逆。

②羞：同"馐"。珍馐指美味的食物。

③菽酱：用豆做的酱。菽，豆类总称。蝤蛴（qiú qí）：桑牛，天牛的幼虫。色白而身长足短。

④鲍鱼：盐渍鱼，其味腥臭。凤膏：凤凰的膏油。比喻珍贵的食品。

【译文】

人们谈到发臭腐烂东西的情状时，会止不住地想要呕吐；听说珍馐美味的名称，就会向往地凭空咽唾液。发臭腐烂的东西显然不存在，珍馐美味也肯定不存在，可是呕吐不能停，咽唾液不能止。有害怕豆酱像害怕蝤蛴似的，有喜欢盐渍鱼像喜欢凤膏似的。通晓这个道理的人，可以统一奢侈和俭朴等观念，置荣耀与耻辱于度外，摒弃正确和错误，忘记灾祸和福气之分别。

大　化

虚化神，神化气，气化形，形化精。精化顾盼①，而顾盼化揖让②，揖让化升降，升降化尊卑。尊卑化分别，分别化冠冕，冠冕化车辂③，车辂化宫室。宫室化披卫④，披卫化燕享⑤，燕享化奢荡，奢荡化聚敛。聚敛化欺罔，欺罔化刑戮，刑戮化悖乱，悖乱化甲兵⑥。甲兵化争夺，争夺化败亡。其来也势不可遏，其去也力不可拔。

【注释】

①顾盼：向两旁或周围看来看去。指感性认识的能力。

②揖让：宾主相见的礼仪。指社会交往。

③冠冕：指古代帝王公卿士大夫根据所戴礼帽区分的身份地位高低。车辂(lù)：指出行时乘坐车马的待遇。辂，挽辇的横木，代指车辇。

④掖卫：宫廷侍卫。掖，宫中之旁门。这里指侍卫配置的不同。

⑤燕享：又作"宴享"，以酒食招待宾客。这里指在宴会中坐次的不同。

⑥甲兵：原指铠甲和兵器。后引申为披甲的士兵、战争、战乱。

【译文】

太虚化为精神，精神化为元气，元气化为形体，形体化为情感。情感化为顾盼等感知外界的能力，顾盼等感知外界的能力化为揖让等社交活动，揖让等社交活动化为升迁与下降的职位变化，升迁与下降的职位变化化为尊卑等社会地位的差别。尊卑等社会地位的差别化为等级区分，等级区分化为冠冕的不同，冠冕的不同化为车辂的不同，车辂的不同化为宫室的不同。宫室的不同化为侍卫的不同，侍卫的不同化为宴享的不同，宴享的不同化为奢侈淫荡，奢侈淫荡化为聚敛财富。聚敛财富化为欺骗蒙蔽，欺骗蒙蔽化为刑罚杀戮，刑罚杀戮化为祸患变乱，祸患变乱化为士兵与战乱。士兵与战乱化为争权夺利，争权夺利化为国家败亡。那势头的到来不可阻遏，待其离去时又没有力量能够阻挡。

是以大人以道德游泳之，以仁义渔猎之①，以刑礼笼罩之，盖保其国家而护其富贵也。故道德有所不实，仁义有所不至，刑礼有所不足。是教民为奸诈，使民为淫邪，化民为悖逆，驱民为盗贼。上昏昏然不知其弊，下恍恍然不知其病,其何以救之哉!

【注释】

①渔猎:捕鱼和打猎。比喻泛览涉猎、掠夺、窃取。

【译文】

因此,君子用道德来给人的自由行为设定范围,用仁义来限制人的自由,用刑法礼仪来控制人的行动,大概是为了既保护国家利益,又使自己保有着富贵。所以道德有不充实的地方,仁义有达不到的地方,刑罚礼仪有不周全的地方。这样就会逼着百姓变成奸诈的人,逼着百姓成为淫邪的人,驱使百姓变成悖逆的人,驱使百姓成为强盗贼寇。上层的人糊涂昏暗,不知道其中弊病;下层的人神志不清,不知道其中问题在哪里。用什么来拯救这种局面呢?

正　一

世人皆知苋菹可以剖鳖①,而不知朱草可以剖人②。小人由是知神可以分,气可以泮③,形可以散。散而为万,不谓之有余;聚而为一,不谓之不足。若狂风飘发④,魂魄梦飞,屦齿断蚓⑤,首尾皆动。夫何故? 太虚⑥,一虚也;太神⑦,一神也;太气⑧,一气也;太形⑨,一形也。命之则四,根之则一。守之不得,舍之不失,是谓正一。

【注释】

①苋菹(xiàn zū)可以剖鳖:苋菹,菜名,又叫苋菜。叶卵圆形,茎细长,种类颇多,茎叶可食,也入药。鳖,龟属,背腹皆披甲,肉富营养,俗称甲鱼、团鱼、脚鱼。张仲景《金匮要略》云:"鳖肉不可合苋菜食之。"吴谦注云:"龟鳖皆与苋菜相反,若合食,必成鳖瘕。"

②朱草可以剖人：朱草，一种红色的草，可作染料，方士附会为瑞草。葛洪《抱朴子·金丹》云："朱草状似小枣，栽长三四尺，枝叶皆赤，茎如珊瑚，喜生名山岩石之下，刻之汁流如血，以玉及八石金银投其中，立便可丸如泥，久则成水，以金投之，名为金浆，以玉投之，名为玉醴，服之皆长生。"剖人，指化解人，使之超凡入圣。

③泮(pàn)：溶解，分离，散开。

④飘发：迅疾而发。

⑤屐齿：木屐的齿。

⑥太虚：即宇宙天空。

⑦太神：此处意为众多神明。

⑧太气：此处泛指一切气体。

⑨太形：此处指众多有形实体。

【译文】

世上的人都知道觅葅与甲鱼之间有相克关系，却不知道朱草可以化解人体。人们因此知道神明可以分离，元气可以分开，形体可以分散。分散成一万，不能叫有剩余；聚积成一体，不能说不充足。好像狂风迅疾发作，人会在梦中感到有魂魄在飞舞；木屐齿踩断蚯蚓，头部尾部都在蠕动并再生成两条活体。这是什么缘故呢？宇宙太空可归结为一个"虚"，众多神明可归结为一个"神"，所有气体可归结为一种"气"，众多有形形体可归为一种形体。对它们命名虽然有四个，但归结起来却只是一个。守护也得不到，舍弃也丢不掉，这就是正一。

天　地

天地盗太虚生，人虫盗天地生①，营虹盗人虫生②。营虹者，肠中之虫也，搏我精气③，铄我魂魄，盗我滋味，而有其生。有以见我之必死，所以知天之必颓。天其颓乎，我将安

有;我其死乎,营虰将安守? 所谓奸臣盗国,国破则家亡;蠹
虫蚀木^④,木尽则虫死。是以大人录精气^⑤,藏魂魄,薄滋味,
禁嗜欲,外富贵。虽天地老而我不倾,营虰死而我长生,奸
臣去而国太平。

【注释】

①人虫:人属的虫类,即指人类。

②营虰(dīng):寄生虫名。即蛔虫之类。

③搏:攫取,窃取。

④蠹(dù)虫:蛀蚀树木、器物的虫子。

⑤录:收集。

【译文】

天地夺得太虚之气而生,人类夺得天地之气而生,营虰夺得人身中之气而生。营虰,就是腹中的寄生虫,它窃取我的元精真气,销镕我的魂魄,盗取我的美味食物,才有了生命。由此可知我必定会死亡,所以可知天必然有坠落。天如果坠落了,我还会存在吗? 我死去了,营虰还能守在那里吗? 所以说奸臣盗窃国家,就会国家灭亡,家庭败亡;蛀虫蛀蚀木头,就会木头销尽,蛀虫也就死亡了。因此君子当收敛精气,藏匿魂魄,减损美食,禁绝嗜好和贪欲,置富贵于度外。这样一来,天地衰弱了我也不会倾覆,营虰死去了我仍会永久生存,奸臣远离了,国家就太平了。

稚　子

稚子弄影^①,不知为影所弄;狂夫侮像,不知为像所侮。化家者不知为家所化,化国者不知为国所化,化天下者不知为天下所化。三皇^②,有道者也,不知其道化为五帝之德^③。五帝,有德者也,不知其德化为三王之仁义^④。三王,有仁义

者也,不知其仁义化为秦汉之战争。醉者负醉,疥者疗疥⑤,其势弥颠,其病弥笃,而无反者也。

【注释】

①稚子:小孩子。

②三皇:说法不一。三皇之称初见于《周礼·春官·外史》,一般指伏羲、神农、燧人。

③五帝:其说不一。一般指黄帝、颛顼(zhuān xū)、帝喾(kù)、尧、舜。

④三王:指夏、商、周三代的开国君王。

⑤疥(jiè):一种传染性皮肤病,非常刺痒,是疥虫寄生而引起的。通常称"疥疮",亦称"疥癣"。

【译文】

小孩子戏耍影子,不知道被影子所戏弄;无知妄为的人戏弄影像,不知道被影像所戏弄。教化家庭的,不知被家庭所教化;教化国家的,不知被国家所教化;教化天下的,不知被天下所教化。三皇,是有道的人,不知他们的道后来化作五帝的德。五帝,是有德的人,不知他们的德后来化作三王的仁义。三王,是有仁义的人,不知他们的仁义后来化作秦汉时期的战争。喝醉酒的人要去除醉态,长疥疮的人想治疗疥疮,那状况越是反常,病情就越严重,就越难以恢复如初了。

阳 燧

阳燧召火①,方诸召水②,感激之道,斯不远矣。高视者强,低视者贼;斜视者狡,平视者仁;张视者怒,细视者佞③;远视者智,近视者拙;外视者昏,内视者明。是故载我者身,用我者神,用神合真,可以长存。

【注释】

①阳燧:古代以日光取火的凹面铜镜。

②方诸:古代于月下承露水之器具。

③佞(nìng):善辩,巧言谄媚。

【译文】

　　阳燧能召火,方诸能召水,这些距离那感应激发的大道不远了。面对着人视线高的人禀性刚健,视线低的人心术不正;斜视的人心偏奸狡,平视的人心正仁慈;圆睁双目的人多强暴易怒,细眯着眼睛看人的心计多邪佞;远视的人心里明亮聪慧,近视的人神志昏昧愚拙;往外看的人昏弱,往里看的人心净如水。因而承载我的是我的身体,驱遣我的是我的精神,运用精神切合本真,可以凭借它长久生存。

死　生

　　虚化神,神化气,气化血,血化形,形化婴,婴化童,童化少,少化壮,壮化老,老化死。死复化为虚,虚复化为神,神复化为气,气复化为万物。化化不间,犹环之无穷。夫万物非欲生,不得不生;万物非欲死,不得不死。达此理者虚而乳之①,神可以不化,形可以不生。

【注释】

①乳:指养育。

【译文】

　　虚无化为精神,精神化为元气,元气化为血液,血液化为形体,形体化为婴儿,婴儿化为儿童,儿童化为少年,少年化为壮年,壮年化为老年,老年化为死亡。死亡又化为虚无,虚无又化为精神,精神又化为元气,元气又化为万物。变化连续而不间断,如同圆环没有尽头。万物不是自己要产生,是不得不产生;万物不是自愿去死亡,是不得不死亡。通达这个大道的人,涵养于虚无,精神就可以不灭亡,形体也可以不产生。

爪 发

爪发者,我之形。何爪可割而无害,发可截而无痛?盖荣卫所不至也①。则是我本无害而筋骨为之害,我本无痛而血肉为之痛。所以知喜怒非我作,哀乐非我动,我为形所昧,形为我所爱。达此理者,可以出生死之外。

【注释】

①荣卫:中医学名词。据《素问·热论》云,荣指血的循环,卫指气的周流。荣气行于脉中,属阴;卫气行于脉外,属阳。荣、卫二气散布全身,内外相贯,运行不已,对人体起着滋养和保卫作用。亦泛指气血、身体。

【译文】

指甲和头发,是我身体的组成部分。为什么指甲可以割去而没有祸害?头发可以截断却没有痛苦?这大概是荣卫之气所不达的缘故。可见,我本来没有祸害,是筋骨使我产生了祸害;我本来没有痛苦,是血肉使我产生了痛苦。因此知道喜悦和愤怒不是由我来引起的,悲哀和快乐不是由我来发动的,我被形体所蒙蔽,形体被我所遮盖。通达这个道理的人,可以出乎生存和死亡之外。

神 道

太上者,虚无之神也;天地者,阴阳之神也;人虫者,血肉之神也。其同者神,其异者形。是故形不灵而气灵,语不灵而声灵,觉不灵而梦灵,生不灵而死灵。水至清而结冰不清,神至明而结形不明。水泮返清①,形散返明。能知真死者,可以游太上之京②。

【注释】

①泮(pàn):溶解,分散。

②太上之京:本义为人工筑起的高土堆,此处代指太上的境界。

【译文】

太上是虚无自然的神灵,天地是阴阳万物的神灵,人虫即人类是血与肉的神灵。它们中相同的是神灵,不同的是形体。所以其中具有灵性的不是形体而是元气,不是语言而是声音,不是处于觉醒状态时而是梦境时,不是生存状态而是死亡之时。水非常清澈但是结冰后不清澈,神灵非常明彻但是结成形体后就不明彻了。冰溶解后又恢复了清澈,形体散去后又恢复了明彻。能知道死亡真谛的人,可以畅游太上的境界。

神 交

牝牡之道①,龟龟相顾,神交也;鹤鹤相唳②,气交也。盖由情爱相接,所以神气可交也。是故大人大其道以合天地③,廓其心以符至真,融其气以生万物,和其神以接兆民。我心熙熙④,民心怡怡⑤。心怡怡兮不知其所思,形惚惚兮不知其所为⑥。若一气之和合,若一神之混同,若一声之哀乐,若一形之穷通。安用旌旗,安用金鼓⑦,安用赏罚,安用行伍⑧?斯可以将天下之兵,灭天下之敌。是谓神交之道也。

【注释】

①牝牡(pìn mǔ):兽类的雌雄两性。毛亨《诗传》:“飞曰雌雄,走曰牝牡。”

②唳(lì)：鹤鸣声。

③大人：道德高尚、志趣高远的人。犹指圣人、君子。

④熙熙：温和欢乐的样子。

⑤怡怡：和顺的样子。

⑥惚惚：隐约不清的样子。

⑦金鼓：指古代军队作战时敲钲擂鼓助长军威。金，钲。

⑧行(háng)伍：行列队伍，指军队。

【译文】

　　雌雄两性交结的大道，龟与龟对视叫做以神交结，鹤与鹤互相鸣叫叫做以气交结。大概是由于情爱互相连接，因此神和气可以交合。因此志趣高远的人要扩展他的大道，用来含容天地；开拓他的心志，用来符合最高的玄真；融合他的元气，用来化育万事万物；调和他的精神，用来接近亿万百姓。君王的心境温和欢乐，百姓的心境就和谐顺畅。心境和谐顺畅，不知道所思考的是什么；形体隐约不清，不知道所做的是什么。像一种元气那样和睦同心，像一种神灵那样混合统一，像一种声音那样悲哀或欢乐，像一种形体那样穷尽或通达。哪里还会使用旌旗，哪里还会使用金钲和战鼓，哪里还会使用奖赏和惩罚，哪里还会依仗军队的出动？这样就可以凭仗皇天的威灵，调动天下的将兵，消灭整个天下的敌人。这就叫做与神交合的大道。

大　含

　　虚化神，神化气，气化形，形气相乘而成声。耳非听声也，而声自投之；谷非应响也，而响自满之。耳，小窍也；谷，大窍也。山泽，小谷也；天地，大谷也。一窍鸣，万窍皆鸣；一谷闻，万谷皆闻。声导气，气导神，神导虚；虚含神，神含气，气含声。声、气、神相导相含，虽秋蚊之翾翾①，苍蝇之营营^②,无所不至也。由此知之,虽丝毫之虑,必有所察;虽啾嚓之言^③,必有所闻。唯大人之机,天地莫能见,阴阳莫能知,鬼神莫能窥。夫何故? 道德仁义之所为。

【注释】

①翾翾(xuān):飞动的样子。

②营营:往来盘旋的样子。

③啾嚓(jiū cā):象声词,细碎声。

【译文】

虚无化为精神,精神化为元气,元气化为形体,形体和元气互相顺应而形成声音。耳朵不是去听声音,而是声音主动投入到耳朵之中;山谷不是回应声响,而是声响自动充满了山谷。耳朵是小孔窍,山谷是大孔窍。山泽是小谷,天地是大谷。一个孔窍鸣叫,千万孔窍齐鸣;在一个山谷能听到声音,在众多山谷都能听到。声音导引元气,元气导引精神,精神导引虚无;虚无含纳精神,精神含纳元气,元气含纳声音。声音、元气、精神互相导引,互相含纳,即使是秋天的蚊子轻轻飞舞,苍蝇往来盘旋,也没有听不到的。因此就可以知道,即使是一丝一毫的忧虑,必定有能察觉的;即使是细碎的对话,必定有能听到的。只有君子之人的玄机,天地不能看到,阴阳不能知道,鬼神也不能窥见。这是什么原因呢? 道德仁义所成就的啊!

卷二　术化

【题解】

道者,指导事物发展之根本规律;术者,事物发展之具体方法。儒家主流观念重道而轻术,而道家中人则对于术有着足够的关注。《庄子·天下》中论及"道术"一词,以后道家中人常有"道无术不行"的说法,认为"道"寓于"术",行术就是演道之意。这或许也是本书作者将《术化》篇紧随《道化》篇来论述的缘由所在。从论述的角度看,本卷至少可分为两种:自道论术、自术论道。前者可以《虚无》《虚实》《阴阳》《动静》《声气》等篇为代表;后者占的篇章更多一些,不便一一列举。

所谓自道论术,是指将在卷一中的概念于"术"的层面展开。如《虚无》篇将道家认作为"道"之本体的虚无,在事物层面加以考察。其中讲到了抵御厉鬼、蛟龙、毒虫、兵刃伤害的原因,只是在于用正气来"虚无"其"毒",重申"离有无、出生死""超出尘嚣之外"的重要性。《虚实》篇则将"人无常心,物无常性"的道理通过对人走衡木、受热冒暑等事例来说明。

《阴阳》篇是"道"衍化万物的重要中介,卷一"道化"中已有介绍,本卷此篇则将阴阳的变化落实于天地、日月、昼夜、男女以至腑脏、气血,并强调其集中体现为水火两类,与老子讲阴阳突出"水"的作用亦有不同,吸收的是道教中人炼养内丹实践的体验。

　　动静、声气原本也是"道"论中的主要内容,本卷《动静》篇则以具体的钻木击石、炊米得酒、汤盎投井、饮水喷日加以说明,提出动静是人与天地之气相互作用的结果。《声气》篇则以不同的音乐给人以不同感受为出发点,提示了用乐之术可以命风云、招霜雹、与凤凰同歌、与熊罴同舞、与神明交友的原因。

　　本卷中繁多的以术论道篇章,体现了作者对运术的多方面体悟。如《云龙》篇说云从龙,风从虎,气从神,都是得神气之道的表现。通过自身调动自身神气,可以会风云而作晴雨,移山陵而塞江海。所以真正的道术,在于"曲守之于内,养之有素"。

　　《猛虎》篇讲人的能力比威虎大得多,《魍魉》篇讲人能夺魍魉之神气,《转舟》篇讲人靠巧力转动万斛之舟。人作为万物之灵,其作用是通过自参自悟,得天地之纲,知阴阳之奥,见精神之藏来实现的。

　　《狐狸》《蟛蜞》《海鱼》《涧松》《琥珀》等篇,多是从自然界的生物体的生长规律,来说明"术"中蕴含着的以无心为心的宗旨。

　　本卷中也有作者创见呈现,其中的《大同》篇,说明有道之士存神固气、物我两忘、心同太虚便能无所不同、无所不化的道理。《帝师》篇中以镜、橐、鼻、耳、目、舌等为例,说明不执着于阴阳而知变通,方能帮助君主守护国家、恩泽百姓以救时势的观点,均很有教育意义。

云　龙

　　云龙风虎①,得神气之道者也。神由母也,气由子也,以神召气,以母召子,孰敢不至也?夫荡秽者,必召五帝之气②,苟召不至,秽何以荡?伏魈者③,必役五星之精④,苟役不至,魈何以伏?小人由是知阴阳可以作,风云可以会,山陵可以拔,江海可以覆。然召之于外,不如守之于内,然后用之于外,则无所不可。

【注释】

①云龙风虎：指龙腾云起，虎啸风生。《易·乾》："云从龙，风从虎，圣人作而万物睹。"

②五帝：通常指黄帝、颛顼、帝喾、尧、舜。

③虺(huǐ)：一种毒蛇，色如泥土。

④五星：刘向《说苑·辨物》以岁星(木)、荧惑(火)、镇星(土)、太白(金)、辰星(水)为五星。

【译文】

　　腾云的龙和生风的虎，是得到了大道中精神、元气的神物。精神犹如母体，元气犹如子女，以精神召引元气，以母体召引子女，哪个敢不到来呢？要清除污秽物的，必须召引五帝的真气，如果召引不到，污秽物用什么来清除呢？要降服毒蛇的，必须役使五星的精华，如果役使不到，凭什么来降服毒蛇呢？人们凭借这个就知道可以使阴阳兴起，可以使风云聚合，可以使山脉和高原改变，可以使江河湖海翻转。不过，与其从外面召引它，不如在内心守护它；守护于内心，再应用于外，那么还有什么是不可以做到的呢！

猛　虎

　　猛虎行，草木偃；毒鸩怒①，土石揭。威之所烁，气之所搏，顽嚚为之作②。小人由是知铗可使之飞③，山河可使之移，万物可使之相随。夫神全则威大，精全则气雄。万惑不能溺，万物可以役。是故一人所以能敌万人者，非弓刀之技，盖威之至也；一人所以能悦万人者，非言笑之惠，盖和之至也。

【注释】

①鸩(zhèn)：有毒的鸟。雄曰运日，雌曰阴谐。传说羽有剧毒，饮

之立死。

②顽嚚(yín)：顽，愚妄；嚚，暴虐，愚顽。

③铗(jiá)：冶铸用的钳或剑、剑柄。

【译文】

猛虎飞奔而过时草木会倒下，毒鸩发怒时土块和石头会蹶起。受威风所消损，被气势所攫取，是愚妄和轻浮产生的原因。人们因此知道可以让利剑飞驰，可以让山河移动，可以让万事万物相跟随。精神保全威力就强大，精力充沛气势就雄壮。万种疑惑都不能使他沉迷，万事万物都可以被他役使。因此，一人之所以能抵挡万人，不是凭借弓箭刀枪的技巧，大概是威力的作用所致；一人之所以能取悦万人，不是凭借言谈说笑的恩惠，大致是与民和谐的缘故吧。

用　神

虫之无足：蛇能屈曲，蛭能掬蹙①，蜗牛能蓄缩。小人所以见其机，由是得其师，可以坐致万里而不驰。是故足行者有所不达，翼飞者有所不至，目视者有所不见，耳听者有所不闻。夫何故？彼知形而不知神，此知神而不知形。以形用神则亡，以神用形则康。

【注释】

①蛭(zhì)：水蛭，环节动物，居池沼或水田中，吸食人畜血液，俗称蚂蟥。掬蹙(jū cù)：卷缩。

【译文】

爬虫类中没有足的：蛇能弯曲躯体行动，水蛭能卷缩，蜗牛能隐藏伸缩。人们从由此发现的玄机中，获得了启示：可以不飞速奔跑而坐着到达万里之外。所以用脚走路的，有达不到的地方；用翅膀飞行的，有飞不到的地方；用眼睛看的，有见不到的地方；用耳朵听的，有听不到的地方。这是为什么呢？那一方只知道形体而不知道精神，这一方只知道精神而不知道形体。以形体主使精神就会死亡，以精神主使形体则会康泰。

水　窦

　　水窦可以下溺①，杵糠可以疗噎。斯物也，始制于人，又复用于人。法本无祖，术本无状，师之于心，得之于象。阳为阴所伏，男为女所制；刚为柔所克，智为愚所得。以是用之，则钟鼓可使之哑，车毂可使之斗②，妻子可使之改易，君臣可使之离合。万物本虚，万法本无，得虚无之窍者，知法术之要乎！

【注释】

　　①水窦：水道，水之出入孔道。往往建筑于城墙下，为供河渠穿过城墙进出的涵洞。又称水门。溺：小便。

　　②车毂：车轮中心插轴的部分，此处代指车。

【译文】

　　水孔道可以因尿液流下去而造成污染，杵头糠末可以用来治疗食塞咽喉。这样的物品，初始时是人制造的，又被人使用。法度本来没有原始出处，权术本来没有情状，是自心机处流出，是从物象那里得到的。阳性被阴性所降服，男性被女性所制服；刚强被柔弱所制胜，智者被愚者所压制。凭借这种办法来施用，就可以让钟和鼓变哑，可以让车与车之间发生碰撞争斗，可以让妻子和孩子改换家门，可以让君臣离散或聚合。万事万物都以虚无为根本，万条法度都以虚无为基础，得到了虚无诀窍的人，就能把握住法度和权术的要领！

魍　魉

　　魍魉附巫祭言祸福事①，每来则饮食言语皆神，每去则饮食言语皆人。不知魍魉之附巫祭也，不知巫祭之附魍魉也。小人由是知心可以交，气可以易，神可以夺，魄可以录。形为神之宫，神为形之容。以是论之，何所不可？

【注释】

①魍魉（wǎng liǎng）：传说中的山川精怪，亦作"罔两"。巫祭：巫，古代称能以舞降神的人。祭，祭祖祀神。

【译文】

魍魉附着在巫祭身上，宣讲灾祸或福瑞的事情。每次被附身的巫祭，饮食和言语都如同神祇，每次魍魉离身后他的饮食和言语又都如同常人。不知道是魍魉附着在巫祭身上呢，也不知道是巫祭附着在魍魉的身上呢。人们因此知道心灵可以结交，元气可以改易，精神可以摄取，魂魄可以收集。形体是精神的居舍，精神显现于形体的外貌。以此而言，什么事是不可以做到的呢？

虚　无

鬼之神可以御，龙之变可以役，蛇虺可以不能螫①，戈矛可以不能击。唯无心者，火不能烧，水不能溺，兵刃不能加，天命不能死。其何故？志于乐者犹忘饥，志于忧者犹忘痛，志于虚无者，可以忘生死。

【注释】

①虺（huǐ）：古书上说的一种毒蛇。螫：毒虫或毒蛇咬刺。

【译文】

人凭心志，可以抵御鬼怪的神力，可以驾驭龙的变化；可以让毒蛇不能螫人，可以让戈矛失去攻击力。只有没有主观执著心的人，火不能烧灼他,水不能淹没他,兵刃不能侵凌他,天命不能致他于死地。什么原因呢?心志在欢乐上的人,可能忘了饥饿;心志在忧愁上的人,可能忘了疼痛;心志在虚无上的人,可以忘记生存与死亡。

虚 实

方咫之木置于地之上,使人蹯之而有余;方尺之木置于竿之端,使人踞之而不足①。非物有小大,盖心有虚实。是故冒大暑而挠者愈热②,受炙灼而惧者愈痛③。人无常心,物无常性。小人由是知水可使不湿,火可使不燥④。

【注释】

①踞:蹲,坐。

②挠(náo):搔,轻轻抓。

③炙灼:烧灼。

④水可使不湿,火可使不燥:《庄子·大宗师》:"若然者,登高不栗,入水不濡,入火不热。"

【译文】

将一尺见方的木头平放在地上,让人在上面踩踏觉得还很宽敞;将一尺见方的木头放置于竹竿顶端,让人蹲坐在上面仍害怕其不够大。不是物体有大有小,多半是因为心境有虚实。所以在酷暑天举止烦躁的人越发觉得炎热,受到烧灼而内心害怕的人更觉得疼痛。人没有恒久不变的心志,事物没有恒久不变的性质。人们因此知道如何能做到让水不湿,让火不热。

狐 狸

狐狸之怪,雀鼠之魅①,不能幻明镜之鉴者,明镜无心之故也。是以虚空无心而无所不知,昊天无心而万象自驰②,行师无状而敌不敢欺,大人无虑而元精自归。能师于无者,无所不之。

【注释】

①雀鼠:粟鼠,大鼠。三国吴陆玑疏《诗·硕鼠》:"今河东有大鼠,能人立,交前两脚于头上,跳舞善鸣,食人禾苗,人逐则走。入树空中,亦有五枝,或谓之雀鼠。"魅:谓其有五能:飞、爬、游、跑、掘,但都不精。

②昊天:即天空。昊,元气博大的样子,言天空广阔。

【译文】

狐狸的诡怪,雀鼠的蛊惑,不能扰乱明镜映照物体的原因,是明镜没有主观的意愿。所以太虚虽然没有心志却没有不能洞见的;苍天没有心志却能让万种物象自行运作;行动着的军队没有固定形状,敌军却不敢欺侮;君子没有忧虑,而天地的精气却自动归附。能以虚无为师者,是没有什么做不到的。

转　舟

转万斛之舟者①,由一寻之木②;发千钧之弩者③,由一寸之机④。一目可以观大天,一人可以君兆民。太虚茫茫而有涯⑤,太上浩浩而有象⑥。得天地之纲,知阴阳之房,见精神之藏,则数可以夺,命可以活,天地可以反覆⑦。

【注释】

①斛(hú):中国旧量器名,亦是容量单位,一斛本为十斗,后来改为五斗。

②寻：古代长度单位。八尺为一寻。

③钩：古代重量单位。三十斤为一钩，四钩为一石。弩：用机械发射的弓，也叫窝弓，力强可以及远。其种类很多，大者或用脚踏，或用腰开，有数矢并发者称连弩。

④机：弩机，弓上发箭的装置。

⑤太虚：宇宙天空。

⑥太上：天上之上。古时亦指至上虚无的自然之神。

⑦反覆：翻覆，倾动。

【译文】

凭借一寻长的船桨，可以转动万斛大船；依靠一寸长的弩机，可以发动千钧强弩。一双眼可以看到广阔的天空，一个人可以统治亿万百姓。宇宙广阔没有边际，太上旷远却有象数。得到天地的纲领，知晓阴阳的奥妙，见到精神的蕴机，那么就可以改变气数，可以翻转命运，可以颠覆天地。

心　变

　　至淫者化为妇人①，至暴者化为猛虎，心之所变，不得不变。是故乐者其形和，喜者其形逸，怒者其形刚，忧者其形戚。斯亦变化之道也。小人由是知顾六尺之躯，可以为龙蛇，可以为金石②，可以为草木。大哉斯言！

【注释】

①至淫者化为妇人：《汉书·五行志》："哀帝建平中，豫章有男子化为女子，嫁为人妇，生一子。长安陈凤言此阳变为阴，将亡继嗣。"

②金石：泛指自然界中的各种金器和玉石。

【译文】

极其荒淫的男子变化为妇人,极端暴虐的人变化为猛虎。由心性方面引起的变化,是人力无法抗拒的。所以,内心愉悦的人容貌温和,心存喜事的人容貌安逸,愤怒的人容貌刚硬,忧愁的人容貌悲伤。这也是变化的大道呀!人们因此知道仅仅六尺长的身躯,可以变成为龙蛇,可以变成为金器和玉石,可以变成为草木。这话的含义十分深远啊!

珠 玉

悲则雨泪,辛则雨涕,愤则结瘿①,怒则结疽。心之所欲,气之所属,无所不育。邪苟为此,正必为彼。是以大人节悲辛,诫愤怒。得灏气之门②,所以收其根;知元神之囊③,所以韬其光④。若蚌内守,若石内藏,所以为珠玉之房⑤。

【注释】

①瘿(yǐng):颈部的囊状瘤子。中医指多因郁怒忧思过度,气郁痰凝血瘀结于颈部,或生活在山区与水中缺碘有关的病。可分为"气瘿""肉瘿"及"石瘿"等。

②灏气:弥漫于天地之间的大气。

③元神:道书以指称人的灵魂。囊:口袋。这里借指元神之所归。

④韬(tāo):隐藏,收敛。

⑤珠玉之房:即珍珠和美玉的房舍。房,指隐藏之处所。

【译文】

伤心就会流眼泪,受到刺激就会流鼻涕,忿懑就会长颈瘤,发怒就会长毒疮。心里有所欲念,元气会有所集聚,都会有所孕育,引出变化。邪恶如果是这方,正义必定是那方。所以志趣高远的人应该节制伤心和悲痛,戒除忿懑和怒气。得到融和灏气的门径,就能恢复他的本性;

知晓灵魂之所归，就能掩藏他的光芒。就像蚌内深藏珍珠，顽石里隐藏美玉一样，内敛韬光者，因此能成为内存珍珠、美玉般的人。

蠮 螉

夫蠮螉之虫①，孕螟蛉之子②，传其情，交其精，混其气，和其神。随物大小，俱得其真。蠢动无定情③，万物无定形。小人由是知马可使之飞，鱼可使之驰，土木偶可使之有知，婴儿似乳母，斯道不远矣。

【注释】

①蠮螉（yē wēng）：土蜂，即细腰蜂。

②螟蛉（míng líng）：鳞翅目昆虫的幼虫。土蜂常捕螟蛉喂它的幼虫，古人误认为土蜂养螟蛉为己子。后因以为养子的代称。

③蠢动：率性而动，出于自然。

【译文】

蠮螉即土蜂这类昆虫，孕育螟蛉作为幼子。在此过程中，蠮螉与这螟蛉传递情性，交合精气，混合元气，融合精神。顺随着事物或大或小，都能得到其中真谛。它们率性而动没有固定情性，看待万事万物没有固定形状。人们因此就知道，可以让马飞驰，可以让鱼驰骋，可以让土像木偶具有智慧，可以让婴儿长得与乳母相像，这样距大道就不远了。

胡 夫

胡夫而越妇①，其子髯面而矬足②；蛮夫而羌妇③，其子拗鼻而昂首。梨接桃而本强者其实毛，梅接杏而本强者其实甘。以阴孕阳，以柔孕刚，以曲孕直，以短孕长，以小孕大④，以圆孕方，以水孕火，以丹孕黄⑤。小人由是知可以为金石,可以为珠玉,可以为异类,可以为怪状,造化之道也。

【注释】

①胡:中国古代称北边的或西域的民族。越:中国周代诸侯国名。后用作浙江省东部的别称。

②髯(rán):古称多须者为髯。矬:身短曰矬。

③蛮:古代对南方少数民族的泛称。羌:我国古代西部民族之一。

④以小孕大:原本作"以大孕小",据元本改。

⑤以丹孕黄:道教中人认为通过炼丹可以形成黄金白银,被称为"黄白之术"。

【译文】

丈夫为胡人妻子为越人的,他们的孩子脸上长满胡须而且腿很短;丈夫为南方少数民族人妻子为羌人的,他们的孩子鼻子弯曲而额头高昂。梨树嫁接桃树而作为砧木的桃树粗壮的,它的果实长满毛;梅子嫁接杏树而作为砧木的杏树粗壮的,它的果实甘甜。可以凭借阴来孕育阳,可以凭借柔来孕育刚,可以凭借曲来孕育直,可以凭借短来孕育长,可以凭借小来孕育大,可以凭借圆来孕育方,可以凭借水来孕育火,可以凭借丹药来孕育黄金。人们由此知道,金器和玉石可以因变化而形成,珍珠和美玉可以因变化而成,禽兽鬼怪可以因变化而形成,怪诞形状也可以因变化而形成。这就是自然创造化育的大道。

阴　阳

阴阳相搏,不根而生芝菌①;燥湿相育,不母而生蜏蚃②。是故世人体阴阳而根之,敩燥湿而母之③,无不济者。小人由是知陶炼五行④,火之道也;流行无穷,水之道也;八卦环转⑤,天地之道也;神物乃生,变化之道也。是以君子体物而知身，体身而知道。夫大人之道幽且微，则不知孰是孰非。

【注释】

①芝：菌类植物的一种，古人以为瑞草。菌：孢子植物之属，古亦称蕈，即灵芝。

②蝤蛴(qiú qí)：蝎虫。天牛的幼虫。

③敩(xiào)：亦作"学"。

④陶炼：陶冶，陶化。五行：水、火、木、金、土，古代称构成各种物质的五种元素。

⑤八卦：《周易》中的八种符号。相传为伏羲所作。八卦由阴(--)、阳(—)两种线形组成，阴阳是八卦的根本。

【译文】

阴气和阳气相互斗争，没有根须却能生长出灵芝；干燥和湿润互相孕育，没有母体却能生长出蝤蛴。所以世上的人体味阴阳之道并以其为根本，效法干燥和湿润相育之道并以它们为母体，没有不取得成效的。人们因此知道陶化五行，是火的大道；传布流动没有穷尽，是水的大道；八卦循环转动，是天地的大道；神奇灵异的事物出生，是变化的大道。因此有才德的人体味他物就知道自身，体味自身就知道大道。志趣高远的人体察到的大道幽微而深远，反倒不知道哪个是对的，哪个是错的了。

海　鱼

海鱼有以虾为目者①，人皆笑之。殊不知古人以囊萤为灯者②，又不知昼非日之光则不能驰，夜非烛之明则有所欺。观傀儡之假而不自疑③，嗟朋友之逝而不自悲，贤与愚莫知。

唯抱纯白、养太玄者^④，不入其机^⑤。

【注释】

①海鱼有以虾为目者：据现代科学研究，深海中的鱼几乎隔断光照，靠体内杆视蛋白和视黄醛蛋白的大量增加，拥有敏感的视觉神经。虾、章鱼、细菌等在海底发出微弱的光线，鱼类通过感知这样的光子而识别颜色，检测到周边危险信号源。作者后文中将这种现象认之为借外物而获得视觉的发挥，与现代科学的研究结果相近。

②古人以囊萤为灯者：典出车胤。车胤，晋南平人，宇武子，幼时勤学，家贫不常得油，夏月则将萤火虫装入袋中照亮读书。《晋书》有传。

③傀儡(kuǐ lěi)：木偶戏中的木头人。比喻受人操纵、不能自立的人或组织。

④太玄：深奥，神妙。

⑤机：捐捕野兽的机关。引申为巧诈。

【译文】

海鱼中有以虾为眼睛的，受到人们的嘲笑。其实这些人并不知道古代有人把囊中的萤火虫发出的亮光当作灯光，又不知道白昼没有太阳的光辉就不能运作，也不知道晚上没有蜡烛的光照，就会有所隐匿。观看假造的傀儡自己却不怀疑，嗟叹朋友的去世却不为自己将逝而悲痛，这些都是不知道贤良与愚昧差异的缘故。只有持守纯一洁静，养育深奥、玄妙的大道的人，才不会陷进这类巧伪当中。

碉　松

碉松所以能凌霜者，藏正气也；美玉所以能犯火者，蓄至精也。是以大人昼运灵旗^①，夜录神芝^②。觉所不觉，思所不思。可以冬御风而不寒，夏御火而不热。故君子藏正气者，可以远鬼神，伏奸佞；蓄至精者，可以福生灵，保富寿。夫何为？多少之故也！

【注释】

①运：运筹，运用，谋划。灵旗：元本作"生灵"。

②录：聚集，收拢。神芝：灵芝。元本作"神鬼"，或与义更顺。

【译文】

山涧上的松树能够傲迎风霜的原因，是守藏了刚正之气；美玉可以触近烈火而不受损，是因为蓄积了纯正精气。所以圣人君子白天运筹万种生灵，夜间聚拢仙气神药。他们因此能察觉旁人所不能察觉的，考虑旁人所不能考虑的。他们还能够在冬天抵御寒风却不觉寒冷，在夏天抵御骄阳却不觉酷热。所以君子圣人藏匿正气，就可以远离鬼神和怪异，降伏邪恶不正和奸巧诡谍；积蓄纯正精气，就可以造福民众，保佑富贵和长寿。什么缘故呢？原因在于大道把握了多少！

动　静

动静相磨，所以化火也；燥湿相蒸，所以化水也；水火相勃①，所以化云也；汤盎投井②，所以化雹也；饮水雨日，所以化虹霓也。小人由是知阴阳可以召，五行可以役③，天地可以别构，日月可以我作。有闻是言者，必将以为诞。夫民之形也，头圆而足方，上动而下静，五行运于内，二曜明于外④。斯亦别构之道也。

【注释】

①勃(bèi)：古同"悖"。混乱，相冲突。

②汤盎(àng)：盆中热水。盎，古代的一种盆，腹大口小。

③五行：水、木、金、火、土，古代称构成各种物质的五种元素。

④曜(yào)：日和月。此处代指双目。

【译文】

运动和静止互相作用，是转化为火的原因；干燥和湿润互相熏蒸，是转化为水的原因；水和火互相对抗，是转化为云的原因；盆中热水投入井中，能体会水转化为冰雹的原因；喷口水在太阳光下，可以得知水气转化成彩虹的原因。人们因此知道阴阳可以召引，五行可以役使，苍天和大地可以重新构造，日月可以由我自己创造。有的人听说这种言语，必定会以为荒诞。人类的体态，头为圆形脚为方形；头在上方运动，脚在下方静止；五行在身体内部作主宰，双目在外部摄取、明察。这也是大道的一种特殊构造啊！

声　气

操琴瑟之音①，则翛然而闲②；奏郑卫之音③，则乐然而逸；解瓴甓之音④，则背膂凛森⑤；挝鼓鼙之音⑥，则鸿毛踯躅⑦，其感激之道也如是。以其和也，召阳气，化融风，生万物也；其不和也，作阴气，化历风，辱万物也。气由声也，声由气也，气动则声发，声发则气振，气振则风行而万物变化也。是以风云可以命，霜雹可以致，凤凰可以歌，熊罴可以舞⑧，神明可以友。用乐之术也甚大。

【注释】

①琴瑟：乐器。琴瑟同时弹奏，其音和谐，故可顺畅阴阳之气和纯洁人心。

②翛(xiāo)：无拘无束，自由自在。

③郑卫之音：春秋、战国时郑、卫国的俗乐。儒家以《论语·卫灵公》有"郑声淫"之语，附会郑声为《诗》之"郑风"，而"郑风""卫风"等篇，皆为刺淫而作。后因以"郑卫之音"通指淫荡的乐歌或文学作品。

④瓴甓（líng pì）：砖块。又作"瓴瓶""令辟"。

⑤脊：脊骨。

⑥挝（zhuā）：敲打，击打。鼓鼙（pí）：乐器，大鼓和小鼓，进军时以励战士。

⑦踟蹰：徘徊不前。

⑧"凤凰"二句：凤凰，传说中的鸟名，雄曰凤，雌曰凰。熊罴，熊和罴。皆为猛兽。典出《尚书·皋陶谟》："鸟兽跄跄，《箫韶》九成，凤皇来仪。"

【译文】

听到琴瑟同时弹奏的声音，人们就会超脱而且悠闲；听到弹奏郑、卫一带的乐曲，人们会愉悦而且安逸；听到砖瓦破碎的声音，人们会惊恐得脊背寒冷；感应到敲击大鼓和小鼓的声音，即使极轻的鸿毛也会改变运行、停滞不前。感应激发的大道就是这样的。凭借和顺之乐，就可以召引阳气，转化为和煦的暖风，使万物生长；依托不和顺之乐，就会发出阴气，转化为阴毒的冷风，辱没万物。气源于声，声源于气。气运动声就会发生，声发生气就会振动，气振动风就会形成，万物也就开始变化。既然如此，就可以聚合风云，可以招来霜电，可以让凤凰歌唱，可以使熊罴跳舞，可以与神明交友。这就是运用音乐的大道啊！

大　同

虚含虚，神含神，气含气，明含明，物含物。达此理者，情可以通，形可以同。同于火者化为火，同于水者化为水，同于日月者化为日月，同于金石者化为金石①。唯大人无所不同,无所不化,足可以与虚皇并驾②。

【注释】

①金石:泛指自然界中的金属和石块。

②虚皇:道教谓太虚之神为虚皇。

【译文】

虚无含纳虚无,精神含纳精神,元气含纳元气,光明含纳光明,万物含纳万物。通晓这个大道的,性情可以通畅,形体可以融同。与火相同的化成火,与水相同的化成水,与日月相同的化成日月,与金石相同的化成金石。唯有志趣高远的人没有不能相同的,没有不能变化的,完全可与太虚之神齐驱并行,遨游于清境之间。

帝　师

镜非求鉴于物而物自投之,橐非求饱于气而气自实之①。是故鼻以虚受臭②,耳以虚受声,目以虚受色,舌以虚受味。所以心同幽冥③,则物无不受;神同虚无,则事无不知。是以大人夺其机,藏其微,羽符至怪④,阴液甚奇⑤,可以守国,可以救时,可以坐为帝王之师⑥。

【注释】

①橐(tuó):指橐龠,冶炼时用来鼓风冶铁的装置,犹今之风箱。

②臭:气味。

③幽冥:暗昧。

④羽符:道士的图符。

⑤阴液:露水。此似指符水。

⑥坐:自然地,全不费力地。

【译文】

镜子并不是寻求去映照物体,是物体自己投影于其中;橐龠不是寻求去填充空气,是空气自己去充满的。所以,鼻子凭借虚无接纳气味,耳朵凭借虚无接纳声音,眼睛凭借虚无接纳颜色,舌头凭借虚无接纳滋味。因此,心与幽暗相同,事物就没有不被接纳的;精神与虚无相同,事物就没有不被知晓的。所以志趣高远的人改变自己的玄机,藏匿自己的微小的缺憾,虽然他们绘制的图符非常怪异,符水异常奇特,但是能够凭借此道守卫国家,可以凭借此道救济时局,可以凭借于此而自然而然地成为帝王之师。

琥　珀

　　琥珀不能呼腐芥,丹砂不能入燋金①,磁石不能取愆铁②,元气不能发陶炉③。所以大人善用五行之精④,善夺万物之灵,食天人之禄,驾风马之荣⑤。其道也在忘其形而求其情。

【注释】

①丹砂:即朱砂。燋(jiāo)金:指燋铜。含燋毒之铜,类似于黄金。

②愆铁:生锈的铁块。依文意,愆与"败"同义。

③陶炉:烧制陶器、冶炼金属的盛火器。

④五行:水、火、土、金、木,古代指构成万物的五种元素。

⑤风马:神车。

【译文】

琥珀不能吸动腐烂的草芥,朱砂不能掺入炼灼的燋铜,磁石不能吸取生锈的铁块,元气不能在陶炉发生。因此,志趣高远的人善于运用五行的精华,善于改变万物的灵魂,食用上天赐予人间的佳肴美馔,拥有驾驭神车的荣光。所以大道就在于忘记形体而寻求情性。

卷三　德化

【题解】

本卷意在说明大道无言无形、看不见听不到摸不着,只有通过我们的思维意识去认识和感知它;而德是道的体现,能昭示道的一切,是我们通过感知后所导引的行为。与"术化"不同的是,作者在本卷中涉及的"德",较多为社会政治方面的内容,体现其对社会问题的关注,而分辨的对象更多的是当时社会主流意识形态——儒家思想。

首篇《五常》,分析的就是儒家的仁、义、礼、智、信观念,作者提出:儒者讲五常之道,是知其末而不知其本。依儒者的认知,则所见微小,犹如醯鸡之游太虚,井蛙之浮沧溟,终究难明大道。其实五常之道本可同归于一,至道不繁以清净自牧能做到使神会气,使气合真,可以夺五行之英华,窃五常之至精,以致收放自如。文中最后点出孔子之名,认为他代人君运筹策,代天地作权衡,是不甘清静的过劳之举。由此,谭峭的道教立场清晰可见。

同卷中的《常道》篇说的是同样的道理。认为仁义、忠信、廉洁、才辩等常行之道,若用之不得其术,即会导致亡国、获罪、暴民、罹罪;治国安民,当做得恰如其分,不然反害其民。民畏害而逃,这就叫不得大化之道。其他如《飞蛾》《弓矢》《聪明》《有国》《太医》《恩赏》《养民》等篇,大致讲的也是这层意思。

《异心》篇讲异心就是二心。动物之间，无异心就能和睦相处，有异心就会有戒备。同理，君主若有奇智，天下之人必不臣服。由此得出志趣高远的人应崇尚无为之化，则能无所不为。这是对如何行德做出的思考。同样的意思，在《黄雀》《笼猿》等篇中是借助于对动物的考察而言的，而在《谗语》《刻画》《酒醴》等篇中则是出自对人类社会现象的观察。它们都从对具体事物的分析中，得到对如何行"德"的新见解。

五　常

儒有讲五常之道者①，分之为五事②，属之为五行③；散之为五色④，化之为五声⑤；俯之为五岳⑥，仰之为五星⑦；物之为五金⑧，族之为五灵⑨；配之为五味⑩，感之为五情⑪。所以听之者若醯鸡之游太虚⑫，如井蛙之浮沧溟⑬，莫见其鸿濛之涯⑭，莫测其浩渺之程。日暮途远，无不倒行。

【注释】

①五常：仁、义、礼、智、信。

②五事：古代统治者修身的五件事。《汉书·五行志》："五事，一曰貌，二曰言，三曰视，四曰听，五曰思。貌曰恭，言曰从，视曰明，听曰聪，思曰睿。"

③五行：水、火、木、金、土，古代称构成各种物质的五种元素。

④五色：黑、黄、赤、白、青五种颜色。

⑤五声：宫、商、角、徵、羽，亦称"五音"。为古乐五声音阶的五个名称。

⑥五岳：即中岳嵩山、东岳泰山、西岳华山、南岳衡山、北岳恒山。

⑦五星：刘向《说苑·辨物》以岁星（木）、荧惑（火）、镇星（土）、太白（金）、辰星（水）为五星。

⑧五金：指金属。金、银、铜、铁、锡之通称。

⑨五灵：古代传说的麟、凤、龟、龙、白虎。

⑩五味：泛指各种味道，即酸、苦、甘、辛、咸。

⑪五情：喜、怒、哀、乐、怨五种情感。

⑫醯(xī)鸡：喜聚于醋酱上的小飞虫。古人以为是酒醋上的白霉变成，形容细小。醯，醋。太虚：即宇宙天空。

⑬井蛙：井底的青蛙，借指见识不广。沧溟：指大海。

⑭鸿濛(hóng méng)：广阔无边的样子。

【译文】

儒家中有讲五常之道的内容的，分衍它就成为五事，连缀它就成为五行；分散它就成为五色，转化它就成为五声；俯视它就成为五岳，仰视它就成为五星；物化它就成为五金，集中它就成为五灵；调配它就成为五味，感化它就成为五情。所以听这番说道，好像醯鸡在太空中漫游，又像井中蛙在大海中漂荡，无法见到那太空的广阔边际，无法测量那大海的遥远里程。在天黑时依然路途遥远，只能从漫无边际的行程中返回。

殊不知五常之道一也，忘其名则得其理，忘其理则得其情。然后牧之以清静，栖之以杳冥①，使混我神气，符我心灵。若水投水，不分其清；若火投火，不问其明。是谓夺五行之英，盗五常之精。聚之则一芥可包，散之则万机齐亨。其用事也，如酌醴以投器②；其应物也，如悬镜以鉴形。于是乎变之为万象，化之为万生，通之为阴阳，虚之为神明。所以运帝王之筹策③，代天地之权衡④，则仲尼其人也⑤。

【注释】

①栖：住，安顿。杳冥(yǎo míng)：极高或极远以致看不清的地方。

②酌醴：斟美酒。

③筹策：古代计算用具。引申为谋划。

④权衡：称量物体轻重之具。权，秤锤。衡，秤杆。引申为平正、衡
　　量、法度。

⑤仲尼：孔丘字。

【译文】

儒者不知道五常的大道就是"一"，忘记了它的名称就得到了它的
法则，忘记了它的法则就得到了它的情性。然后再用清静来润养，休息
于幽冥，使之与自己的精神气魄相混同，与自己的思想感情相符合。好
像将水投入水中，难以清楚地分辨；好像将火投入到火中，难以把它们
明确地分开。这就叫做改变五行的英华，借用五常的精髓。把它聚集
起来时，即使是一粒草籽也可以包纳；把它分散开来时，即使是诸多的
纷杂事务也能通达顺利。它见用于事物时，像美酒斟入器皿中那样自
然契合；它应对事物时，像用悬挂的镜子映照物体那样清晰可见。于是
由它而变化成为万种物象，物化成为万种生灵，贯通形成阴阳二气，虚
无之而成为神明。所以运用帝王的谋略，代行天地间的法度的，就是孔
丘这个人。

飞　蛾

天下贤愚，营营然若飞蛾之投夜烛，苍蝇之触晓窗。知
往而不知返，知进而不知退。而但知避害而就利，不知聚利
而就害。夫贤于人而不贤于身，何贤之谓也？博于物而不
博于己，何博之谓也？是以大人利害俱忘，何往不臧①？

【注释】

①臧：善，好。

【译文】

天下的贤人和愚人,都像飞蛾投向夜间烛光般地往来盘旋,像苍蝇在早晨扑奔窗户一样到处乱撞。知道去往而不知道返回,知道前进却不知道后退。只知道避开害处去趋近利益,不知道以蓄积利益的方式去除害处。衡量别人的贤良程度,却不亲身实施,这算得上什么贤良呢?广博地了解事物,对自己却了解不多,这算什么广博呢?因此志趣高远的人如果将利益和祸害全都忘记了,那么他哪里会缺乏美善与良好呢?

异　心

虎踞于林,蛇游于泽,非鸱鸢之仇①;鸱鸢从而号之,以其蓄异心之故也。牛牧于田,豕眠于圃②,非乌鹊之驭;乌鹊从而乘之,以其无异心之故也。是故麟有利角,众兽不伏;凤有利觜,众鸟不宾③;君有奇智,天下不臣。善驰者终于蹶④,善斗者终于败。有数则终⑤,有智则穷。巧者为不巧者所使,诈者为不诈者所理。

【注释】

①鸱鸢(chī yuān):鸱,猫头鹰中的一种。又云乃传说中的怪鸟。鸢,鸷鸟名。俗称老鹰。状类鹰,惟嘴较短。尾较长,常开。耳羽黑褐色,故又名黑耳鸢。

②圃:泛指园地。

③"是故"几句:古代传说西海中凤麟洲,仙家煮麟角凤喙为胶,可以续断弦折剑。麟角、凤嘴均为稀罕之物。觜,嘴。

④蹶(jué):颠仆,跌倒。

⑤数:数术,古代关于天文、历法、占卜的学问。终:死。

【译文】

虎盘踞在山林中，蛇游弋在沼泽里，它们不是鸥鸢的仇敌，鸥鸢号叫着追赶着它们，因为鸥鸢怀有戒心。牛放养在田间，猪酣睡在圈栏里，它们不是乌鸦的驾驭者，乌鸦自然地跟随它们，因为乌鸦不会对它们存异念。所以麒麟即使有利角，众多的野兽并不朝拜它；凤凰虽然有利嘴，百鸟却不宾服它；国君有奇异智慧，天下并不因此而臣服他。善于奔跑的最终有跌倒的一天，善于打斗的最终也会失败。懂数术者会不得善终，有智慧者会窘迫困顿。乖巧的人被不乖巧的人所驱使，奸诈的人被不奸诈的人所治理。

弓　矢

天子作弓矢以威天下，天下盗弓矢以侮天子。君子作礼乐以防小人，小人盗礼乐以僭君子①。有国者好聚敛，蓄粟帛、具甲兵以御贼盗，贼盗擅甲兵、踞粟帛以夺其国。或曰："安危，德也。"又曰："兴亡，数也。"苟德可以恃，何必广粟帛乎？苟数可以凭，何必广甲兵乎？

【注释】

①僭（jiàn）：超越本分。古代指地位在下的冒用在上的名义或礼仪、器物。

【译文】

天子制造弓箭用来威胁天下人，天下人偷窃弓箭用来侮辱天子。君子创制礼仪乐舞用来防范小人，小人偷窃礼仪乐舞用来僭越君子。拥有国家政权的人嗜好聚敛财富、储存粮食和布帛、准备盔甲和兵器用来防御贼寇；贼寇占有军队和兵器、占有粮食布帛用来夺取国君的政权。有人说："安定或危难，取决于德行。"又有人说："兴盛或败亡，取决于天数。"如果德行可以依靠,又有什么必要广备粮食布帛呢? 如果天数可以凭借,又有什么必要广备盔甲、武器呢?

聪　明

　　无所不能者,有大不能;无所不知者,有大不知。夫忘弓矢然后知射之道①,忘策辔然后知驭之道②,忘弦匏然后知乐之道③,忘智虑然后知大人之道。是以天下之主,道德出于人;理国之主,仁义出于人;亡国之主,聪明出于人。

【注释】

①夫忘弓矢然后知射之道:《全唐文》乔潭《破的赋》曰:"飞卫学射于逢蒙……内审其志,外专其目,释思其平,去务其速……乃杜门三年. 犹乎家人。听之以气,视之以神……不知矢之所加,弦之所控。不知引之而满,纵之而送。以无心为心,若梦不梦。斯焉而遽发,骎然而通洞。"

②忘策辔然后知驭之道:《列子·汤问》载造父向泰豆学御之术,泰豆曰:"内得于中心,而外合于马志。是故能进退履绳而旋曲中规矩,取道致远而气力有余,诚得其术也。得之于衔,应之于辔;得之于辔,应之于手;得之于手,应之于心。则不以目视,不以策驱,心闲体正,六辔不乱……然后舆轮之外可使无余辙,马蹄之外可使无余地,未尝觉山谷之险. 原隰之夷,视之一也。"策辔,马鞭与马缰。泛指驭马的工具。

③忘弦匏(xián páo)然后知乐之道:弦匏,弦和匏。均乐器名。古代八音中"匏曰笙,丝曰弦",因亦泛指乐器。《列子·汤问》载师文学乐于师襄,三年不成章。师文舍其琴,叹曰:"文非弦之不能钧,非章之不能成。文所存者不在弦,所志者不在声。"

【译文】

无所不能的人,有非常无能的方面;无所不知的人,有非常无知的方面。忘记了弓箭以后才知道射箭的大道,忘记了马鞭和马缰以后才知道驾驭车马的大道,忘记了琴弦和笙竽等乐器以后才知道音乐的大道,忘记了智慧和忧虑以后才知道圣人、君子的大道。因此,拥有天下的君主,有超出于常人的道德;能将国家治理好的君主,有超出于常人的仁义;丧失国家的君主,有超出于常人的小聪明。

有 国

有国之礼,享郊庙,敬鬼神也;亹龟策①,占吉凶也。敬鬼神,信祸福之职也;占吉凶,信兴亡之数也。奈何有大不信,穷民之力以为城郭,夺民之食以为储蓄? 是福可以力取,是祸可以力敌? 是疑贰于鬼神,是欺惑于龟策,是不信于天下之人。斯道也,赏不足劝,罚不足惧,国不足守。

【注释】

①亹(wěi):征兆。龟策:龟甲和蓍草。古代占卜之具。亦指占卜之人。

【译文】

国家级别的祭祀活动,是祭郊庙,以表示对鬼神的敬畏;是钻龟甲、摆弄蓍草等占卜活动,以此预测吉凶。敬畏鬼神,的确是君主避祸祈福的分内之事;占卜吉凶,的确是决定国运兴亡的数术。但为什么有相当多的国君不相信天意,穷尽百姓的财力来建造城池,夺取百姓的粮食来作为储蓄呢? 以为这样就可以依靠蛮力取得幸福,这样就可以依靠武力来抵挡败亡? 殊不知这样是对鬼神有二心,是对占卜术的欺罔,是对天下人的不诚实。这样的做法,封赏不足以让人受到劝勉,惩罚不足以使人畏惧,这样的国家不足以守护。

黄　雀

黄雀之为物也①,日游于庭,日亲于人而常畏人,而人常挠之②。玄鸟之为物也③,时游于户,时亲于人而不畏人,而人不挠之。彼行促促④,此行佯佯⑤;彼鸣啾啾⑥,此鸣锵锵⑦;彼视矍矍⑧,此视汪汪⑨;彼心戚戚,此心堂堂。是故疑人者为人所疑,防人者为人所防。君子之道,仁与义、中与正⑩,何忧何害?

【注释】

①黄雀:又称芦花黄雀。雄者上体浅黄带绿,雌者上体微黄有褐色条纹。

②挠:抓捕。

③玄鸟:燕子。因其羽毛黑,故名。

④促促:小心谨慎的样子。

⑤佯佯:同"洋洋",舒缓的样子。

⑥啾啾:象声词。指兽啼鸟鸣声。

⑦锵锵:象声词。指铃声、凤鸣声、乐声。也作"将将"。

⑧矍矍(jué):急视的样子。

⑨汪汪:深广的样子。亦用以形容人的气度宽宏。

⑩"君子"二句:参见《易·说卦》:"是以立天之道曰阴与阳,立地之道曰柔与刚,立人之道曰仁与义。"

【译文】

黄雀的待人方式,是每天在庭堂上游弋徘徊,每天和人亲近却总是惧怕人,但人们时常要去捕捉它。燕子的待人方式,则是时时在户内游弋徘徊，时时和人亲近却不惧怕人，但人们总也不捕捉它。黄雀那一方的行动小心谨慎，燕子这一方的行动喜乐舒缓；那一方鸣叫时发出啾啾声，这一方鸣叫时发出锵锵声；那一方眼神惊惶失措，这一方眼神深远广阔；那一方心中充满忧惧，这一方心中端直大方。所以怀疑别人的人被别人所怀疑，防范别人的人被别人所防范。圣人君子的大道是仁爱和节义，持中和正直，还有什么惧怕，有什么祸患呢？

笼　猿

笼中之猿，踊跃万变不能出于笼①；匣中之虎②，狂怒万变不能出于匣；小人之机③，智虑万变不能出于大人之道。夫大人之道，如地之负，如天之垂。无日不怨，无人不欺，怨不我怒，欺不我夷，然后万物知其所归。

【注释】

①踊跃：跳跃奋起的样子。变：通"遍"。

②匣：通"柙"，关兽的木笼。

③机：智巧。

【译文】

被锁在笼中的猿，奋起跳跃多少遍也不可能冲破牢笼；被困在牢中的虎，狂哮怒吼多少次也不可能挣脱开木牢；小人们的智巧，谋虑多少次也不可能超出于圣人君子的大道。圣人君子的大道，应该像大地那样承载万物，像上天那样庇佑天下。上天和大地没有哪一天不遭怨恨，没有哪个人不欺罔他们。可是他们遭到怨恨自身也不发怒，受到欺罔自身也不觉创伤，这样以后，万事万物都知道了自己的宗旨。

常　道

仁义者常行之道，行之不得其术，以至于亡国。忠信者常用之道,用之不得其术,以至于获罪。廉洁者常守之道,守之不得其术,以至于暴民。财辩者常御之道①,御之不得其术,以至于罹祸②。盖拙在用于人,巧在用于身。使民亲稼则怨,诚民轻食则怒。夫饵者鱼之嗜,膻者蚁之慕③,以饵投鱼鱼必惧,以膻投蚁蚁必去,由不得化之道。

【注释】

①财:元本作"才",或义优。

②罹(lí):遭受,遭遇。

③膻:像羊肉的气味。此代指羊肉。

【译文】

仁义是经常奉行的大道,不以正确的方法奉行,便导致了国家败亡。忠信是经常应用的大道,不以正确的方法应用,便导致遭受惩罚。廉洁是经常守护的大道,不以正确的方式守护,便导致欺侮百姓。有才能且善辩是公认的妙法,不以正确方法驾驭,则会遭受祸害。大致拙劣的做法是把这些大道用于别人,巧妙的做法是把这些大道用于自身。要求百姓埋头耕种他们就会抱怨,告诫民众轻视食粮就会招惹他们愤怒。诱饵是鱼所嗜好的,羊肉的膻味是蝼蚁所倾慕的,直接把诱饵投向鱼儿,鱼儿肯定惧怕;直接将羊肉投向蝼蚁,蝼蚁肯定离去,因为没有懂得教化的大道啊。

感　喜

感父之慈,非孝也;喜君之宠,非忠也。感始于不感,喜始于不喜。多感必多怨,多喜必多怒。感喜在心,由物之有毒,由蓬之藏火①,不可不虑。是以君子之业,爵之不贵,礼之不大,亲之不知,疏之不疑,辱之不得,何感喜之有?

【注释】

①由:通"犹",犹如,好像。蓬:草名,即蓬蒿。

【译文】

感激父亲慈爱的不是孝顺,喜好君主宠爱的不是忠诚。感激起于不感激,喜好始于不喜好。感激多,怨恨必然多;喜好多,愤怒必然多。感激或喜好存在内心中,如同物体中有毒,如同用蓬蒿包藏火焰,不可以不挂念思虑。因此才德出众的人的功业,尊之以爵不以为显贵,敬之以礼而不张扬,已受到恩宠处之泰然,遭受疏远而不猜疑,想要辱没他也不可能,那么他还有什么感激和喜好可言呢?

太 医

太医之道①,脉和而实者为君子②,生之道也;挠而浮者为小人③,死之道也。太卜之道④,策平而慢者为君子⑤,吉之道也;曲而利者为小人⑥,凶之道也。以是论之,天下之理一也。

【注释】

①太医:指专门为帝王、宫廷及官宦上层服务的医生。

②脉:中医指脉息、脉搏。

③挠:指被搅动或阻止。浮:脉象名,指脉象浮大而软。

④太卜:官名,为卜筮官之长,也称卜正。

⑤策:蓍草,用于卜筮,此处代指占卜。平而慢:即平和舒缓的卦象,为正常的卦象。

⑥曲而利:曲突、变化剧烈的卦象。

【译文】

太医的医道,将脉息柔和而着实的,比做有道德修养之人,是生存之道；将脉息混乱而浮躁的，比做无道德修养之人，是死亡之道。太卜官的占卜之道，将卦象平和而缓慢的，比做有道德的人，为吉祥之象；将卦象曲突、变化剧烈的，比做无道德修养的小人，有凶恶的预兆。由此可见，天下的道理是一致的。

　　是故观其国，则知其臣；观其臣，则知其君；观其君，则知其兴亡。臣可以择君而仕，君可以择臣而任。夫揖让可作而躁静不可作，衣冠可诈而形器不可诈，言语可文而声音不可文。

【译文】

　　所以观察国家就知道臣子，观察臣子就知道君王，观察君王就知道兴盛或败亡。臣子可选择君主来做官，君主可选择臣子来任用。揖让礼仪可以制定出来，但是内心的躁动或安静却装不出来；外在的衣服或冠冕可以有虚假，而内在的形体却无法作假；言语可以修饰，但是声音无法遮掩修改。

谗　语

　　藏于人者谓之机，奇于人者谓之谋。殊不知道德之机，众人所知；仁义之谋，众人所无。是故有赏罚之教则邪道进，有亲疏之分则小人入。夫弃金于市，盗不敢取；询政于朝，谗不敢语，天下之至公也。

【译文】

　　人们把对别人所要掩藏的称作玄机，把出乎别人意料的称为谋略。却没想过道德的玄机是多数人都知道的，仁义的谋略却是多数人所缺乏的。所以有了奖赏或惩罚的教化，邪恶之道反而会增进；有了亲近或疏远的分别，没有道德的人反倒会得宠。把金子丢弃在市井中，盗贼不敢去取；在朝廷上询问政事，好进谗言的人不敢说话，这才是天下公然呈现的状况。

刻　画

画者不敢易于图像，苟易之，必有咎。刻者不敢侮于本偶，苟侮之，必贻祸。始制作于我，又要敬于我，又置祸于我。是故张机者用于机，设险者死于险，建功者辱于功，立法者罹于法①。动一窍则百窍相会，举一事则万事有害。所以机贵乎明，险贵乎平，功贵乎无状②，法贵乎无象③。能出刻画者，可以名之为大象④。

【注释】

①建功者辱于功，立法者罹于法：汉初韩信，三国时邓艾、锺会皆有功于朝，后竟不得善终；战国卫人吴起、秦之商鞅皆立主变法，虽于国于民有益，终因为权贵所不容，均罹难。

②无状：无功勋，无成绩。

③无象：无物象。象，此指具体法律条文。

④大象：大道，常理。

【译文】

绘制神像的人不敢改变所绘神像的形象，如果改变了必定会遭惩处；雕刻神像的人不敢轻慢地对待那些木偶，如果轻慢必定会留下祸患。它们起初是由我制作的，又要我表示出崇敬，还要给我设置祸患。可见，张设玄机的会被玄机所利用，设置凶险的死于凶险，建立功勋的会受到因功勋带来的侮辱，确立法度的因法度而罹难。移动一窍，百窍都会有牵动;做了一件事,其他众多事件都会有影响。因此,玄机的宝贵在于明彻,化凶险为平易最值得珍贵,功勋的宝贵在于没有功状,法度的宝贵在于没有具体条文。能够跳出雕刻、绘画神像局限的,可以称之为大道、常理。

酒　醴

夫酒醴者,迫之饮愈不饮,恕之饮愈欲饮。是故抑人者人抑之,容人者人容之;贷其死者乐其死[①],贷其输者乐其输。所以民盗君之德[②],君盗民之力。能知反覆之道者,可以居兆民之职。

【注释】

①贷:宽恕,宽免,饶恕。

②盗:借用。

【译文】

有美酒时,越强迫人喝人越不喝,越让人随意喝人越想喝。所以,抑制别人的,别人也抑制他;宽恕别人的,别人也宽恕他;饶恕别人免其死亡的,别人乐意为他而死;宽恕别人免其献纳的,别人乐意为他而献纳。因此,百姓借用君主的德行,君主借用百姓的财力。能够知道其中相互关系的,可以处在统治亿万百姓的职位上。

恩　赏

侯者人所贵,金者人所重。众人封公而得侯者不美[①],众人分玉而得金者不乐。是故赏不可妄行,恩不可妄施。其当也由为争夺之渐[②],其不当也即为乱亡之基。故我自卑则赏不能大,我自俭则恩不得奇。历观乱亡之史,皆骄侈恩赏之所以为也。

【注释】

①众人封公而得侯者不美：公、侯，古代五等爵制分为公、侯、伯、子、男五等。

②渐（jiàn）：物事之端。

【译文】

侯爵，是人们所器重的；黄金，是人们所器重的。多数人被封赏了公爵，而只得到了侯爵的人就不满足；多数人分得了美玉，而只得到了黄金的人就不高兴。所以赏赐不能妄自执行，恩德不能妄自施加。即使是恰当地获得了恩赏，仍然是争夺权利的因由；不恰当的，更可能成为国家乱亡的根源。所以，自己谦卑，封赏自然不会泛滥；自己节俭，恩赐自然不会离奇。察遍动乱时代的官吏，多为骄横奢侈之徒，这都是溢加恩赏造成的。

养　民

民不怨火而怨使之禁火①，民不怨盗而怨使之防盗。是故济民不如不济，爱民不如不爱。天有雨露，所以招其怨；神受祷祝②，所以招其谤。夫禁民火不如禁心火，防人盗不如防我盗，其养民也如是。

【注释】

①禁火：指禁止炊火。周代旧制，皇宫中要管制燃火以防灾。旧俗寒食节亦禁火。

②祷祝：祈神求福。

【译文】

百姓不怨恨火，而怨恨禁止让他们用火的人；百姓不怨恨盗贼，而怨恨让他们预防盗贼的人。所以救济百姓不如不救济，怜爱百姓不如不怜爱。上天播撒雨露，因此招致了怨恨；神明接受祷祝，因此招致了诽谤。禁止百姓用明火不如禁止他们的心中之火，预防别人盗窃不如预防自身窃盗的念头。养民之道就应该如此。

卷四　仁化

【题解】

　　"仁"的含义,本指人与人之间相互亲爱。孔子把仁作为最高的道德原则、道德标准和道德境界。本卷旨在将此"仁"的原则,放在各种条件下加以考量。首篇《得一》中谈道:自道顺延至德、由德生万物的过程中,生发出仁、义、礼、智、信的作用。能"通而用之"者,则成为圣人。从文中将"仁"视为五常之一角度看,"仁"有着儒学的内涵。然自把"仁""德"生万物相联系,又同老子"天地不仁"(《道德经》第五章)、即"大仁"为"无私""公正""平等"的含义相一致。虽然"成万物之道"可以广泛运用于自然界与人类社会两个方面,但是从本卷中各篇的行文来看,主要采取了人类社会生活这样的视角。第二篇《五行》谓水、火、木、金、土构成各种事物的五种元素,可与儒家讲的五常相匹配,提示其中共同遵循的生克规律。这里也有道家式的对"仁"主题做出的理论说明。

　　关于如何实施"仁化",作者没有做逐条的设想,而是以确定原则的方法加以了处理。《太和》篇中讲到天下太平,无所不同。才德出众的人视民如同胞,无亲无疏、浑浑然与世为一,成天下之太和,那么太平社会景象就会出现。《蹞躇》篇则谓天下的事情生于渐,通晓渐进之道,即抓住了万化之柄。《止斗》篇提出治国安邦者当像善于解斗的人一样,因势利导,不逆民情便能实现目标。均在"化"的方面提出新意。

在此基础上,作者对体现"仁"的"义""礼""智"等加以了分析。如《墨鱼》篇中说:法令越是忌讳严,敌国越是知道其微弱不足畏故而庆幸。所以才德出众的人不用智术,不尚诈力:不设险,不防盗,以道治天下,以德化兆民,以仁济众,以义制事,则四海宴然,万邦悦服。《象符》篇提出:"礼"贵在自然,教人繁缛的礼仪形式,强行推行礼法,没有抓住"礼"的本质,效果必定有限。《知人》篇认为认知人可以通过多方面的途径,古代圣人之威仪存在于心目之间,居官在位的人若熟谙此道,则天下之人可以自知其贤与愚。《凤鸱》篇中以凤凰与鸱鹰不自知美恶,来说明物类的美与恶性使之然,自身不知。有道之士日日三省吾身,时时反诸己,以我之心推以及人,则人之情伪可知,亦不会自欺。《书道》篇借书法之道,说明如太平之善政,如无极之妙道;心有悟识者,就像见山思静、见水思动一样,自然洞彻一切。

在此基础上,作者对世人在实施"仁"的过程中的错失加以了批评。如《牺牲》篇提出古代遗留以牺牲和羔雁等活物祭祀的礼法,当强烈反对,这完全违反了神明的宗旨,有道之人岂敢享用?《畋渔》篇说执政者教民为网罟,使务畋渔,以斯为享,教民残暴,这真可谓五常尽失,禽兽不如。这种不守杀戒而害物命者,是"仁化"的对立面。这样的观点与现今的环保意识相一致。

值得关注的还有《蝼蚁》一篇,作者在此文中设计了一个苦乐相均、患难相同的社会。其间人们的怨无由起、争斗无由生的美好境界,被古往今来的人们所津津乐道,以为能体现出化民之根本。

得　一

旷然无为之谓道,道能自守之谓德,德生万物之谓仁,仁救安危之谓义,义有去就之谓礼,礼有变通之谓智,智有诚实之谓信,通而用之之谓圣。

【译文】

旷然广大、无有为之行的叫做道，能自守于道的叫做德，遵循道德规律生成万物的叫做仁，以仁的原则救助于危难的叫做义，使义有表现形式的叫做礼，能对礼有所变通的叫做智，智加上诚实叫做信。把这些品质贯通起来并加以运用的就是圣人。

道，虚无也，无以自守，故授之以德。德，清静也，无以自用，故授之以仁。仁用而万物生，万物生必有安危，故授之以义。义济安拔危，必有臧否①，故授之以礼。礼秉规持范，必有疑滞，故授之以智。智通则多变，故授之以信。信者，成万物之道也。

【注释】

①臧否：善恶。臧，善。否，恶。

【译文】

道，就是虚无，不能自己来守护，所以将本质传导于德。德，就是清静，不能自己来运用，所以就体现于仁。运用了"仁"就会产生万物，万物产生必定会有安危，所以把义的功能加之于它。义成就安定解救危难，必定会有好坏，所以把礼的功能加之于它。礼秉持规范，必定有疑惑或停滞之处，所以需要有"智"即智慧的参与。智通达了就会有更多变化，所以把信加之于它。信，是成就万事万物的大道。

五 行

道德者，天地也。五常者①，五行也。仁，发生之谓也，故均于木。义，救难之谓也，故均于金。礼，明白之谓也，故均于火。智，变通之谓也，故均于水。信，悫然之谓也②，故均于土。仁不足则义济之,金伐木也。义不足则礼济之,火伐金也。礼不足则智济之,水伐火也。智不足则信济之,土伐水也。始则五常相济之业,终则五常相伐之道,斯大化之往也。

【注释】

①五常:仁、义、礼、智、信。

②悫(què):朴实,谨慎。

【译文】

道德,就是天地。五常,就是五行。仁,发出生机的意思,所以依托于木。义,解救危难的意思,所以依托于金。礼,明亮清晰的意思,所以依托于火。智,变化通达的意思,所以依托于水。信,朴实谨慎的意思,所以依托于土。仁不足则用义来补救,就是金克木。义不足则用礼来补救,就是火克金。礼不足则用智来补救,就是水克火。智不足则用信来补救,就是土克水。从起始看就是五常相补救的功业,从终端看就是五行相克胜的大道。这就是大化的规律与趋势。

畋　渔

夫禽兽之于人也何异?有巢穴之居,有夫妇之配,有父子之性,有死生之情。乌反哺①,仁也;隼悯胎②,义也;蜂有君③,礼也;羊跪乳④,智也;雉不再接⑤,信也。孰究其道?万物之中,五常百行无所不有也,而教之为网罟⑥,使之务畋渔⑦。且夫焚其巢穴,非仁也;夺其亲爱,非义也;以斯为享,非礼也;教民残暴,非智也;使万物怀疑,非信也。

【注释】

①乌反哺:乌鸦长成后,会衔食哺母鸟。语出《本草纲目·禽部》:

"慈乌：此鸟初生，母哺六十日，长则反哺六十日。""反"亦作
"返"。后常来比喻子女报答亲恩。

②隼悯胎：隼击物每发必中，遇怀胎者辄释，不戮也。隼，鸟名。凶
猛善飞。即鹯。又名雀鹰。

③蜂有君：每群蜂仅有一个雌蜂，居巢内产卵，他蜂附之组成群体，
俗称蜂王。

④羊跪乳：指羊吸乳采取了下跪的姿势，旧多用以喻孝道。

⑤雉：鸟名，通称野鸡。雄者羽色美丽，尾长。雌者尾较短，灰褐
色。善走，不能远飞。

⑥网罟（gǔ）：网的通称。古代称取兽曰网，取鱼曰罟。

⑦畋（tián）渔：打猎和捕鱼。

【译文】

禽兽和人比起来有什么不同？有巢穴之类的住处，有夫妇之类的
配偶，有父子之类的情性，有生死离别之类的情感。乌鸦反哺就是仁，
雀鹰怜悯胎儿就是义，蜂群共有一个蜂王就是礼，幼羊跪着吮吸乳汁就
是智，野鸡除配偶不交接第二个异性就是信。谁能探究这里面的大道？
万事万物当中，没有不包括五常乃至百种品行的，然而"君子"却教导人
们做网罟，让人们打猎、捕鱼。要知道焚毁鸟兽的巢穴，这不是仁；夺取
它们的亲人，这不是义；用捕获的东西作为享乐，这不是礼；教导人们凶
残暴虐，这不是智；让自然界中的生物对人表示怀疑，这不是信。

夫膻臭之欲不止①，杀害之机不已。羽毛虽无言②，必状
我为贪狼之与封豕③；鳞介虽无知④，必名我为长鲸之与巨虺
也⑤。胡为自安，焉得不耻？吁！直疑自古无君子。

【注释】

①膻臭：此处代指野味、美味。

②羽毛：代指鸟类。

③贪狼：狼性贪婪，故称。封豕：大猪。常用以喻贪暴者。

④鳞介：泛指有鳞和介甲的水生动物。

⑤长鲸：即鲸鱼，因其身巨长，故称。虺(huǐ)：毒蛇，大者长八九尺，扁头大眼，色如泥土，俗称土虺蛇。

【译文】

享用美味的欲望不停止，杀害的动机不停歇。鸟类虽然没有言语，必定把我们人类想象成贪狼的豺狼和野猪；鱼儿和介甲动物虽然没有智慧，也必定把我们人类与鲸鱼、大毒蛇相提并论。面对于此，人类怎么能够安心，怎么会不感到羞耻呢？呀，真让人怀疑自古以来就没有什么君子！

牺　牲

牺牲之享①，羔雁之荐②，古之礼也。且古之君子，非不知情之忧喜、声之哀乐能动天地、能感鬼神。刀杌前列③，则忧喜之情可知矣；鹰犬齐至，则哀乐之声可知矣。以是祭天地，以是祷神明，天地必不享，苟享之必有咎；神明必不歆④，苟歆之必有悔。所以知神龙见⑤，丧风云之象也⑥；凤凰来⑦，失尊戴之象也；麒麟出⑧，亡国土之象也。观我之义，禽必不义也；以彼为祥，禽必不祥也。

【注释】

①牺牲：牺，供祭祀用的纯色全体牲畜。牲，供食用和祭祀用的家畜。享：供献，指把祭品、珍品献给祖先、神明或天子、侯王。

②羔雁：小羊和雁，古代卿大夫相见时所执的礼品。

③杌(wù)：粗糙的木棍。

④歆(xīn)：歆享。指鬼神享用祭品。

⑤神龙：古以龙为神物，称龙为神龙。见：同"现"，出现。

⑥风云：此处喻局势。

⑦凤凰：传说中之鸟名。雄曰凤，雌曰凰。"凰"，本作"皇"。

⑧麒麟：传说中仁兽名。雄曰麒，雌曰麟，其状麇身、牛尾、狼蹄、
一角。

【译文】

用牲畜作祭祀品，用羔雁作供品，是古代的礼法。况且古代的君子，不是不知道忧愁或欢愉的感情、哀婉或快乐的声音能够感动天地和鬼神。屠刀和木棍放置在面前，感情是忧愁或是欢愉就可想而知了；鹰和犬都到来，哀婉或快乐的声音就可想而知了。用它们来祭祀天地，用它们来祈祷神明，天地一定不会享用，如果享用了一定会招来恶报；神明一定不会享用，如果享用了一定会有悔恨。因此可以知道神龙出现是丧失局势的征兆，凤凰来临是失去尊贵的征兆，麒麟出现是亡失国土的征兆。我们认同的义，禽兽必定以为不义；把那些当做吉祥，禽兽必定以为不吉利。

太　和

非兔狡①，猎狡也；非民诈，吏诈也。慎勿怨盗贼，盗贼惟我召；慎勿怨叛乱，叛乱禀我教。不有和睦，焉得仇雠②；不有赏劝，焉得斗争。是以大人无亲无疏，无爱无恶，是谓太和。

【注释】

①兔狡：指兔性狡诈，有三窟。喻藏身处多。

②仇雠：仇人。

【译文】

不是兔狡猾而是猎人狡猾，不是百姓奸诈而是官吏奸诈。千万不要怨恨盗贼，盗贼都是自己招致的；千万不要怨恨叛乱，叛乱都是秉承自己教化的结果。没有和睦，怎么会有仇敌呢？没有赏赐惩罚，怎么会有争斗呢？因此德行出众的君子能做到没有亲近，没有疏远，没有所爱，没有所慢。这样才能达到太和的境界。

墨　鱼

海鱼有吐墨水上庇其身而游者，人因墨而渔之。夫智者多屈，辩者多辱，明者多蔽，勇者多死。扃镝固①，贼盗喜；忌讳严，敌国幸。禁可以越者，号也；兵可以夺者，符也②。蜀败于山，晋败于马③。夫大人之机，道德仁义而已矣。

【注释】

①扃镝(jiōng jué)：加在门窗或箱箧上的锁。扃，门栓。镝，锁扣。
②符：古代朝廷用以传达命令、调兵遣将的凭证。以竹木或金玉为之，上书文字，剖而为二，各存其一，用时相合以为凭信。形为虎者称为虎符，专用于调兵遣将。
③蜀败于山，晋败于马：蜀国多山，易守难攻，依赖于此太多，反遭失败；"马"，或为牧马（游牧）部落之代称。据《晋书·地理志》《江统列传》等记载，西晋允许大量游牧部落内迁，致使关中和凉州的外族占当地人口一半。因"士庶玩习，侮其轻弱，使其怨恨之气毒于骨髓。至于蕃育众盛，则坐生其心"（《晋书·江统列传》）。晋八王之乱，这些少数民族中人参与叛乱，加上自然灾害等原因，终致西晋败亡。

【译文】

海中有往上吐墨水以保护自身的鱼，人们循着变黑之水能把它捕获。可见有智慧的多遭受挫折，善辩论的多遭受侮辱，高明者多遭受蒙蔽，勇敢者多遭受死亡。门锁越坚固，盗贼越高兴；禁忌避讳越严格，敌国越庆幸。可以超越禁区的是号角，可以夺取军队的是兵符。蜀国因为依仗山势险固而败亡，西晋因为依仗分立诸王，后起战乱而败亡。德行出众的君子的玄机，就是道德仁义罢了。

神　弓

誉人者人誉之，谤人者人谤之。是以君子能罪己，斯罪人也；不抱怨，斯抱怨也。所谓神弓鬼矢，不张而发，不注而中①。天得之以假人②，人得之以假天下。

【注释】

①注：投，击。此处即射箭。

②假：给予，施惠。

【译文】

赞誉别人的人别人也赞誉他，诽谤别人的人别人也诽谤他。因此有道德修养的君子引咎自责就是在惩罚别人，不抱怨就是抱怨。传说中的神弓鬼矢，不拉开就可以发射，不发射就可以击中目标。上天得到此道便把它给予人类，人类得到此道并把它传遍了天下。

救　物

救物而称义者，人不义之；行惠而求报者，人不报之。民之情也，让之则多，争之则少；就之则去，避之则来；与之则轻，惜之则夺。是故大义无状，大恩无象。大义成，不知者荷之①；大恩就，不识者报之。

【注释】

①荷(hè)：承受，感谢。

【译文】

援助别人物品而自称义的，别人不认为他在行义；向别人施行恩惠而希求报答的，别人不愿报答他。百姓的情形是：礼让他们，他们就会富余；与他们争夺，他们就会不充足；顺应他们，他们就会离去；躲避他们，他们反倒会前来；给予他们，他们就会轻视财物；吝啬地对待他们，他们就会来夺取。所以，大义没有形状，大恩没有物象。成就了大义还不知道的，会受到感谢；成就了大恩还不知道的，会受到报答。

书　道

心不疑乎手，手不疑乎笔。忘手笔，然后知书之道。和畅①，非巧也；淳古②，非朴也；柔弱③，非美也；强梁④，非勇也。神之所浴，气之所沐。是故点策蓄血气，顾盼含情性。无笔墨之迹，无机智之状；无刚柔之容，无驰骋之象。若皇帝之道熙熙然⑤，君子之风穆穆然⑥。是故观之者其心乐，其神和，其气融，其政太平，其道无朕⑦。夫何故？见山思静，见水思动，见云思变，见石思贞⑧，人之常也。

【注释】

①和畅：温和舒畅。

②淳古：淳厚古朴。

③柔弱：软弱，不刚强。

④强梁：指凶暴，强横，不讲理。《道德经》第四十二章有"强梁者不

　　得其死"句。

　　⑤熙熙:温和欢乐的样子。

　　⑥穆穆:端庄盛美的样子。

　　⑦朕:形迹,预兆。

　　⑧贞:贞正,专一。

【译文】

　　心不怀疑手,手不怀疑笔。忘记了手和笔,才知道书法的大道。温和舒畅不是巧,淳厚沧古不是朴,软弱不是美,强横无理不是勇。神明所欲消除的,正是气性所沾染的。因此点染策划都蓄满了血气,环视观望也包含着情性。没有笔墨的痕迹,就不显机智的情状;没有刚强或柔弱的容仪,就没有驰骋飞奔的形状。要达到的是像帝王大道那样的温和欢乐,像君子风范那样的端庄盛美。所以观看时会感到心境愉悦,神情和顺,气色和谐,所治理的事物平和安定,其中的大道没有形迹。为什么这样说呢? 因为看见高山就想到静止,看见流水就想起运动,看见浮云就想起流变,看见石头就想起操守坚定,是人类的常情。

凤　鸱

　　凤不知美,鸱不知恶①,陶唐氏不知圣②,有苗氏不知暴③。使陶唐氏恃其圣,非圣也;有苗氏知其暴,不暴也。众人皆能写人之形,而不能写己之形;皆能求人之恶,而不能求己之恶;皆能知人之祸,而不能知己之祸。是以大人听我声,察我色,候我形,伺我气,然后知人之情伪④。

【注释】

　　①鸱(chī):鹞鹰。

　　②陶唐氏:帝尧,初居于陶,后封于唐,为唐侯,故称。

③有苗氏:即三苗。我国古代部族名。在西徙之前,当在长江中游
　　以南一带。

④情伪:真假。

【译文】

　　凤不知道自己的美丽,鸱不知道自己的凶恶,陶唐氏不知道自己的
圣明,有苗氏不知道自己的残暴。假使陶唐氏自恃他的圣明,他就不是
圣人了;假使有苗氏知道自己的残暴,那就不是暴君了。多数人都能描
述别人的形态,却不能说清楚自己的形态;能够寻找别人的罪错,却不
能够找出自己的罪错;都能够看出别人的祸害,却不能察觉自己的祸
患。因此,德行出众的君子能聆听自己的声音,观察自己的容颜,审察
自己的形体,伺望自己的气息,这样的人能分辨出他人性情中的真假。

知　人

　　观其文章,则知其人之贵贱焉;观其书篆,则知其人之
情性焉;闻其琴瑟,则知其人之道德焉;闻其教令,则知其人
之吉凶焉。小人由是知唐尧之容淳淳然①,虞舜之容熙熙
然②,伯禹之容荡荡然③,殷汤之容堂堂然④,文王之容巍巍
然⑤,武王之容谔谔然⑥,仲尼之容皇皇然⑦。则天下之人,
可以自知其愚与贤。

【注释】

①唐尧:即帝尧。尧初居于陶,后封于唐,为唐侯,故曰陶唐,亦称
　　唐尧。继其兄挚为天子,有德政,后即传位于舜,在位九十八年
　　卒。淳淳:朴实敦厚的样子。

②虞舜:古帝名。姚姓,有虞氏,名重华。受禅继尧位,都于蒲阪,
　　在位四十八年。为古代传说中的圣君。熙熙:温和欢乐的样子。

③伯禹：即夏禹。夏后氏部落领袖，史称禹、大禹、戎禹。姒姓。舜死，禹继任部落联盟首领，都安邑，后东巡狩至会稽而卒。荡荡：广大，心胸开阔的样子。

④殷汤：商王朝的建立者，亦称天乙、成汤。堂堂：容仪庄严大方。

⑤文王：即周文王。姓姬名昌。周王朝之建立者。巍巍：高尚的样子。

⑥武王：文王子，名发。西周的创建者，是中国历史上的一代明君。谔谔：坦率明快的样子。

⑦仲尼：孔子字。皇皇：美盛的样子。

【译文】

观察一个人的文字章句，就知道他的品性高贵与卑贱；观察一个人的书法篆刻作品，就知道他的本性；聆听一个人弹奏的琴瑟声，就知道他的道德水准；听到一个人的教化命令，就知道他的吉祥或凶险。人们凭这些信息能够知道，唐尧的容貌朴实敦厚，虞舜的容貌温和欢乐，大禹的容貌坦荡宽广，商汤的容貌庄严大方，文王的容貌高尚贵气，武王的容貌坦率明快，孔丘的容貌美盛光明。知道了这个大道，那么天下的人就能够辨别出自己的愚蠢或贤能之处了。

蝼　蚁

蝼蚁之有君也，一拳之宫，与众处之；一块之台，与众临之；一粒之食，与众蓄之；一虫之肉，与众咂之①；一罪之疑，与众戮之。故得心相通而后神相通，神相通而后气相通，气相通而后形相通。故我病则众病，我痛则众痛。怨何由起，叛何由始？斯太古之化也②。

【注释】

①咂（zā）：吸吮。

②太古:远古,上古。古人认为唐虞以上为太古。

【译文】

蝼蚁王国中的君主,拳头大小的宫殿,也与众蚁一起居住;土块大小的台地,也与众蚁共同站立;米粒大小的食物,也与众蚁一起储藏起来;一只小虫那么多的肉,也与众蚁一起吸吮;一种罪行的拟定,也与众蚁一起审问。所以心灵相互贯通后精神才能相通,精神相互通达后气性才能相通,气性相互通达后形体才能相通。这样的话,自己患了病众人就会共有患病的感觉,自己的痛苦也会使众人一起痛苦。如此,民怨还会从什么地方兴起,叛乱还会从什么地方开始呢? 这才是太古的风气呀。

歌　舞

能歌者不能者听之,能舞者不能者观之,巧者不巧者辨之,贤者不贤者任之。夫养木者必将伐之,待士者必将死之。网之以冠冕,钓之以爵禄。若马驾车辂①,贵不我得;彘食糟糠,肥不我有。是以大人道不虚贵,德不虚守;贫有所倚,进有所恃,退者非乐寒贱而甘委弃。

【注释】

①车辂(lù):大车,天子之车。

【译文】

歌唱好的被唱不好的聆听,善跳舞的被跳不好的观看,善言辞的被不善言辞的评判,贤德的人被不贤德的人所利用。种养树木的,便是将来砍伐树木的人;善待士人的,便是使士人受死的人。用尊贵的冠冕来网罗他们,用丰厚的爵禄来吸引他们。就如同马驾驭豪华的大车,车虽尊贵马却得不到;如同猪吃酒糟麦糠,猪肉虽肥猪却不拥有。因此,德行出众的人不是凭空地奉行大道,不是凭空地守护美德;贫困时有所依仗,发展上升时有所把持,在有所后退之时,也不是想以贫寒卑贱为乐,甘心遭受弃置。

踯 躅

踯躅之酒①,乌喙之脯,莨菪之膏②,冶葛之乳③。初啖之若芥④,再啖之若黍,复啖之若丸⑤,又啖之若脯。小人由是知强弩可以渐引⑥,巨鼎可以渐举,水火可以渐习,虎兕可以渐侣⑦。逆者我所化,辱者我所与⑧,不应者我所命,不臣者我所取。所以信柔马不可驭,渐贼不可御。得之以为万化之母。

【注释】

①踯躅(zhí zhú):花名,即杜鹃花,通常指黄色野生杜鹃。《神农本草经》列其为有毒植物,然可入药。《本草纲目》记载其"花、根、叶有大毒。羊食其叶,踯躅而死,曾有人以其根入酒饮,遂至于毙也"。或因所含香豆素过量易引发出血所致。

②莨菪(làng dàng):草名。又名天仙子。有毒。种子、根、茎入药。古方云可治癫狂。

③冶葛:即野葛,毒草名。

④啖(dàn):食。芥:芥菜,味辛辣。

⑤丸:卵,蛋。

⑥弩:用机械发射的弓,也叫窝弓。人只负责瞄准,力量相对固定,射程是弓二倍左右。其种类很多,大多用双臂拉开,也有用脚踏或用腰开者。有数矢并发者称连弩。

⑦兕(sì):兽名。似牛。古书常犀、兕并举,或说兕即雌犀。

⑧与:亲附,亲近。

【译文】

　　杜鹃花酿的酒,乌鸦嘴做的肉脯,莨菪草榨出的油脂,冶葛草挤出的汁液。初次品尝就像草芥,再次品尝就像黍米,三次品尝就像蛋卵,又一次品尝就像肉脯。人们因此知道强硬的弩可以逐渐拉开,巨大的石块可以慢慢举起;水和火可以逐渐渗透,虎和兕可以逐渐成为伙伴。不顺服我的正是我所要教化的;侮辱我的正是我所要亲附的;不应承我的,正是我所要命令的;不臣服我的,正是我所要争取的。因此就相信柔弱的马匹不可以驭使,逐渐成形的贼盗难以防御。懂得了这个道理,可以把握万物化育的本真。

止　斗

　　止人之斗者使其斗,抑人之忿者使其忿;善救斗者预其斗①,善解忿者济其忿。是故心不可伏②,而伏之愈乱;民不可理,而理之愈怨。水易动而自清,民易变而自平。其道也在不逆万物之情。

【注释】

　　①预:参与,干涉。

　　②伏:通“服”。

【译文】

　　劝阻别人打斗的先让他们打斗,抑制别人忿懑的先让他们忿懑;善于解救打斗的参与打斗,善于解除忿懑的增加他的忿懑。因此民心不可以征服,越想征服越是混乱;百姓不可以去治理,越想治理越有怨恨。水容易流动但会自动清静下来,百姓容易变乱但会自动平息下来。那大道的根本在于不违背万事万物的本性。

象　符

　　术有降万物之蕴毒者，则交臂钩指，象之为符。是故若夭矫之势者鳞之符①；若飞腾之势者羽之符②；若偃蹇之势者毛之符③；若拳跼之势者介之符④。所以知拱折者人之符。夫拱手者，人必拱之；折腰者，人必折之，礼之本也。而疏之为万象，别之为万态。教之蹈舞⑤，非蹈舞也；使之祷祝，非祷祝也。我既寡实，彼亦多虚。而责人之无情，固无情也；而罪礼之无验，固无验也。

【注释】

①夭矫：屈伸潜游自如的样子。鳞：有鳞动物的总称。

②羽：代指鸟类动物。

③偃蹇(yǎn jiǎn)：宛转委曲，屈曲。毛：兽类动物的代称。

④拳跼(quán jú)：局促不得伸展，屈曲。介：代指介甲类动物。

⑤蹈舞：臣下朝贺时对皇帝表示敬意的一种仪节。

【译文】

　　道术中有能解除万物积藏毒性的方法，由道人将手臂交叉、手指钩搭在一起构成图像，形成符象。因此，如屈伸自如的态势的，是鳞鱼符；好像是飞腾的态势的，是鸟类符；好像是仆跋倒伏的态势的，是兽类符；好像局促不得伸展的态势的，是介甲符。因此可以知道拱手和折腰的，是人之符。向别人拱手的，别人一定向他拱手；向别人折腰的，别人一定向他折腰，这是礼节的根本。人们却把它分散成万种形象，区别成万种态势。硬教人行蹈舞礼的，并不能体现蹈舞之真谛；硬叫人行祈祷仪式的，并不能达到祈祷的效果。自己若不存多少真情实意，对方也多以虚妄应之。而责备别人无情的，当反省自己原本无情；怪罪对方礼仪不周到的,原本自己就没有做到。

善　恶

为恶者畏人识,必有识者;为善者欲人知,必有不知者。是故人不识者,谓之大恶;人不知者,谓之至善。好行惠者恩不广,务奇特者功不大,善博奕者智不远[①],文绮丽者名不久[②]。是以君子惟道是贵,惟德自守,所以能万世不朽。

【注释】

①博奕:即博弈。局戏和围棋。博,同"博"。奕,通"弈"。

②绮丽:言辞艳丽。

【译文】

做恶事时怕别人发现,必定有被认出来的;做善事时想要别人知道,必定有不被人知的。因此,不被人认出的恶叫做大恶,不被人知道的善叫做大善。喜好施行恩德的,恩德不会太广博;务求奇行特立的,功效不会太宏大;善于下棋对弈的,智慧不会太深远;写文章文辞艳丽的,名声不会太长久。所以君子只尊奉大道,只守护美德,因此能够万世万代永不腐朽。

卷五　食化

【题解】

作者在本卷中又对"食"的观念做出分析。"食"从实际生活来看，主要指称食物，东汉许慎《说文解字》中云："六谷之饭曰六食。"而从字形上看，它从人，从良。"良"意为"拖尾到底"，引申为"从生到死"。"人"与"良"联合起来表示"维持人一生的东西"。这是人们对其性质的一种认定。《孟子·告子上》中有"食色性也"的提法，认为人的饮食与男女之需求是人性的根本。孟子虽然对告子的人性观念并不赞同，但从其文字中看，并没有对"食色"作为人类本性的说法做出反驳。联想孔子在《礼记》里讲的"饮食男女，人之大欲存焉"，可以看出先秦儒家已认识到人的"食色"之需的合理性。确实，前者能维持人基本的生存条件，后者能满足人类族群延续的需要。道教中人对此观念也持认可态度，但是又强调对于这些需要应保持节制的态度。老子在肯定"民各甘其食，美其服，安其俗，乐其业"（《道德经》第六十七章）为"至治之极"的同时，又提出"余食赘行，物或恶之"（《道德经》第二十二章），即指出多吃的食物、多余的行为，都会引起公众的厌恶。这也是谭峭在本卷内的论述重点。

本卷十四篇中，大致讲了三层意思：

第一，提示民众在"食"上有着正当要求，应当予以满足，而执政者在这方面剥夺了民众的基本需求,是社会动荡不安的重要原因。如《七夺》《丝纶》《燔骨》《食迷》《战欲》《雀鼠》均以此为主题。

其中《食迷》篇列举了五种迷于食而死者,即嗜食、贪食、感食、辱食、争食。食者养命之源,人之先务,不得不争。然若因迷食而死,岂不悲哉!《雀鼠》中提道:君主残暴地对待百姓,剜其肌,啖其肉,扼其喉,夺其哺,百姓焉能不哭,焉能不怒?《兴亡》篇将食上升至关乎国脉兴衰的高度,认为人饥则无所不食,人急则无所不为;民有食系兴之兆,民无食系亡之兆。这就把由"食"引出的社会矛盾加以了很好的揭示。

第二,对个人观念中的贪欲加以了分析、批判,指出其后果的严重性。如《巫象》《养马》《奢僭》《胶竿》《庚辛》《兴亡》等篇中都言及如此内容。

其中的《养马》篇中讲到:丧失淳朴,有爱恶之心,进而怀奸蓄诡,诈伪两端,皆追逐利益使然。《胶竿》篇提出:能尽己之性者,则能尽人之性,若我无异心,不害物,物则亲附于我。对在"食"上的错误观点做出剖析。

第三,提出对贪欲于"食"等社会现象的治理方案。可以《无为》《王者》《鸥鸢》等篇为代表。

其中《无为》《王者》等篇均要求为国之君,应该肩无为之化,做到推己及人,率先垂范。《鸥鸢》篇用鸥鸢、蝼蚁与人类对比,将"食"提至"五常之本"高度。认为民有食则五常兴,无食则五常废。民之要者莫如食,王者应该去奢省费,薄役轻徭,均其食其衣。

可以看出作者在"食"的问题上采取了积极应世的态度,有着儒道融合的思想特征。

七　夺

一日不食则惫,二日不食则病,三日不食则死。民事之急,无甚于食,而王者夺其一,卿士夺其一,兵吏夺其一,战伐夺其一,工艺夺其一^①,商贾夺其一,道释之族夺其一^②,稔亦夺其一^③,俭亦夺其一^④。所以蚕告终而缫葛苎之衣^⑤,稼云毕而饭橡栎之实^⑥。王者之刑理不平,斯不平之甚也;大人之道救不义,斯不义之甚也。而行切切之仁^⑦,用戚戚之礼^⑧,其何以谢之哉!

【注释】

①工艺:手工技艺,此代指手工业者。

②道释:佛教和道教,此代指僧人道士之流。

③稔(rěn):庄稼成熟,此处指有收成。

④俭:贫乏,此处指欠收。

⑤葛苎(zhù):葛,多年生草本植物,茎可编篮做绳,纤维可织布,块根肥大,称"葛根",可制淀粉,亦可入药。通称"葛麻"。苎,即"苧",苧麻。多年生草本植物。属荨麻科。茎直,茎皮纤维坚韧有光泽,可作编结、纺织、造纸的原料。根可入药。

⑥橡栎(lì)之实:栎属作物的坚果橡子。中国是栎属作物原产地之一。《庄子·盗跖》云古者有巢氏"昼拾橡栗,暮栖木上",可知其为先民充饥的主要食材。橡子可以磨粉,但口味苦涩,且产量有限。橡栎,栎树的通称。

⑦切切:急迫的样子。

⑧戚戚:忧虑的样子。

【译文】

人类一天不吃饭就会疲惫,两天不吃饭就会生病,三天不吃饭就会死亡。百姓事务中最为急迫的,莫过于吃饭问题了。可是被王侯夺去一部分,卿大夫夺去一部分,军中官吏夺去一部分,作战攻伐夺去一部分,手工艺人夺去一部分,行商坐贾夺去一部分,道士僧侣夺去一部分,丰收时被夺去一部分,歉收时也被夺去一部分。因此,百姓养蚕制成丝绸自己却缝制麻布衣服来穿,收完庄稼之后却以采摘的栎树果实橡子充饥。国君的刑罚是为了治理不公平,可这实是最大的不公平啊;达官贵人们的道是为了补救不义,可这才是最大的不义啊!然而在上者只忙于施舍仁慈,紧张地施行礼仪,百姓会真心感谢他们吗?

巫　像

为巫者鬼必附之①,设像者神必主之②,盖乐所飨也③。戎羯之礼④,事母而不事父;禽兽之情,随母而不随父;凡人之痛,呼母而不呼父,盖乳哺之教也。虎狼不过于嗜肉,蛟龙不过于嗜血⑤,而人无所不嗜。所以不足则斗,不与则叛,鼓天下之怨,激烈士之忿⑥。食之道非细也。

【注释】

①巫:古代称能以舞降神的人。

②像:指神像。

③飨:通"享",用酒食款待人。也泛指对人提供某些东西。

④戎羯(jié):戎,古代泛指我国西部的少数民族。羯,古匈奴族别部,晋时人居羯室,地在今山西左权一带。

⑤蛟:古代传说中的一种动物,其形似传说中的龙。

⑥烈士:坚贞不屈的刚强之士。

【译文】

施行巫术的人,鬼魂必定附着在他身上;设立神像的人,神明必定以他为主人,大概是与喜欢他们提供的东西有关。戎羯族的礼节,侍奉母亲而不侍奉父亲;禽兽的情感,随从母方而不随从父方;普通人的感受到痛苦,呼唤母亲而不呼唤父亲,大概是受哺育驱使的缘故。虎狼不过是吃肉,蛟龙不过是饮血,可是人却没有什么是不能入口的。人在吃的方面无所顾忌,不能满足食欲的话就会引起争斗,不给予就会引起反叛,整个天下的怨恨因此被鼓动,刚强之士的愤恨因此被激起。可见"食"的问题并非小事啊!

养 马

养马者主,而牧之者亲;养子者母,而乳之者亲。君臣非所比①,而比之者禄也;子母非所爱,而爱之者哺也。驽马本无知②,婴儿本无机③,而知由此始,机由此起。所以有爱恶,所以有彼此,所以稔斗争而蓄奸诡④。

【注释】

①比:接近,亲近。

②驽马:能力低下的马。知:通"智"。

③机:智巧,机心。

④稔(rěn):庄稼成熟。此处引申为使事物酝酿成熟义。

【译文】

出资养育马的是主人,可它亲近的是放牧者;生养孩子的是母亲,可是他最亲近的是奶妈。君主与臣子的接近不在于名分,而是因为俸禄;孩子与母亲的亲爱不因为名分,而是因为乳汁的养育。驽马本来没有智慧,婴儿本来没有玄机,可是智慧从这时开始,机心从这时产生。由此才有了喜爱和憎恨,才有了彼方和此方的区分,因此才酝酿出斗争,积蓄起奸邪诡诈。

丝 纶

王取其丝,吏取其纶①;王取其纶,吏取其绰②。取之不已,至于欺罔;欺罔不已,至于鞭挞③;鞭挞不已,至于盗窃;盗窃不已,至于杀害;杀害不已,至于刑戮④。欺罔非民爱,而哀敛者教之⑤;杀害非民愿,而鞭挞者训之。且夫火将逼而投于水,知必不免,且贵其缓;虎将噬而投于谷,知必不可,或觊其生⑥。以斯为类,悲哉!

【注释】

①纶:青丝绞合而成的带子。

②绋(fú):绳索。

③鞭挞:用鞭子抽打,转义为欺凌。

④刑戮:受刑罚或被处死。

⑤哀(póu)敛:聚敛。哀,聚集。

⑥觊(jì):希冀,希望。

【译文】

假如君王夺取丝线,官吏就敢夺取纶带;假如君王夺取纶带,官吏就敢夺取绳索。夺取没有停止,以致产生了欺罔;欺罔没有停止,以致产生了鞭打;鞭挞欺凌没有停止,以致产生了强盗小偷;强盗小偷没有停止,以致产生了杀害;杀害没有停止,以致产生了受刑罚或被处死。欺罔不是百姓所喜爱的,可是聚敛的人教会了他们;杀害不是百姓所想要的,可是施之予鞭打的人训导了他们。至于火将要逼近时往有水处投奔,知道必定不能免除灾害,但求暂时有所缓解;将要被虎吞噬时逃往山谷,知道必定行不通,仍抱着保命的一线希望。百姓面临的是同样的情况,实在是可悲啊!

奢 僭

夫君子不肯告人以饥,耻之甚也。又不肯矜人以饱,愧之甚也。既起人之耻愧，必激人之怨咎，食之害也如是。而金笾玉豆①，食之饰也；鼓钟戛石②，食之游也；张组设绣③，食之惑也；穷禽竭兽，食之暴也；滋味厚薄，食之忿也；贵贱精粗，食之争也。欲之愈不止，求之愈不已，贫食愈不足，富食愈不美。所以奢僭由兹而起，战伐由兹而始。能均其食者，天下可以治。

【注释】

①笾：古代祭祀燕享时用以盛果脯等的竹编食器，形制如豆，容四升。《尔雅·释器》："竹豆谓之笾。"豆：古代食器，初以木制，形似高足盘，后多用于祭祀。《诗经·大雅·生民》："卬盛于豆，于豆于登。"毛《传》："木曰豆，瓦曰登。"

②戛（jiá）：打击。

③组：丝带。

【译文】

君子不愿意把正忍受饥饿告诉别人，是认为这是羞耻的事情；又不愿意把吃得很饱夸耀给他人，认为这事值得惭愧。能够激起人们的羞耻感与惭愧心，就一定会进而激起人们的怨恨和怪罪，食物的害处就是这样。可是，金笾玉豆为了进食而装饰，敲钟打磬是为进食而设置的游乐，张设组绣是为食物迷惑所致，狩猎无度是因食物而施行的残暴，过分计较滋味的厚薄会为食物而引起愤怒，较量贵贱精粗则会因食物而产生斗争。欲念越是不停止，需求也就越来越多；穷人的食物越来越不足，富人越来越觉得食品不美味。所以说奢侈、超越本分是因为它而起的，战乱和征伐也因此而产生。能够平均分配食物的人，才可以将天下治理好。

燔 骨

嚼燔骨者①,燋唇烂舌不以为痛②;饮醇酎者③,哕肠呕胃不以为苦④。馋嗜者由忘于痛苦,饥窘者必轻于性命。痛苦可忘,无所不欺;性命可轻,无所不为。是以主者以我欲求人之欲,以我饥求人之饥。我怒民必怒,我怨民必怨。能知其道者,天下胡为乎叛?

【注释】

①燔(fán):烤肉使熟。

②燋(jiāo):通"焦"。

③醇酎(zhòu):醇酒,经过两次或多次重酿的酒。

④哕:呕吐。

【译文】

咀嚼烤骨肉的人,唇焦舌烂也不觉得疼痛;饮用美酒的人,肠胃都呕吐不止也不觉得痛苦。贪嘴和嗜好使人忘记痛苦,饥饿窘迫者必定轻视性命。痛苦可以忘记,就没有敢不欺罔的;性命可以轻视,就没有不敢做的。因此,君主应当用自己的存有欲望去体会他人的欲望,用自己的曾经饥饿体验他人的饥饿。因此懂得我愤怒,百姓一定愤怒;我抱怨,百姓一定抱怨的道理。能通晓这个大道的人,天下怎么会叛变他呢?

食 迷

民有嗜食而饱死者,有婪食而鲠死者①,有感食而义死者②,有辱食而愤死者③,有争食而斗死者,人或笑之。殊不知官所以务禄,禄所以务食;贾所以务财,财所以务食。而官以矫佞谗讟而律死者④，贾以波涛江海而溺死者，而不知所务之端，不知得死之由，而迁怨于辈流⑤，归咎于江海，食之迷也。

【注释】

①鲠（gěng）：食骨留咽喉中。

②有感食而义死者：《左传》记载，晋卿大夫赵盾曾在打猎时救了饿昏的人灵辄，并让其带饭、肉给其母。后在晋灵公埋伏甲兵欲击杀赵盾时，作为灵公武士的灵辄救其脱险逃亡而死。

③有辱食而愤死者：《礼记·檀弓下》载，齐大饥，黔敖为食于路，以待饿者而食之。有饿者蒙袂辑屦，贸贸然来，黔敖左奉食，右执饮，曰："嗟，来食！"扬其目而视之，曰："予唯不食嗟来之食，以至于斯也。"从而谢焉，终不食而死。

④讟（dú）：怨恨，诽谤。

⑤辈流：同辈人。

【译文】

百姓中有因好吃而撑死的，有因贪吃而噎死的，有感人赠食而忠义地为人而死的，有因食受辱气愤而死的，有因争食打斗而死的，有人因此嘲笑他们。却不知道官吏所追求的是俸禄，拿了俸禄想要得到的便是食物；商人所要营求的是财物，财物所要换取的也是食物。官吏中有因矫饰奸巧、谗间诽谤而被法律处死的，商人中有因随货船在汹涌的江海中航行而坠水淹死的；他们不知道自己在追求些什么，也不知道死于何因，却把怨恨迁移到同辈人，把错误归结到江河湖海，这都是因为被食物所迷惑了啊！

战　欲

食之欲也，思盐梅之状①，则辄有所咽而不能禁；见盘肴之盛②,则若有所吞而不能遏。饥思啖牛,渴思饮海。故欲之于人也如贼,人之于欲也如战。当战之际,锦绣珠玉不足为富,冠冕旌旗不足为贵,金石丝竹不闻其音③,宫室台榭不见其丽④。况民腹常馁⑤,民情常迫,而谕以仁义,其可信乎?讲以刑政,其可畏乎?

【注释】

①盐梅:即酸梅。《世说新语·假谲》:"魏武(曹操)行役。失汲道,军皆渴,乃令曰:'前有大梅林,饶子,甘酸可以解渴。'士卒闻之,口皆出水,乘此得及前源。"

②肴(yáo):做熟的鱼肉等。

③金石丝竹:指代乐器。金石,钟磬之类。

④榭(xiè):建筑在台上的房屋。

⑤馁(něi):饥饿。

【译文】

对食物的欲望是,思考酸梅的形状,就会情不自禁地有咽口水的感觉;见到盘中丰盛的菜肴,就难以遏制地有吞咽的动作。饥饿时恨不能吞下整头牛,口渴时巴不得饮入整片大海。所以欲望对于人来说,就好像遇到了盗贼;人对于欲望来说,如同士兵面临战争。当此种战争发动时,持有锦缎、珍珠美玉的不足以称作富有,拥有冠冕、旌旗的君王、文武大臣不足以称作尊贵,听不见金石丝竹的音乐,看不到亭台楼阁的华丽。况且百姓的肚子常常填不饱,百姓的处境往往很窘迫,却对他们昭示仁义,他们会相信吗? 对他们宣讲刑法政令,他们会有畏惧感吗?

胶　竿

执胶竿捕黄雀①,黄雀从而噪之;捧盘殽享乌鸟②,乌鸟从而告之。是知至暴者无所不异，至食者无所不同。故蛇豕可以友而群③，虎兕可以狎而训④，四夷可以率而宾⑤。异族犹若此，况复人之人⑥？

【注释】

①黄雀：鸟名。也称芦花黄雀。雄者上体浅黄带绿，雌者上体微黄有褐色条纹。

②飧（sūn）：同"飧"。晚饭，亦泛指熟食、饭食。乌鸟：乌鸦。

③蛇豕（shǐ）："封豕长蛇"之省语。大猪与长蛇，比喻贪残害人者。

④兕：兽名。或说兕就是雌犀。狎（xiá）：亲近，亲密。

⑤四夷：东夷、西戎、南蛮、北狄，旧时统称四夷。是古代对华夏族以外各族的泛称。

⑥复人：同类之人。

【译文】

拿着带有粘胶的竹竿追捕黄雀，黄雀惊叫着躲避；捧着盘中晚餐献给乌鸦，乌鸦追随着并相互告知。因此就知道遇到残暴时，都会存在异心；看到有食物时，反应则都相同。为此捧之以"食"可以同大猪、长蛇交友或群居，可以同虎和兕亲近或驯服它，可以让四方蛮夷顺从或宾服。不同类属生物之间尚且如此，更何况同类的人呢！

庚 辛

庚氏穴池，构竹为凭槛，登之者其声"策策"焉；辛氏穴池，构木为凭槛，登之者其声"堂堂"焉。二氏俱牧鱼于池中，每凭槛投饵，鱼必踊跃而出。他日但闻"策策""堂堂"之声，不投饵亦踊跃而出。则是庚氏之鱼可名"策策"，辛氏之鱼可名"堂堂"，食之化也。

【译文】

庚氏的池塘,搭架竹竿作为凭栏,人走上去就会发出"策策"的声音;辛氏的池塘,搭架木杆作为凭靠,人走上去会发出"堂堂"的声音。这两人都在池塘中放养了鱼,每次凭靠栏杆投放鱼饵,鱼儿必定欢欣跳跃冲出水面。以后只要听见"策策""堂堂"的声音,不投放鱼饵鱼儿也会欢欣跳跃冲出水面。这样,庚氏的鱼可以叫做"策策",辛氏的鱼可以叫做"堂堂",这就是食物的感化作用啊。

兴 亡

疮者人之痛,火者人之急,而民喻饥谓之疮,比饿谓之火,盖情有所切也。夫鲍鱼与腐尸无异①,鱐鮧与足垢无殊②,而人常食之。饱犹若是,饥则可知。苟其饥也,无所不食;苟其迫也,无所不为。斯所以为兴亡之机。

【注释】

①鲍鱼:古意为盐渍鱼,干鱼。其气腥臭。
②鱐鮧(zhú yí):鱼鳔、鱼肠用盐或蜜渍成的酱。

【译文】

疮是令人痛苦的,火是令人紧迫的,而百姓把饥比做疮,把饿比做火,大概是有切身体会的缘故。盐渍鱼跟腐朽尸体的气味没什么区别,鱼肠酱看上去跟足垢差不多,可是人们经常食用它们。肚子饱时还会这样,饥饿时就可想而知了。如果饿了会什么都吃,同样急迫中也会无所不为。这就是"食"成为兴盛、衰亡关键的原因。

雀 鼠

人所以恶雀鼠者①,谓其有攘窃之行②;雀鼠所以疑人者,谓其怀盗贼之心。夫上以食而辱下,下以食而欺上;上不得不恶下,下不得不疑上,各有所切也。夫剜其肌③,啖其肉④,不得不哭;扼其喉,夺其哺,不得不怒。民之瘠也由剜其肌,民之馁也由夺其哺。呜呼,惜哉!

【注释】

①雀鼠:麻雀和老鼠。

②攘(rǎng)窃:盗窃,抢夺。

③剜(wān):挖削。

④啖(dàn):吃或给人吃。

【译文】

人们怨恨麻雀和老鼠的缘由,在于它们有偷窃行为;麻雀和老鼠不信任人类的原因,在于人们心怀盗贼的念头。朝廷用食物来欺辱百姓,百姓在食物方面欺瞒朝廷;朝廷对百姓不得不凶恶,百姓对朝廷不得不怀疑,各自有各自的关注点。剜割人们的肌肤,吞食人们的肉体,这些人忍不住哭泣;扼住人们的咽喉,夺取人们口中的食物,他们不得不愤怒。百姓贫困是由于剜割了他们的肌肤,百姓饥馁是由于夺去了他们的口粮。啊,这种现实令人痛惜呀!

无　为

牛可使之驾,马可使之负,犬可使之守,鹰可使之击,盖食有所感也。猕猴可使之舞,鹦鹉可使之语,鸥鸢可使之死斗①,螳蚁可使之合战,盖食有所教也。鱼可使之吞钩,虎可使之入陷,雁可使之触网,敌国可使之自援,盖食有所利也。天地可使之交泰②,神明可使之掫卫③,高尚可使之屈折,夷狄可使之委伏④,盖食有所奉也。

【注释】

①鸱鸢(chī yuān)：即鸱鸟，老鹰。

②交泰：《易·泰》："天地交，泰。"注："泰者，物大通之时也。"指天地之气融合贯通，生养万物，物得大通，故曰泰。

③掖(yè)卫：扶持守卫。掖，扶持，导引。卫，守卫。

④夷狄：古代对周边民族的泛称。委伏：委顺臣服。

【译文】

可以让牛驾车，可以让马负重，可以让犬守家，可以让鹰进攻，应当是食物感化作用的体现。可以让猕猴跳舞，可以让鹦鹉说话，可以让老鹰死命争斗，可以让蝼蚁一齐攻战，应当是食物具有教化作用的表现。可以让鱼儿吞钩，可以让虎进入陷阱，可以让大雁触上罗网，可以让敌国自动来救助，应当是食物有获利作用的方面。可以让天地交泰，可以让神明守卫，可以让高尚的人屈卑，可以让夷狄委顺臣服，大概是食物获得尊奉的原因吧。

　　故自天子至于庶人，暨乎万族，皆可以食而通之。我服布素则民自暖①，我食葵藿则民自饱②。善用其道者，可以肩无为之化。

【注释】

①布素：布质素衣。

②葵藿(kuí huò)：指葵与藿，均为菜名。葵菜又名冬葵，民间称苋菜或滑菜。藿，大豆苗的嫩叶。

【译文】

因此，上至天子下至普通百姓，以至于万类生灵，都能够凭借"食"而得到沟通。我穿着俭朴百姓自然会感到自己身体温暖，我吃野菜百姓自然会感到他的肚子已饱。善于运用这个大道的君子，能和无为的大化比肩而立。

王　者

猎食者母，分乳者子。全生者子，触网者母。母不知子之所累，子不知母之所苦。王者衣缨之费、盘肴之直①，岁不过乎百万，而封人之土地，与人之富贵，百万之百万。如咂王之肌②，如饮王之血。乐在于下，怨在于上，利归于众，咎归于王。夫不自贵，天下安敢贵？不自富，天下安敢富？

【注释】

①缨：系在脖子上的帽带，代指帽子头饰。直：通"值"。

②咂（zā）：吮吸，叮咬。

【译文】

捕猎食物的是母亲，分享乳汁的是子女；保全生命的是子女，撞上猎网的是母亲。母亲感觉不到子女对自己的拖累，子女不知道母亲承受的艰难。君王衣服和缨冠的费用、盘中佳肴的价值，每年不会超过百万；可是封赏给臣下的土地，赠送给臣下的财富，超过百万的百万倍。这如同在吃君王的肌肉，如同在饮吸君王的血液。欢乐在臣下，怨恨却在君王；利益属于大多数臣子，罪过却属于君王。不过不是由于在上位者追求尊贵，天下人怎么敢求尊贵呢？在上位者若自己不追求富有，天下人怎么敢求富有呢？

鸱　鸢

有智者悯鸱鸢之击腐鼠①，嗟蝼蚁之驾毙虫②，谓其为虫不若为人③。殊不知当歉岁则争臭毙之尸，值严围则食父子之肉④。斯豺狼之所不忍为,而人为之,则其为人不若为虫。是知君无食必不仁,臣无食必不义,士无食必不礼,民无食必不智,万类无食必不信。是以食为五常之本,五常为食之末。苟王者能均其衣,能让其食,则黔黎相悦⑤,仁之至也;父子相爱,义之至也;饥饱相让,礼之至也;进退相得,智之至也;许诺相从,信之至也。教之善也在于食,教之不善也在于食。其物甚卑,其用甚尊;其名尤细,其化尤大。是谓无价之宝。

【注释】

①鸱鸢(chī yuān):即鸱鸟,老鹰。以鸟、鼠和其他小型动物为食。

②毙:死。

③虫:指虫类,即动物类。

④严围:指被军队严密包围。

⑤黔黎:黔首、黎民的合称,指庶民、百姓。

【译文】

有所谓的聪明人哀怜鸱鸢袭击腐烂老鼠的举动,嗟叹蝼蚁背负死虫的行为,说做动物不如做人。却不知道,正值歉收年月的人会争夺腐臭尸体,面临被围困孤城时甚至会父子相食以充饥。这是连豺狼都不忍心做的事,人类却能做出来,从这个角度看,做人还不如做动物。这样就知道君主在没有吃的时候必定不仁,臣下没有吃的时候必定不义,士人没有吃的时候必定不礼,百姓没有吃的时候必定不智,万种物类没有吃的时候必定不信。因此,食是五常的根本,五常是食的末枝。如果君王能够均分他的衣帛,能让出他的粮食,百姓就会交互愉悦,仁也就达到了;父子互相爱护,义就达到了;面对饥饱时能相互谦让,礼就达到了;前行或后退权衡所得,智就达到了;应允与诺言相互兑现,信就达到了。教化的长处在于"食",教化的短处也在于"食"。这种物品非常微小不起眼,但它的用途非常重要;说起它的名称感觉细小,但它的造化格外广大。这真是无法用金钱衡量的宝贝!

卷六　俭化

【题解】

　　"俭"的思想在中国传统文化中占有重要地位,孔子提出"温良恭俭让"(《论语·学而》),不过他说的"俭"主要是态度谦和不狂妄。《化书》的"俭"则更多取自道家观念。老子将"俭"归旨于持守自然之道,视为其"三宝"之一,这也是作者在本卷内思考的重要出发点。

　　本卷对"俭"的内容,做出多方面的探讨,《太平》篇中涉及三方面的定义:简、节、均食。简是指用之得其道,节是指节制不奢淫,均食参照《食化·鸱鸢》篇当是在上者能让其食、均其衣之意,则是有均平、公正的意思。《礼道》篇中提出"礼贵于盛,俭贵于不盛;礼贵于备,俭贵于不备;礼贵于籍绂,俭贵于布素;礼贵于炳焕,俭贵于寂寞"。这样就可以看到"俭"意味着"不盛""不备""布素"和"寂寞"。《雕笼》篇提出"不取"的观念,说俭即"俭于台榭""俭于宝货""俭于战伐",这样才能使民力有余、民财有余、民时有余。《礼要》篇提出"俭"就是少、小,反之则会构成惑乱。《损益》篇提出"俭尚约",是减损之道;也有将"俭"与"朴"相联接的用法。《清静》篇将"俭"与静相联系,认为"俭"就是"静""易""恬淡"。若有人能做到"保一器毕生无璺""挂一裘十年不毙",就能司粟帛,掌符玺。这样的评判标准与百姓心目中的节俭之人并无二致。

　　文中对"俭"的范围做出设想,以为"俭"的对象可以是物质性的,如水火、饮馔、礼乐，等等；也可以是主体性的，如视听言说及心思之类。《化柄》篇在这方面说得很明白："俭于听可以养虚，俭于视可以养神，俭于言可以养气……俭于心可以出生死。"从后文紧接着的"是知俭可以为万化之柄"来看，作者认为只有涵盖了主体、客体两个方面，才能够将其与"万化"做有机的联系。

作者谭峭并不仅在世俗的范围内给"俭"下定义，在本卷里也有将其与"五常""一"等概念结合的地方。《损益》篇中说"俭为五常之本，五常为俭之末"，就是把"俭"与"五常"做了对接与比较。《御一》篇谓"议守一之道，莫过乎俭；俭之所律，则仁不荡，义不乱，礼不奢，智不变，信不惑。故心有所主，而用有所本，用有所本而民有所赖"。这是将"俭"作为了"守一"的主要内容。这样的思考虽然切合于道家的宗旨，但也有言前人所未言之深入处。

"俭"是个日常生活中随处可见的行为，所以较之于"道""德""仁"而言，显得容易理解，但是要成为人们生活中的习惯，还是有一定难度的。这就要求在心理上有所认识。《权衡》篇以"服绨纻"与"衣之布帛""食藜藿"与"饭之黍稷""负石""负涂""负蒭"等的相对比，提出"饥寒无实状，轻重无必然。皆丰俭相形，彼我相平"。即主观心理上的改变，会带来对自己处境评判的不同。

《食象》篇说："观食象者食牛不足，观戴冕者戴冠不足。不足有所自，不廉有所始。"这里的"所自""所始"便在于心理上的攀比与不平衡。所以要遵循"俭"的原则，就要把这样的观念破除掉。类似的观点也出现在《民情》《礼要》《天牧》《君民》等篇章内。

本卷中还认识到"俭"的推行不在于为上者的一般号召或强制执行，而是要靠他们的身体力行。《乳童》篇中云："乳童拱手，谁敢戏之？岂在乎黼黻也。牧竖折腰，谁敢背之？岂在乎刑政也。有宾主之敬，则鸡黍可以为大享，岂在乎箫韶也。有柔淑之态，则荆苎可以行妇道，岂在乎组绣也。"只要"俭"的观念明确、行动到位，那么即使没有外在的礼仪形式，也不用刑政，就能达到预期的效果。所以王者不可"有机于民""有私于己"，唯"能张俭之机，民自不欺；用俭之私，我自不疑"。其他如《太平》《权衡》《御一》《三皇》等篇中都论及这层意思。

本卷以《解惑》收尾，提出对时世的感伤。作者认为当时的人们尚文灭质，好尊高而耻谦下，务奢泰而略俭朴，得末失本，迷外丢内。故著《化书》，欲晓斯世，欲觉斯民，欲破斯惑，体现出其对现实社会的关注之情。

太　平

夫水火，常用之物，用之不得其道，以至于败家，盖失于不简也。饮馔①，常食之物，食之不得其道，以至于亡身，盖失于不节也。夫礼失于奢，乐失于淫。奢淫若水，去不复返，议欲救之，莫过乎俭。俭者，均食之道也。食均则仁义生，仁义生则礼乐序，礼乐序则民不怨，民不怨则神不怒，太平之业也。

【注释】

①馔（zhuàn）：饮食，吃喝。

【译文】

水和火，是日常应用的东西，不以正确的方法使用它们，会给家庭带来衰败，其失误在于不检查。饮食，是日常生活的必需品，吃得不得法，会导致失去生命，大致失误在于不懂适度。礼因过度而丧失，乐因无节制而失去。过度无节制就像流水一样，流走了就不再回来，要想找到解救的办法，没有比俭约更合适的了。俭约，就是均平食物的大道。食物均平了仁义就会产生，仁义产生了礼乐就会有秩序，礼乐有秩序百姓就不会责怪，百姓不责怪神明就不会发怒，这才是人世间安宁和平的基础。

权　衡

服绨绤者不寒①，而衣之布帛愈寒；食藜藿者不饥②，而饭之黍稷愈饥③。是故我之情也，不可不虑；民之心也，不可不防。凡民之心，见负石者则乐于负涂，见负涂者则乐于负蒭④。饥寒无实状，轻重无必然，皆丰俭相形，彼我相平。我心重则民心重，我负轻则民负轻。能至于俭者，可以与民为权衡⑤。

【注释】

①绨绤(chī xì)：指葛布衣服。绨，细葛布。绤，粗葛布。都是将葛经过浸渍煮瀹的加工法制成的。

②藜藿(lí huò)：泛指粗劣的饭菜。藜，嫩叶可吃，亦称"灰条菜"。藿，大豆的叶子。

③黍稷(shǔ jì)：五谷。

④涂：泥。蒭(chú)：喂牲畜的草。

⑤权衡：称量物体轻重的工具。引申为考虑、分析、斟酌。权，秤锤。衡，秤杆。

【译文】

人穿葛衣时不觉得冷，可是给他们穿过布帛衣服后再穿葛衣会觉得很冷；吃野菜的人不觉得饿，可是给他们吃过黍米之后再吃野菜会觉得很饿。所以君主动感情时不能不掂量，百姓的心思不可以不防备。普通百姓的心态是，见到背石头的就满足于背泥土，见到背泥土的就满足于背蒭草。饥饿和寒冷没有实际形状，轻便和沉重没有一定的标准，都是在于丰富与节俭的互相比较，那一方和这一方的互相平衡。我的心思沉重那与我相处的百姓心思也跟着沉重，我务求轻便那相交的民众也就务求轻便。能做到节俭的人，可以和百姓一起商讨国事。

礼　道

礼贵于盛，俭贵于不盛；礼贵于备，俭贵于不备；礼贵于簪绂①，俭贵于布素；礼贵于炳焕②，俭贵于寂寞。富而富之愈不乐，贵而贵之愈不美，赏而赏之愈不足，爱而爱之愈不敬。金玉者，富之常，官爵者，贵之常。渴饮则甘，饥食则香。夫惟俭，所以能知非常。

【注释】

①簪绂(fú)：簪，冠簪；绂，丝制之缨带。皆古礼服之制，以喻显贵。

②炳焕：光明显耀。

【译文】

礼以盛大为贵，俭以不盛大为贵；礼以完备为贵，俭以不完备为贵；礼以服饰光鲜为贵，俭以穿着朴素为贵；礼以光明显耀为贵，俭以平淡无奇为贵。给富裕者增添财富不会使之更高兴，给尊贵者添加尊贵不会使他感觉更美满，给受赏赐者再多赏赐他也不知足，给受宠爱者再多宠爱也不能使之产生敬重的感觉。因为对于富人来说黄金、美玉已属常见，对于尊贵者而言官爵也是稀松平常。渴时饮水就觉得甘美，饿时吃饭就觉得香甜。只有凭借节俭，才能懂得难以拥有的东西的珍贵。

食　象

观食象者食牛不足，观戴冕者戴冠不足。不足有所自，不廉有所始。是知王好奢则臣不足，臣好奢则士不足，士好奢则民不足，民好奢则天下不足。夫天下之物十之，王好一，民亦一；王好五，民亦五；王好十，民亦十。以十论之，则是十家为一家，十国为一国，十天下为一天下，何不弊之有！

【译文】

看到别人吃大象，吃牛的就感到不满足了；看到戴冕的人，戴冠帽的就感到不满足了。可见贪心不足有其产生的缘由，不廉洁也有其初始的起因。因此知道国君贪图享受臣下就不知足了，臣下贪图享受士人就不知足了，士人贪图享受百姓就不知足了，百姓贪图享受天下就不知足了。天下的财物有十份，君王只想要一份，百姓也就只求一份；君王要想得到五份，百姓也想得到五份；君王把十份都掠为己有，百姓也想拥有这十份。以此而论，那么十家份额减缩成了一家，十分国力变成了一分国力，十分天下变成了一分天下，那么怎么会不产生弊病呢！

民　情

其夫好饮酒者，其妻必贫。其子好臂鹰者①，其家必困。剩养一仆，日饭三瓯②，岁计千瓯。以一岁计之，可享千兵。王者岁率是享，则必告劳而聚怨，病在于增不在于损。王驾牛车，民骄于行③；王居土陛，民耻于平。杜之于渐，化之于俭。所以见葛藟不足者④，则乐然服布素之衣；见龀杯而食者⑤，则欣然用陶匏之器⑥，民之情也。

【注释】

①臂鹰：以臂挽鹰。古时多指外出狩猎或游玩。《后汉书·梁冀列传》："又好臂鹰走狗，骋马斗鸡。"

②瓯（ōu）：盆盂一类的瓦器。

③王驾牛车：牛车据史载发明于商代。起初主要用于运输货物，贵族乘马车出行或参战。汉末、魏晋时期成为官员、贵族乃至皇帝的主要代步工具，唐代延续此习惯，又辅之以骑马、乘辇舆及舟船等。骄：不习。

④葛藟（gě lěi）：植物名。又称"千岁藟"。落叶木质藤本。茎皮纤维可织葛布，较为粗陋。

⑤瓯（yǔ）杯：粗劣破敝的盛具。

⑥陶匏（páo）：即陶制的盆。匏，匏瓜，俗叫瓢葫芦，葫芦的一种果实。可剖开作盛器之用。

【译文】

丈夫嗜好饮酒，妻子一定跟着受贫困。儿子嗜好臂鹰游玩，家里一定跟着遭困顿。多养一个仆人，每天吃三盆饭，一年就达到千盆。用一年来计算，可以供养千名士兵共餐。君主每年都这般地享受，就必定会导致困顿而积聚怨恨，这里的问题就在于消耗费用不减少反而增加。见君主驾驭牛车，百姓就会不愿行走；君主居处建造了高大台阶，百姓就会以居住在平地上为耻辱。对待种种对比产生的不满，要在刚刚出现时杜绝它，要用节俭来感化它。因此，百姓发现有人连粗葛布衣服都穿不上，就会满足于能穿上土布衣服；发现别人用着粗劣盛具的，就高兴地去使用陶盆、瓢等盛器，这就是民众的心理、愿望。

悭　号

世有悭号者①，人以为大辱，殊不知始得为纯俭之道也。于己无所与，于民无所取。我耕我食，我蚕我衣。妻子不寒②，婢仆不饥。人不怨之，神不罪之。故一人知俭则一家富，主者知俭则天下富。

【注释】

①悭(qiān)号者：即绰号叫吝啬鬼的人。悭，省俭，吝啬。

②妻子：妻子和儿女。

【译文】

世上有绰号吝啬鬼的人，别人认为有这个绰号是莫大的耻辱，却不知此正是得到纯正俭约大道的开端。自己没什么想要的，对别人也会无所索取。通过自己耕种来获得口粮，通过自己养蚕纺丝来穿上衣服。能使妻子和儿女不受寒冻，奴婢和仆人不受饥饿。这样的人不会有人怨恨他，也不会受到神明的怪罪。所以一个人知道俭约，一家人就会富足；君主知道俭约，天下就会富足。

君　民

君之于民，异名而同爱。君乐驰骋，民亦乐之；君喜声色，民亦喜之；君好珠玉，民亦好之；君嗜滋味，民亦嗜之。其名则异，其爱则同。所以服布素者，爱士之簪组①；服士之簪组者，则爱公卿之剑佩；服公卿之剑佩者，爱王者之旒冕②。是故王者居兆民所爱之地，不得不虑也。况金根玉辂夺其货③，高台崇榭夺其力，是贾民之怨④，是教民之爱。所以积薪聚米，一岁之计；而易金换玉，一日之费。不得不困，不得不俭。

【注释】

①簪组：指显贵的官服。簪，冠簪。组，冠带。

②旒冕(liú miǎn)：即冕旒。古代帝王的礼冠和礼冠前后的玉串，

　　也用作皇帝的代称。

③金根：金根车，秦、汉饰车以金，以为乘舆，谓之金根车。辂(lù)：

　　大车。

④贾(gǔ)：招致，谋求。

【译文】

君主和百姓之间只有称谓的不同，而喜好是相同的。君主爱好驰骋，老百姓也爱好它；君主喜好音乐、美色，老百姓同样也很喜欢；君主嗜好珠宝美玉，老百姓同样嗜好它；君主嗜好美味，老百姓也喜好它。人之间虽然有名声与地位的不同，但嗜好是相同的。因此穿素色布衣的人，喜爱士人显贵的官服；穿戴着士人衣冠的人，喜爱公卿的宝剑和佩饰；拥有公卿的宝剑和佩饰的人，喜爱国君头戴冕旒的威仪。因此，君主处在亿万百姓所倾慕的位置，不能不有缜密的思量。况且已经用金银美玉装饰的车驾夺走了百姓的财物，高大的亭台阁榭夺走了百姓的民力，这是在招引百姓的怨恨，也是在教百姓让他们产生爱好。要知道积聚薪柴粮食等生活所需，增加的是百姓一年的费用；而改换点黄金美玉首饰玩物，减少的只是达官贵人一天的花费。所以要想治理国家，不能不待己以困苦，不能不过俭约的生活。

乳　童

乳童拱手，谁敢戏之？岂在乎黼黻也①。牧竖折腰②，谁敢背之③？岂在乎刑政也。有宾主之敬，则鸡黍可以为大享④，岂在乎箫韶也⑤。有柔淑之态，则荆苎可以行妇道⑥，岂在乎组绣也⑦。而王者之制，设沟隍以御之⑧，陈荣戟以卫之⑨，蓄粟帛以养之，张栏槛以远之。盖有机于民，不得不藏；有私于己，不得不防。夫能张俭之机，民自不欺；用俭之私，我自不疑。夫俭者，可以为大人之师。

【注释】

①黼黻(fǔ fú)：绣有华美花纹的礼服。

②牧竖：牧奴，牧童。折腰：弯腰施礼。

③背：以背向之。不理睬之意。

④黍：黄米饭。鸡黍：杀鸡，做黄米饭。泛指待客的家常饭菜。大享：即大飨，大张筵宴。

⑤箫韶：相传舜时宫廷演奏的乐曲名。

⑥荆苎(zhù)：旧时自称其妻。以荆枝为髻钗，用麻布制衣裙，为贫家妇女的装束。荆，灌木名，种类甚多。苎，植物名，麻属。

⑦组绣：此指华丽衣服。组，丝带。绣，绘画设色，五彩具备。

⑧沟隍：沟，城堑。隍，无水的城壕。

⑨棨(qǐ)戟：有缯衣或油漆的戟，用在为官吏出行时前导的仪仗中。

【译文】

幼童拱手施礼，谁敢戏弄他？哪里在意他是否穿着高贵的礼衣。牧童弯腰施礼，谁敢背向他？哪里在乎他是否拥有刑罚和政令的权力。宾客与主人间的相互敬重，用鸡和黄米也可制作出丰盛的大餐，哪里在乎是否有美妙的音乐呢。有温顺善良的容仪，戴着荆钗、穿着麻布衣服，同样可以达到妇人礼仪的标准，不必在乎是否有华丽的衣服。可是现在君主的做法是，开凿城堑壕沟用来防御百姓，陈设剑戟等兵器用来保卫自己，储蓄粮食布帛用来供养士卒，架设栏杆用来远离百姓。大概对百姓有不可告人的心机，不得不藏匿；自己有私欲，要防范他人的破坏。如果能够发扬俭约的玄机，百姓自然不会欺罔；以俭约自律，自然不会遭受到猜疑。俭约的做法，可以作为为官居上位者效法的楷模。

化　柄

俭于听可以养虚，俭于视可以养神，俭于言可以养气，俭于私可以获富，俭于公可以保贵，俭于门阃可以无盗贼①，俭于环卫可以无叛乱②，俭于职官可以无奸佞，俭于嫔嫱可以保寿命③,俭于心可以出生死。是知俭可以为万化之柄。

【注释】

①门闼(tà):宫门。

②环卫:即禁卫。

③嫔嫱(qiáng):古代女官名。此指代宫廷侍妾、宫女。

【译文】

　　不过度用听力的可以养虚,不过度用视力的可以养神,不说话过多的可以养气,不贪图私心的可以获得富贵,不滥用权力的可以保住尊贵,不妄开大宫门显摆的可以不引盗贼,不妄用禁卫的不会引起叛乱,不滥设职官的可以杜绝奸邪佞巧,不滥情妃嫔的可以保全寿命,不妄用心术的可以超乎生死之外。由此可知"俭"可以作为变化万物的本根。

御　一

　　王者皆知御一可以治天下也,而不知孰谓之"一"。夫万道皆有"一",仁亦有"一",义亦有"一",礼亦有"一",智亦有"一",信亦有"一"。"一"能贯"五"①,"五"能宗"一"。能得"一"者,天下可以治。其道盖简而出自简之,其言非玄而人自玄之。是故终迷其要,竟惑其妙。所以议守"一"之道,莫过乎俭;俭之所律,则仁不荡,义不乱,礼不奢,智不变,信不惑。故心有所主,而用有所本,用有所本而民有所赖。

【注释】

①五:即指前述之仁、义、礼、智、信。被称为"五常"。

【译文】

　　国君都知道驾驭纯一能够治理天下,可是却不知道什么叫做"一"。

其实，万物的大道都有"一"，仁也有"一"，义也有"一"，礼也有"一"，智也有"一"，信也有"一"。"一"能够贯穿"五常"，"五常"可以归向"一"。能够得到"一"的大道的，天下可以得到治理。那大道其实很简易，因而引申出来也很简易；那言语本不玄妙，是人自己以为它玄妙。因此，最终因它的要义而迷惑，因它的奥妙而困惑。所以，说到抱守"一"的大道，没有能超过俭约的了。以俭约为约束，仁不会放纵，义不会混乱，礼不会奢侈，智不会变异，信不会受迷惑。遵循于"俭"，心就有了依靠，做事也有了准则，做事有依据就能得到老百姓的信赖。

三 皇

君俭则臣知足，臣俭则士知足，士俭则民知足，民俭则天下知足。天下知足，所以无贪财，无竞名，无奸蠹^①，无欺罔，无矫佞，是故礼义自生，刑政自宁，沟垒自平，甲兵自停，游荡自耕，所以三皇之化行^②。

【注释】

①奸蠹(dù)：奸诈狡猾、邪恶不正的人。奸，邪恶不正。蠹，蛀虫。

②三皇：传说中远古部落的酋长，其说不一，一般认为是伏羲、神农、燧人。

【译文】

国君俭约臣下就自知满足，臣下俭约士人就自知满足，士人俭约百姓就自知满足，百姓俭约天下就自知满足。天下自知满足就没有贪婪财富，没有争夺名利，没有奸佞恶人，没有欺骗蒙蔽，没有骄纵邪恶。因此礼和义便由自而产生，刑罚和政令自然宁息，深沟高垒自此抚平，征杀战伐自动停止，游荡懒散的人也自觉地辛勤耕作，因此三皇的教化也就传布开来了。

天　牧①

奢者三岁之计②，一岁之用；俭者一岁之计，三岁之用。至奢者犹不及，至俭者尚有余。奢者富不足，俭者贫有余。奢者心常贫，俭者心常富。奢者好亲人，所以多过，俭者能远人，所以寡祸。奢者事君必有所辱，俭者事君必保其禄。奢者多忧，俭者多福。能终其俭者，可以为天下之牧。

【注释】

①天下之牧：天下的治理者。牧，治，古代治民之官。

②计：经济开支。

【译文】

奢侈的人三年的开销，一年就花完了；节俭的人一年的开销，是三年的用度。特别浪费的用起来仍然不够，非常节俭的尚有盈余。奢侈的人身处富贵也不感到充足，节俭的人虽然贫穷还有盈余。奢侈的人精神上常常贫困，节俭的人精神上常常富有。奢侈的人喜欢亲近人，因此多有过失；节俭的人能够远离别人，因此少有灾祸。奢侈的人侍奉君主必定有被侮辱的地方，节俭的人侍奉君主必定能保全俸禄。奢侈的人多有忧愁，节俭的人多有福气。能够彻底奉行节俭的，可以成为天下的治理者。

雕　笼

悬雕笼、事玉粒养黄雀①，黄雀终不乐；垂礼乐、设赏罚教生民②，生民终不泰。夫心不可安而自安之，道不可守而自守之，民不可化而自化之。所以俭于台榭则民力有余，俭于宝货则民财有余③，俭于战伐则民时有余。不与之由与之也，不取之由取之也。海伯亡鱼④，不出于海；国君亡马，不出于国。

【注释】

①玉粒：指米、粟。黄雀：世称芦花黄雀，雄者上体浅黄带绿，雌者上体微黄，有褐色条纹。

②生民：人民，百姓。

③宝货：珍贵的物品。

④海伯：传说中的海神。

【译文】

悬挂着雕刻精美的笼子，用着上等的好米来饲养黄雀，黄雀仍然不觉得高兴；垂示礼乐制度，设立赏罚标准来教化百姓，百姓感受不到安宁。心思不能靠别人安顿，只能由自己安定下来；大道不能由人们来守护，只能由自己守护；百姓其实不用国君来教化，他们能自己教化自己。因此，不滥建亭台楼榭，百姓的劳动力就会有富余；不滥集珍稀宝物，百姓的财产就会有富余；不随意发动攻伐战争，百姓就能按照时节自如地安排生产。这里的不给予如同给予，不取得犹如取得。这就犹如海伯丢失的鱼不出乎大海，国君丢失的马也不出乎国境一般。

礼　要

夫礼者，道出于君而君由不知，事出于职而职由不明。儒者栖山林①，敬师友，穷礼乐，讲本末。暨乎见羽葆车辂之状②，钟鼓箫韶之作③，则矍然若鹿④，怡然若豕；若醉于酒，若溺于水，莫知道之本，莫穷礼之旨。谓弓为弧⑤，则民不知矣；谓马为驲⑥，则民莫信矣。所以数乱于多，不乱于少；礼惑于大.不惑于小。能师于俭者,可以得其要。

【注释】

①栖山林:把山林当做楼阁,即隐居之意。

②羽葆(bǎo):帝王仪仗中以鸟羽连缀为饰的华盖。或作为天子的
　　代称。

③萧韶:相传舜时宫廷演奏的乐曲名。

④矍:老而勇健,形容人精神很好。

⑤弧:木弓。

⑥驷(sì):古代套着四匹马的车。

【译文】

　　“礼”的规定从君主那里产生,可君主并不知道礼的本质所在;礼的
事情由职事官来操办,可是职事官也不明确“礼”的本旨。儒士们在山
林中隐居,敬重老师和朋友,穷尽礼仪和舞乐,谈论“礼”的本旨与展开。
当他们见到天子车驾出行的盛状,听到钟鼓齐鸣、音乐兴起的时候,会
禁不住地与之呼应,表现得像鹿那样和悦勇健,像猪那样怡然自得;像
醉酒般地兴奋,像淹没在水中那样手舞足蹈,至于“道”的本质、“礼”的
主旨还是无法理解与穷尽的。把弓换叫做弧,百姓不会明白;把马换叫
做驷,百姓不能相信。因此,礼数是因为多而混乱,而不是因为少;礼仪
因为盛大而混乱,而不是因为精细。能够以俭约为师的,可以凭此得到
其中的要旨。

清　静

　　奢者好动,俭者好静;奢者好难,俭者好易;奢者好繁,
俭者好简;奢者好逸乐,俭者好恬淡。有保一器毕生无斁
者①,有挂一裘十年不毙者。斯人也,可以亲百姓,可以司粟

帛,可以掌符玺^②,可以即清静之道^③。

【注释】

①璺(wèn):器皿的裂纹。

②符玺:古代帝王的印信。

③清静:即"清净"。心地洁净,不受外物干扰。

【译文】

奢侈的人喜欢躁动,俭约的人喜爱宁静;奢侈的人喜欢复杂,俭约的人喜爱简易;奢侈的人喜欢烦琐,俭约的人喜爱简明;奢侈的人喜欢恣意妄为,俭约的人喜爱淡泊闲适。有保护一件器皿毕生没有出现一丝裂纹的,有悬挂一件裘皮衣服十年也没有破损的。这样的人,可以亲近百姓,可以掌管粮食、布帛,可以掌管兵符、印玺,可以接近清静无为的大道。

损　益

夫仁不俭,有不仁;义不俭,有不义;礼不俭,有非礼;智不俭,有无智;信不俭,有不信。所以知俭为五常之本^①,五常为俭之末。夫礼者,益之道也;俭者,损之道也。益者损之旨,损者益之理。礼过则淫,俭过则朴。自古至今,未有亡于俭者也。

【注释】

①五常:仁、义、礼、智、信。

【译文】

仁用得过分就会有不仁,义用得过分就会有不义,礼用得过分就会有非礼,智用得过分就会有不智,信用得过分就会有不信。因此就可以知道俭约是五常的根本，五常是俭约的末枝。礼是增益之道，俭是减损之道。减损的要领目标在于增益，而指导增益的道理就是减损。礼多了就会过分，俭约多了就会质朴。从古代到如今，没有因为俭约而受到损失的。

解　惑

　　谦者人所尊，俭者人所宝。使之谦必不谦，使之俭必不俭。我谦则民自谦，我俭则民自俭。机在此不在彼，柄在君不在人。恶行之者惑，是故为之文。

【译文】
　　谦逊是人们所尊奉的，俭约是人们所珍爱的。为上者规定人们谦逊，人们肯定不谦逊；规定人要俭约，人们反倒不俭约。其实君主谦逊了百姓自己就会谦逊，君主俭约了百姓自然也会俭约。其中的玄机在自己这里而不在他处，转机的根本在君主手中而不在他人那里。恐怕欲行此大道的人受迷惑，因此述之于这段文字。

无能子

前言

一　作者生平及道教归属

　　《无能子》一书的作者，现在能找到的资料很少，从原书的《序》来看，得知他在黄巢起义时"避地流转，不常所处"，而在唐僖宗光启三年(887)时，游寓左辅(今陕西东南部)隐居民间，此《无能子》一书便是在那时著成的。由此推知其为唐末人。大致"无能子"只是作者的别号，至于他的姓名、籍贯、生卒年等，现在都不得而知了。由于序言的作者也仅说自己是无能子的忘形之友而不见署名，所以我们今天在其生平方面也一时难以获得更为详细的信息了。

　　据《无能子序》及文中的内容分析，可知其"少博学寡欲，长于穷理尽性，以至于命"。即他自少年时起，即博学寡欲，擅长哲学思辨。似曾游宦，后避黄巢起义战火，四处漂泊。《无能子·答通问》中说："无能子贫，其昆弟之子且寒而饥，嗟吟者相从焉。"(下文引《无能子》仅注篇名。)可见无能子的生活较为贫苦，且带过一些弟子，其中有些是其子侄辈的。《序》中记无能子写此书时，"寓于左辅景氏民舍……昼好卧不寐，卧则笔札一二纸，兴则怀之……自仲春壬申至季春己亥，盈数十纸，卷而囊之，似有所著者……余因析为品目……自与知之者共之尔"。由此推知其成书时间在光启三年春季，后经其友帮助，得以刊刻问世。

　　从上述生平来看，无能子似世居于家乡，并无出家修道的经历，其书亦极少直接涉及道教内容,故世人后学多称他为隐士。不过《唐史·艺文志》《崇文总目》《四库全书总目》等皆著录其书于道家类,因为《无能子》书中本有许多转述、阐明庄子观点的内容,列其为道家并无疑问。然明《正统道藏》太玄部收录了《无能子》上中下三卷,将其视为道教著作,则出乎众人预料之外。于此学界一时无法做出合理之解释,故唯以"诸史书著录经籍多不分道家(先秦)和道教为二类"来勉强为由。本人认为出现这般的误解,或许由对唐代的道教学术状况尚不甚了解所致。

清代学者洪亮吉《晓读书斋初录》中,曾回顾《庄子》思想的流传过程,谓:"《庄子》一书,秦、汉以来,皆不甚称引。自三国时何晏、阮籍、嵇康出,而书始盛行。陈寿《魏志·曹植传》末言晏好老、庄之言,《王粲传》末言阮籍以庄周为模则,于嵇康则云好老、庄。老、庄并称实始于此。于是崔譔、向秀、郭象、司马彪等接踵为之注,而风俗亦自此移矣。"也就是说庄子思想的阐扬是魏晋时代开始的。

唐代是儒、道、释三家鼎立的时代。当时在崇尚儒学的同时,道、释也受到足够的尊重,在道教徒中庄子被尊为南华真人,《庄子》一书则被尊为《南华真经》。这也推进了唐时庄子的研究,据新旧《唐书》记载,注解《庄子》的书达二十三种之多,在这些著作中,最为重要的便是成玄英《南华真经注疏》三十卷。成玄英是唐代初年的道士,唐太宗贞观五年(631)被加号为西华法师。他的《南华真经注疏》序称:"玄英不揆庸昧,少而习焉,研精覃思三十年矣。依子玄所注三十篇,辄为疏解,总三十卷。虽复词情疏拙,亦颇有心迹指归;不敢贻厥后人,聊自记其遗忘耳。"说的是成玄英的疏曾以郭象的注本为依据,而我们若能在《无能子》有关庄子的论述中找到与成玄英或郭象相近的观点,或有其他的与同时代道教中人观念的相近之处,那么他的著作被列入道教丛书,也就顺理成章了。为此,我们不妨把探究本书的起点放在其与道教思想相关的方面,从而得到对其中思想的准确把握。

二 以"炁""自然"为本根的天道观

《无能子序》曰：(无能子)"其旨归于明自然之理，极性命之端。自然无作，性命无欲，是以略礼教而外世务焉"。即此，书中的自然观是其中的重要内容之一。果然，在本书的首篇《圣过》的第一段，就是有关世界起源的描述。其文曰："天地未分，混沌一炁。一炁充溢，分为二仪。有清浊焉，有轻重焉。轻清者上，为阳为天；重浊者下，为阴为地矣。天则刚健而动，地则柔顺而静，炁之自然也。天地既位，阴阳炁交，于是裸虫、鳞虫、毛虫、羽虫、甲虫生焉。人者，裸虫也；与夫鳞毛羽甲虫俱焉，同生天地，交炁而已，无所异也。"意思是：在世界形成的最初阶段，天地尚未分开，处于模糊一团的元气之中。待到元气生长充实，便分离为两种有清浊、轻重之分的表象。其中分量轻而清澈者，飞升向上作为阳气而形成了天，而分量沉重又浑浊的元气则降落向下而造就了地的始基。天坚强有力并处于不断的运动之中，地柔弱和顺而处于沉静状态，这是阴阳二气自然秉性的体现。天地各就其位以后，地上的阴气与天上的阳气交互发生作用，于是各种生命体如裸虫(没有羽毛鳞甲的动物，如人类)、鳞虫(长有鳞甲的动物，如鱼类)、毛虫(泛指长毛的兽类)、羽虫(生有羽毛的鸟类)、甲虫(长有甲壳的虫类动物)开始出现了。人类，属于裸虫，与其他的鳞虫、毛虫、羽虫等动物，共同生存于天地之间，均为阴阳二气交互作用的结果，没有什么区别。

这段话与老子关于道生万物的过程有相关联的地方，《道德经》第四十二章中言："道生一，一生二，二生三，三生万物。万物负阴而抱阳，冲气以为和。"就是以为作为万物生成的本原"道"，是通过了"气"的负阴抱阳及相冲相融的作用而获得成功的。作为老子的继承者庄子，在言及世界的本原时，当然也是认同道与气结合的观点的。不过，在庄子那里，"道"始终是处于第一位的东西，如《庄子·大宗师》中谓："夫道有情有信，无为无形……自本自根，未有天地，自古以固存；神鬼神帝，生天生地。在太极之先而不为高,在六极之下而不为深;先天地生而不为久,长于上古而不为老。"主要就是对"道"的描述,而没有《圣过》篇那般的将"道"的作用隐藏、而把"炁"的作用抬到很高的地位,甚至等同于世界本原的意思存在。这或者与无能子生活的唐代时人,已经对"道"的地位、作用不再有怀疑,而对"炁"的认识则随道教丹术的发展愈加深入有关。对照唐代道教中人成玄英所说的"道是迹,自然是本,以本收迹"(《道德经义疏·第二十五章疏》),可找到《圣过》篇中思想与其相近之处。成氏的上述说法中,也是不再强调"道"的地位,还换了"自然"作为世界的本根的。

　　至于《圣过》篇中对于"炁"的状态的描述,我认为比较接近于汉代《淮南子·天文训》中的文字:"天地未形,冯冯翼翼,洞洞漏漏,故曰太昭。道始于虚霩,虚霩生宇宙,宇宙生气,气有涯垠,清阳者薄靡而为天,重浊者凝滞而为地,清妙之合专易,重浊之凝竭难,故天先成而地后定。天地之袭精为阴阳,阴阳之专精为四时,四时之散精为万物。"大致就是把受到"道"的作用的阴阳之"气"视为天地万物形成的原因,并也用了"清阳者薄靡而为天,重浊者凝滞而为地"的说法。这样的观点,想来应当是对传统道家思想继承的体现。《淮南子》《汉书》列为杂家,而后世人又常归之于道家。如胡适说:"道家集古代思想的大成,而《淮南书》又集道家的大成。"(《中国哲学史大纲》卷中第二章,广西师大出版社 2013 年版)本文作者赞同后世人之观点。

　　不过,《圣过》篇中又出现了"一炁充溢,分为二仪","天则刚健而动,地则柔顺而静","天地既位"等《周易》中的语词,这又是《淮南子》等书中不曾见到过的。而我们看成玄英的《庄子疏》,发现这样的句式倒是不乏见到。如成氏在为《庄子·天地》"天地虽大,其化均也"句作疏时,写道:"夫二仪生育,覆载无穷,形质之中,最为广大;而新新变化,其状不殊,念念迁谢,实唯均等,所谓'亭之'也。故云'天地与我并生'。"这就把"二仪"的说法与庄子"天地与我并生"的观点做了有机的结合。

另外，成氏于同篇中疏"天其运乎"，则提出"天禀阳气，清浮在上，无心运行而自动"，"地禀阴气，浊沉在下，亦无心宁静而自止"的观点，这里对阴阳清浊之气的运行与动静变化做出了相关的考虑，也是有接受《周易》变化观点的方面，如此等等。由中可见到，无能子在思考自然问题时，有较多的对成玄英《庄子疏》思想的接纳与继承。

与《周易》将天地的生成以"万物"概括之不同，无能子在这里用了裸虫、鳞虫、毛虫、羽虫、甲虫等多种类属的组合。其中鳞虫指长有鳞甲的动物，如鱼类；毛虫泛指长毛的兽类；羽虫指生有羽毛的鸟类；甲虫指长有甲壳的虫类动物；裸虫则泛指没有羽毛鳞甲的动物，如人类。《周礼·地官·大司徒》中有"以土会之法辨五地之物生：一曰山林，其动物宜毛物"，"二曰川泽，其动物宜鳞物"，"三曰丘陵，其动物宜羽物"，"四曰坟衍，其动物宜介物"，"五曰原隰(xí)，其动物宜赢物"等句，将生存于山川田野中的动物分成了毛物、鳞物、羽物、介物、赢物等各类，可以看做是本文提出"五虫"的由来依据。不过《周礼》中的"赢物"是指虎豹之类的大毛虫而不包括人类。汉代的《大戴礼记·曾子天圆》始列人类入"虫"类即具血气类动物，但还是将其与龟、龙、麟、凤四灵加以了区分。现在无能子的论述把人所属的裸虫与其他动物放在了同一系列，这在中国学术史上还是很少见的。联系后文中的"天与地，阴阳气中之巨物尔。裸鳞羽毛甲五灵，因巨物合和之炁，又物于巨物之内，亦犹江海之含鱼鳖，山陵之包草木尔"等句，可以想见，作者是把世界理解为由阴阳和合之炁贯穿于天地之巨物，而裸、鳞、羽、毛、甲五灵又包孕于天地之间的状态，人与其他生命体处于同等的地位，并认为这种存在方式是世界存在之唯一方式。这样的认识弥补了过去老庄认道先于气而独存、气与器又可能割裂的缺陷，与现代科学对自然界的认识更为接近。

既然天地与五灵之间只是一种包孕的关系，当然相互之间就不能有谁主宰谁的一说。《范蠡说》中曾针对大夫种提出的天地能对万物起到"春生冬杀"说法，借范蠡之口反驳道："天地无心，且不自宰，况宰物乎？天地自天地，万物自万物，春以和自生，冬以寒自杀，非天地使之然也。"这是一种万物非天地使之然的"莫为"观点。同书《真修》篇中谓："夫鸟飞于空，鱼游于渊，非术也，自然而然也。故为鸟为鱼者，亦不自知能飞能游。苟知之，立心以为之，则必堕必溺矣……是以任自然者久，得其常者济。"所说的也是同样的意思，既然天地无所施为，那么万物的各异乃是"自然而然"的结果。所以依凭自然本性的存在才能长久持续，这是恒常之道的根本所在。

自然之中既然没有造物主，那么万物是靠什么来形成其多样性的呢？同篇中曰："夫水流湿，火就燥，云从龙，风从虎，自然感应之理也。故神之召气，气之从神，犹此也。知自然之相应，专玄牝之归根，则几乎悬解矣。"意思是水向潮湿的地方流动，火向干燥的地方燃烧，云跟从着龙的踪迹，风与虎的行动相随，这是自然界中感应的道理。所以物之灵神能召来元气，元气与灵神相互融通。懂得了这个道理，便能通过对玄妙母体的归顺而获得顿悟。

关于水火、风云的比喻，显然出自《易·乾》"同声相应，同气相求。水流湿，火就燥。云从龙，风从虎"等的启示，不过《周易》作者将万物"各从其类"的原因归之于圣人的作为，无能子则将感应原因归于灵神招来的元气，故当通过对道的体悟而获得。联想成玄英在《庄子·达生》疏中所说的"夫得造化之深根，自然之妙本，而穷理尽性者，世间万物，何得止而控驭焉"，体现出一种将"造化之深根"与"自然之妙本"联系起来的观点。而无能子上述有关自然界中有感应的存在，它通过元气与灵神的融通而实现等认识，与成氏的观点相贯通，因此具有了将本质存在与存在状态相互结合的特点。

关于灵神，无能子用了"性"的概念来加以说明。他说："夫水之性，壅之则澄，决之则流，升之云则雨，沉之土则润；为江海而不务其大，在坎穴而不耻其小，分百川而不疲，利万物而不辞，至柔也。故老聃曰：柔弱胜刚强。则含神体虚，专气致柔者，得乎自然之元者也。"（《真修》）

这里面借用了老子有关"水"的特性的描述,概括出其中最为核心的含蕴神妙、体现虚静、结聚元气、柔弱至极等特质,提出这些都是得到自然本元的结果。

《庄子·天地》中有"形体保神,各有仪则,谓之性"的提法,认为性得之于道,是较之于物体、形质等更为本质的东西。这与无能子的思想颇为相合。不过庄子主要针对人的形体而言,而无能子则将"性"作为了世间万物共通的本质所在。这就将"自然之元""自然之妙本"与万物之"性"做了有机的联系,这就有了将世界本原与"性"之本质连接在一起考虑的思想深度。这样的认识与他承继魏晋时期王弼等追究事物之"本"的传统有关。

现代学者孙亦平在论及唐末五代"道门领袖"杜光庭的宇宙观时,认为其中包括了两条线索:一是从神学上提出带有神喻启示特点的宇宙神创说,二是以"道气"为本的宇宙生成论(参见孙亦平《杜光庭思想与唐宋道教的转型》,《江苏社会科学》2006 年第 3 期)。无能子的天道观念中无疑有着后一种的思路。他的思考也在于力图对宇宙世界以及人的生存做出一个根本性的解释,从而为人的真修即修道实践提供依据。从这一点上来看,他的思想中有着与道教中人接近的一面。

三　形神、无心的人道观

关于"本"的概念,无能子曾做过较多的关注。在卷上他专列了《明本》篇,明确以"无为为心"的根本宗旨。文中曰:"夫所谓本者,无为之为心也,形骸依之以立也,其为常而不殆也。如火之可用以焚,不可夺其炎也;如水之可用以润,不可夺其湿也。"指出被称为"本"的,是以"无为"为宗旨的。包括我们人的形体在内的世间物质体,都是依赖于此而成立的,它永恒地存在而不会改变。就像火可以用来焚烧东西,没有外物能夺去其炎热的本性;水可以用来滋润万物,外力无法夺去其湿润的本质一样。这样的本质当你伸手欲取的时候并不存在,当你以为它隐藏起来的时候又无处不在。这里明确地把"本"与对人自身的考察联系了起来,强调人的形体活动是与其拥有的"本"即类似本质的东西有关的。

"本"虽属本质,但也有功能性的作用发挥,表现为"动之则察秋毫之形,审蚊蚋之音;静之则不见丘山,不闻雷霆。大之可以包天壤,细之可以入眉睫"。即当它发生作用之时能够明察秋天兽毛这样细小的形状,分辨出蚊子般轻微的声音;当它沉静下来之时则连丘山在前也看不见,雷霆在耳也听不到了。它大起来可以包孕天地,细微处可以深入眉毛、眼睫之中。当然这种功能发挥是处于"惚惚恍恍,不来不往;希希夷夷,不盈不亏"状态之下的。即类似于"道"那样的处于惚惚恍恍之中而无法感受其来往动静,幽微希夷而无法知晓其盈亏的形状,并且也与"道"似的"取之不有,藏之不无"。所以,唯有从"道"的角度出发,才能够照见此"无滞之光"即明澈的思维,"委以自然之和"即自然之和谐,并见到此中的"无名之元"即无法言状的根本原则。

在人类对自身的认识过程中,首先涉及的往往是人所拥有的精神意识与肉身形体之间的关系问题。在我国有关这方面的思考,可追溯到先秦的《管子·内业》篇,书中认为"天出其精,地出其形,合此以为人"。这里的"精"既是一种精细的气,又以为其具有思维的作用,以此来说明形神的意义。

《庄子·知北游》中也涉及了这一问题,提出:"精神生于道,形本生于精,而万物以形相生。"认为精神由道产生,形体由精神产生,精神比形体更根本。战国晚期的荀子在形神问题上提出了"形具而神生"命题,肯定了精神对形体的依赖关系,对庄子的观点有所纠正。

两汉以后,有关形神关系的问题,一直受到学者们的关注,到南朝范缜提出形质神用的观点,认为形是物质实体,神是形体的一种功能或作用,并以"刃利之喻"来形容形体与精神,说"神之于质,犹利之于刃;形之于用,犹刃之于利";"舍利无刃,舍刃无利"(《神灭论》)。由此用本体与其功能的关系解释了形神之间相依相存的联系,使有关形神关系的认识提高到了一个新的水平。

无能子在其《析惑》篇中涉及的是有关人的精神与形体之间关系的问题。他提出:"夫性者神也,命者气也,相须于虚无,相生于自然,犹乎埙篪之相感也,阴阳之相和也。形骸者,性命之器也。犹乎火之在薪,薪非火不焚,火非薪不光。"这里论及形神关系,用到了性命、神气这样两组概念,神气概念在道家学说中较为常见,具有淡化本原之道神秘化的作用。所以无能子虽然也借用了薪火之喻来形容其中关系,讲神即精神永生不灭,形体在生成之时便走向死亡,但是由于此喻建立于神与气两者关系之上,而"气"又有着"本""性"的内在含蕴,所以与过去的"神不灭论"还是有所不同的。

值得注意的是,此篇中还提出"性命"的概念。说"性者神也,命者气也","形骸者,性命之器也"。它们犹如"埙篪之相感"即像埙、篪两种乐器的相互应和、像阴阳二气的相互作用一样,两者之间存在着"形骸非性命不立,性命假形骸以显"的相辅相成关系。就像火不借木柴不能发出火光一样,精神也无法独立而自我显现作用。于是他的这种说法里具有着对精神、形体关系辩证认识的一面。

性命之说在道家学说中涉及不多。战国时期的儒家孟子曾较早涉及"性命"概念。《孟子·尽心下》中把"口之于味也,目之于色也,耳之于声也,鼻之于臭也,四肢之于安佚也"归之于"命",而将"圣人之于天道"这类的东西归之于性。也就是将通过形体器官获得的认识称为"命",而将理性认识的来源归向了"性"。这是从人的认识角度展开的对人之形神关系的思考,与单纯分辨形神、神气的本体论角度有不一样的地方。这样的认识其实在后世并没有得到充分的展开,而无能子能以此作为思考的起点,显然是与他对人的认识的关注有关,体现了他在理论上的深入,具有认识上的合理性。

作者在此前提下,批评了世人对生命的过分看重,以及由此引出的贪婪欲念。《析惑》篇中谓："形骸非性命不立,性命假形骸以显,则性命自然冲而生者也,形骸自然滞而死者也。自然生者,虽寂而常生;自然死者,虽摇而常死。"意思是拥有着性、命的人体,是顺乎自然而富有生命力的,也是自然地会处于呆滞而死亡的状态。当其生存时,虽无声无息亦永恒存在;当其走向死亡时,则无法阻拦其发展进程。现在的人"好生恶死",则是"不知自然生死之理"所致。其实想凭借主观意志而超越生死规律者,就像是要"沉羽而浮石"般地不可靠呀!

无能子在《无忧》篇进一步对世人在生死问题上的迷惑做出劝解,提出所谓的死,不过是在看到了形体的不能活动并倒卧在地的状态,其实形体的生死取决于精神的贯通,若人的器官无法发挥出认识功能,呈现"虚而灵"的状态,就是死亡的了。所以死亡衡量标准在于精神与形体的结合,而不在于形体本身活动能力的丧失。这里有过分夸大精神作用的一面,但是作者的出发点在于要想打消人们对死亡的恐惧,从而获得一种"至和"即极其和乐而安宁的人生态度,还是有可取之处的。这是对包括道教众人在内的执念于养生、追求长生不老神话的否定,具有着恬淡安宁的人生态度。

《庄子·齐物论》中曾提出"吾丧我"的思想,谓此为"嗒然若丧其耦"及"心如死灰"之形状。唐成玄英疏此意为:"妙悟自然,离形去智,嗒焉坠体,身心俱遣,物我兼忘,故若丧其匹耦也。"即去除了形神之间对立的观念,忘却了物我分别的理解,于是达到了与自然之道相融相和的境地,这样就消解了一切的主观分别,而达到了致万物齐一的绝对境界。为此,庄子提出了去除"成心"的思想,即要求人们去掉各种"成心"的干扰,也就是要去除因"我"的观念而引起的主观上的一偏之见。成玄英疏曰:"夫域情滞着,执一家之偏见者,谓之成心。"这种"成心"是执有偏见、使事实偏离真相的认识状态,当然是需要纠正与克服的。承庄子"丧我"论的传统,无能子也提出了"无心"的观点。在《真修》这一《无能子》上卷现存的最后一章里,他正面提出了如何通过精神修养,来修正在人自身认识方面的偏差问题。

其文中云："夫衡镜，物也，成于人者也。人自成之，而反求轻重于衡、妍丑于镜者，何也？衡无心而平，镜无心而明也。"秤、镜子等物品是人类制造出来的，人不通过主观判断求取物体轻重、自身美丑而求诸秤与镜子，是因为它们不存在主观偏见。所以民众若也能做到不带有主观性，体悟"无为"的宗旨，就能够进入虚静的心灵境界，涵泳于希夷自然之中了。这样的人是"天下莫能与之争"的。这一思想在谭峭《化书》里也曾出现。如《帝师》篇中曰"镜非求鉴于物而物自投之"，所以"神同虚无则事无不知"，即是此例。

如果说器具的"无心"是出于自带的属性，那么具有生命性状的物体，则可以通过调节自身而获得"无心"之佳境。《无能子》卷下中有《鱼说》篇，便是体现了这层意思。文中谓黄河里的巨鱼之所以能够越过龙门化为龙，从而"孥云拽雨"，是因为它与云雨无心而相感。否则"彼若有心于云雨之间，有时而堕矣"。文中提出，之所以"无心"是因为世间万物原本有其"性分"，每种生命体都依其天赋的本性而活动，便是最合理的生存方式。这样就把"无心"的倡导与对"足于天然而安其性命"生存形式的认识联系了起来。

卷下《纪见》篇中记录了一位秦市幻人（玩幻术的人），他能做到"烈镬膏而溺其手足"，即在烧开的热油锅浸入自己的手脚，沸腾着的油不会烫坏他的手脚。无能子问其原因，幻人回答是因为"其心先忘其身"，如果心生惊怕等情绪幻术就会失败。无能子因之得出"无心于身，幻人可以寒烈镬，况上德乎"的结论。《真修》篇中说："人之足驰手捉、耳听目视，不待习而能之也。当其驰捉听视之际，应机自至，又不待思而施之也者。苟须思之而后可施之，则疲矣。是以任自然者久，得其常者济。夫浩然而虚者，心之自然也。"这里强调了依凭自然本性的行动能够长久维持，把握了恒常大道才能够获得成功，浩瀚而虚静是心灵的自然状态等道理，是将"无心"要求与人"本"体悟结合的结果。

"无心"如此重要,但是人们往往会对其忽略与舍弃,无能子认为其原因是在对形与质、名与实关系的不能明辨所致。《纪见》篇中讲述了一个樊氏狂者的故事,言此人"言则以羊为马,以山为水。凡名一物,多失其常名。其家及乡人狂之,而不之录焉。无能子亦狂之"。可是樊氏对于"失万物之名"的质疑却有自己的见解,说:"万物之名,亦岂自然著哉?清而上者曰天,黄而下者曰地,烛昼者曰日,烛夜者曰月;以至风云雨露,烟雾霜雪;以至山岳江海,草木鸟兽;以至华夏夷狄,帝王公侯;以至士农工商,皂隶臧获;以至是非善恶,邪正荣辱,皆妄作者强名之也。人久习之,不见其强名之初,故沿之而不敢移焉。"意为指称万物的只是其名相,与其内在的本质并不存在必然的关联。名相原由人来设定,也可根据人的主观意愿而加以改变。这便是此樊氏后来说的"强名自人也,我亦人也,彼人何以强名,我人胡为不可哉?……万状之物,吾得以随意自名"之话的由来。

名实问题是先秦时期已经触及并形成论题的一个命题,老子提出名的相对性问题,指出"道常无名"。庄子进而主张"大道不称",但又认为"名者,实之宾也",肯定实对名的决定,并有从认识论角度对名实问题做出的回答。无能子通过对外在的虚名的否定,来肯定回归本原之自然的重要性。《答鲁问》中曰"总其根者不求其末,专其源者不寻其流,汝能证以无心,还其自然,前无圣人,上无玄天",便可消除在形与质、名与实、有心与无心之间的迷惑,达到"汨乎太虚""咀乎太和""淳正而当天理",与自然之实融为一体的境界。这是他从认识层面对"无心"做出的论证,具有理论上的深度。

关于如何才能达到"无心"的状态,无能子也有多方面的考虑。首先要做到的是"无欲"。《明本》篇中谓:"昧之者,嗜欲是驰,耳目是随,终日妄用,不识不知。"认为嗜欲便是昧本的表现,当然也与"无心"不合,应该有所认识并及时改正。《无能子》卷下《范蠡说》篇讲到文种将越王勾践的灭吴,看做是替天行道,成物除害之举。为此范蠡劝道:"夫天地无心,且不自宰,况宰物乎? ……圣人虽有心,其用也体乎天地,天地虽无心,机动则应,事迫则顺,事过则逆,除害成物,无所憎爱。"由于天地在除害成物过程中,不存有憎、爱的主观感情,所以才能做到除掉伤害而不遭受祸患,成就万物的生成而不获得幸福。现在越王怀着仇恨吴国的心思,给我们俸禄让我们参与谋划,我与你贪图这份俸禄而参与灭吴阴谋,是以消灭对手为功劳,还对俸禄报以贪欲。这种暗地算计别人的行为,只会遭受祸害报应,所以还是尽快退出为好。以后大夫文种落得了被勾践杀害的下场,而乘小船泛游于太湖的范蠡,则得以尽享其天年。这个故事就是以去欲达"无心"的很好事例。

无能子还讲到了以"无情"达到"无心"的途径。《质妄》篇中分析了仁德亲情的问题。说自古至今的人都认自己所亲近的是有血缘关系的亲属,这样情感便有了归属。亲人们聚在一起就很高兴,分离后就相互思念,有人病了其他人便为他担忧,死了为之哭泣难过。这也是人类难以达到"无心"境界的原因之一。

其实天下的人与我的亲属之间,就像人身上的手足腹背、耳目口鼻、头颈眉发,都是相互联系在一起的,有什么必要区分彼我的不同呢?能区分出彼我的只有名字的不同。之所以会疏远于天下人,只是因为不相熟悉;而与亲属亲近,只是因为相互熟悉罢了。

庄子说:被困在陆地的鱼之间,即使相互爱惜涂以口水湿润,也不如能在江湖中自由自在而相互忘记。真是说得很到位呀! 鱼在江河湖海中相互忘却,人顺应着自然天性而相互淡忘,都是各得其所的事情。所以情有所专的事,是明智者不去做的。如果用称呼亲属的名词去称呼天下之人,那么天下之人都是我的亲了;如果用对亲人的熟悉去熟悉天下人,那么天下之人都可成为我的亲人。哪有什么情有所专一说?所以忘掉了孝慈对象的可以孝慈于整个天下之人,而有特定孝慈对象的只能孝慈于一家人。没有消除对一家人的孝慈,便会受到情感的困扰,使孝慈反而成为拖累。如果消退了对家人的孝慈之情又会造成相互间的虚伪欺瞒,那么父子、兄弟之间将有嫌怨产生。这些话也是从自然界大统一的角度,分析出的亲情的不合理性,是具有理论上的说服力的。

在中国漫长的封建社会里,亲情血脉一直是维系人际关系的重要纽带,也是儒家伦理道德规范的重要出发点。无能子将此种观念归之于妄念,并加以质难,体现了他对主流意识形态的反叛,也是对当时社会意识弊病洞察的结果,对于当时人们反思传统道德标准有着积极的意义。这也是道教学说在当时社会意识形态领域做出贡献的体现。

最后,"无情"之后还要做到"忘形"。无能子认为"形"的存在,会使人陷入"厚嗜欲而包争心"(《圣过》)的状态之中,于是"争则夺,夺则乱"(同上),由此造成世间的纷争与混乱。只有做到"无形质,廓乎太空"(《质妄》),才能消除人的自我中心观念,真正做到"无心"。

《宋玉说》中谓:"夫君子寄形以处世,虚心以应物,无邪无正,无是无非,无善无恶,无功无罪。虚乎心,虽桀纣跻跖,非罪也;存乎心,虽尧舜夔契,非功也。则大夫之忠信,靳尚之邪佞,孰分其是非耶?无所分别,则忠信邪佞一也。有所分,则分者自妄也。"所谓是非善恶的观念,完全是人的"自妄"行为,如果能以虚静之心去顺应万物,则全无分别。当心灵处于虚静时,虽然像夏桀、殷纣、庄跻、盗跖这样的坏人也不必获罪;存有执念,则虽然像尧、舜、夔、契那样的创建业绩也没有功劳可言。存有分别之心,则只是有分别之心者自己的糊涂罢了。所以最高的境界在于理解节操,中等的境界在于遵守节操,下等的状态是失却节操。虚静心灵远离有为执念,属于达节的境界;存有为心思而明辨是非,仅达到执守节操的地步。此说可以作为"无心"状态的很好诠释。

《庄子·天地》篇说:"忘乎物,忘乎天,其名为忘己。忘己之人,是之谓入于天。"他把能够忘却物体之形质者称之为"入于天",就是与天(即自然)为一。《大宗师》中将此过程分解成"外天下""外物""外己""朝彻"(心境清明洞彻)"见独"(洞见道的精神境界)"无古今"(突破时间限制)"不死不生"等阶段,无能子讲的"无欲""无情""无形"等"无心"几要素,大致与庄子"外天下""外物""外己"的意思相近,而所提出的"照以无滞之光""委以自然之和""见乎无见之中",则与"朝彻""见独""无古今""不死不生"等有着内在的契合之处。

四　"无为""圣过"的社会历史观

无能子生活的唐末时期,据《无能子序》所言,此书写成于"光启三年,天子在褒,四方犹兵"之时,相当于公元887年前后。这正是黄巢起义时期,这时天子逃亡至褒(今陕西勉县一带),国家处于分裂与混战的状态。此后的数十年时间内,唐王朝经历了朝政灭亡、军阀割据、中原地区政权依次更替、中国其他地区多个割据政权交替的局面。动乱的局面及生活中的艰难痛苦,使得当时的士人不得不直面社会、政治问题,并由此展开对人生问题的思考。《无能子》的文字中也明显地带有这样的时代特征。特别是卷中近十篇,大都是对历史事件的回顾与反思。内中不仅对被认为圣主的周文王、汉光武帝、孔子等人的言行加以了批评,还对隐逸之士的商隐、首阳子、嵇康甚或屈原,都加以了负面的评判,唯有对老子与范蠡的言行做出了认同与嘉许。可见其隐世者的立场十分鲜明。

《老君说》篇曰:"孔子定礼乐,明旧章,删《诗》《书》,修《春秋》,将以正人伦之序,杜乱臣贼子之心,往告于老聃。老聃曰:'夫治大国者若烹小鲜,蹂于刀几则烂矣。自昔圣人创物立事,诱动人情,人情失于自然,而夭其性命者纷然矣。今汝又文而缛之,以繁人情。人情繁则怠,怠则诈,诈则益乱。所谓伐天真而矜己者也,天祸必及。'"意思是孔子欲通过删编《诗经》《尚书》、整理《春秋》等史书的方式,以求达到"正人伦之序"的目的,无能子借老聃之口批判道:过去圣人创造出各类物品并建立相应的规章制度,于是诱发了人的情欲,使人情失却了自然天性,甚至使一些人送掉了性命。现在孔子又去修饰、整理这些东西,将会引出更大的社会混乱。所以孔子的做法只会导致事与愿违。这里用的是去情以达到"无心"、从而重返自然的观念，与他的人道观相呼应。不过，其中引《道德经》"治大国者若烹小鲜"的话作为立论依据，是此前人观念中尚未出现过的东西。

魏晋时的王弼，曾注此句意为："治大国若烹小鲜，不扰也，躁则多害，静则全真。故其国弥大，而其主弥静，然后乃能广得众心矣。"意思是老子主张的是一种主静、不多折腾的治国方略。观老子《道德经》第六十章原文，于"治大国如烹小鲜"句后，紧接着说的是"以道莅天下，其鬼不神。非其鬼不神，其神不伤人。非其神不伤人，圣人亦不伤人。夫两不相伤，故德交归焉"。意思是，当能以"道"莅临天下之时，便不会受到鬼怪、圣人的伤害，也就能回归到以"德"相交的良好状态之中了。这里将"道""德"视为世间最完美的东西，而把圣人与鬼神等同，认其为伤及人类之物，可谓是无能子"圣过"论之依据。

《无能子·明本》篇将认识之本定义为"无为之为心"，把"无心"与"无为"做了有机的结合。其文又曰："巢由之隐，园绮之遁，专其根而独善也。尧授舜，舜授禹，禹授启，汤放桀，武王伐纣，张其机而兼济也。"巢父、许由隐居深山，东园公、绮里季的遁世，都是专守本根即"无为"而独善其身的表现。尧禅让天下于舜，舜禅让天下于禹，禹把天下传授给启，商汤流放夏桀，周武王讨伐殷纣王，都是张此"无为"之"机"而兼济天下的结果。明白这个道理的人，会根据世事的变化，做到该隐居时隐居，该出世行动时则有所作为；顺应外物的变化来做事，心胸旷达而不感情用事。不懂得这个道理的人则被欲念牵着鼻子走，任由感官支配，整天胡作非为，糊里糊涂。若能理解于此，那么道就能在无形之中得到把握了。这种对历史人物评判的延伸，超出了老子"无为"说的论域。

魏晋时郭象注《庄子》，曾说："天下虽宗尧，而尧未尝有天下也。故宵然丧之，而尝游心于绝冥之境；虽寄坐万物之上而未始不逍遥也。"（《逍遥游注》）大致可算是认尧舜等君王为"无为"的诠释。郭象在同篇中还说到"圣人虽在庙堂之上，然其心无异于山林之中"的话，可谓是对以庙堂、山林为形骸，以"天然之心"为本质的观点的很好揭示。当然，郭象是将圣人与神人等同了起来，并对巢父、许由等隐士加以了贬斥，而这些偏向都在无能子这里受到了纠正。这样显示出的，是无能子背离儒家传统，回归于道家立场的一面。

自"无心""无为"的角度出发，无能子对驱使人"有为"的最大动力"富贵""美名"等问题做出分析。他在《质妄》篇中提出，"天下人所共趋之而不知止者，富贵与美名尔"，其中对"富贵"的迷恋大都与贪求"足物"的心理有关。其中最为人所迷恋的，无非是"被衮冕、处官阙、建羽葆警跸"的帝王公侯生活。所以可以说"所谓富贵者，足于物尔"。其实人所贪求的种种物品，原本由人所创造；而其后人类不懂得自重，反倒以拥有这些物为满足，是把主次、虚实之事实颠倒过来的表现。

卷下《答通问》中曰："冥乎虚而专乎常者，王侯不能为之贵，厮养不能为之贱，玉帛子女不能为之富，藜藿襤褛不能为之贫，则忧乐无所容乎其间矣。"那些解悟了冥渺虚静而恒常之大道的人，给他王侯的地位不能使他觉到高贵，身为奴隶不能使他感到下贱，坐拥玉帛、子女不能使他觉到富有，吃糠咽菜、衣服破烂不能使他感觉到贫苦，于是忧乐之类的情感便无法左右他的心志。如果能解悟冥渺虚静而专注于恒常的大道，就不再有对饥寒、富贵等概念的区分了。外物只是富贵借助表现的道具，人的形体与外界物质世界本质上都是容易朽败的，情感的波动不属恒常的状态。以无常的情感去围绕着容易朽败的形体、外物而变化，那么即使醒着也就像在做梦一般。

至于"美名"，世俗要求的无非是"居家孝、事上忠、朋友信、临财廉、充乎才、足乎艺之类"（《质妄》）。这些其实只是所谓的圣人用来拘束愚者的名目，只与人的形质有关。人的形质不过是一副装着血肉的臭皮囊，而与之相匹配的"美名"当然会随着它的聚毁而隐显。这种虚幻不实、与自然正性无关的"美名"，难道还值得人耗费自己的精力去力争？

这样的分析,将立论置于人的本质属性与形体、万物关系基础上,无疑具有较强的说服力。

《无能子》书中有多处运用此观点做出的对具体事例的评判。如《孙登说》中,针对嵇康性情刚烈、才气俊杰、志趣高远却怀才不遇的遭遇,提出其"有藻饰之才,亡冥濛之机","矜己疵物","喧噪于尘世之中,而欲探乎永生"等的认识矛盾,以为这些皆由纠缠于俗务之内,不得超脱所致。如果能懂得道的"虚无之中,绵绵相循,出入无迹,为天地之根"的道理,做到老聃所要求的"良贾深藏若虚,君子盛德容貌若愚",就能不受外在名利的牵累,而获得人生之坦途。此篇以嵇康不听此劝引来杀身之祸的结果,来说明破解"富贵""美名"的诱惑,信奉"无为""虚静"宗旨的重要意义。

何为"无为"? 无能子在其卷下《固本》篇中做了解释。"夫兽之胎,鸟之卵,蚕之茧,俱其所禀也。蚕所禀独乎丝,丝必烹,似乎不幸也,不幸似乎分也。故无为者,无幸无不幸,何分乎?"意思是,兽类的怀胎、鸟类的产卵、蚕的生茧,都是出自天然的禀性。换言之,讲求"无为",并不是让世界变得空寂,无物留存,而只是让世间万物顺应其天赋秉性而发展运行。这样的活动还是有可能受到天然禀赋的约束与牵制,唯有执着于"无为"者,才可以挣脱其牵绊而获得自由。所以所谓的有为,就是违背天性禀赋而妄行,或受利益驱使逆外物天性企图为我所用。如对于吐丝之蚕,"智者知其丝可缕,缕可织,于是烹而缕之,机杼以织之,幅而缯之,缯而衣之"。这些有为之举,貌似能使施行者获利,其实不尽如此。"有为,善不必福,恶不必祸,或制于分焉。故圣人贵乎无为。"刻意而为之,做了善事不一定有福报,做了坏事也不一定遭受祸害。主观的愿望不一定能达到目的,唯有"无为"才合符世间万物运行的原则,所以值得提倡。

《文王》篇中言及吕望对世界的看法:"人与鸟兽昆虫,共浮于天地中,一炁而已。犹乎天下城郭屋舍,皆峙于空虚者也。尽坏城郭屋舍,真空常空；若尽杀人及鸟兽昆虫，其炁常炁。"人类与世间其他生命体依凭天地虚气而存活，但虚空及气并不依托人物获得存在感。这是我们考量"有为"与"无为"的前提条件。故两者的作用分别在于"无为之德，包裹天地；有为之德，开物成事"，若能达到吕望那样的"无为而成德"境界，则是最为理想的状态。至于"有为""无为"之间的关系在于："天地无为也，日月星辰，运于昼夜，雨露霜雪，零于秋冬，江河流而不息，草木生而不止，故无为则能无滞。若滞于有为，则不能无为矣。"诚如天地无为于万物，而能使日月星辰、雨露霜雪、江海河流、草木繁花等生生不息、运行流转一样，有为"有滞"即有偏、有局限，所以只有贯穿于"无滞"的无为，才能获得正常的发挥，这种关于无为与有为相辅相成的观点，至今仍有启示意义。

　　无能子曾在《固本》篇中说到圣人在"有为""无为"问题上的错误选择："五兵者，杀人者也。罗网者，获鸟兽虫鱼者也。圣人造之，然后人能相杀，而又能取鸟兽鱼虫焉。使之知可杀，知可取，然后制杀人之罪，设山泽之禁焉。及其衰世，人不能保父子兄弟，鸟兽鱼虫不暇育麛鹿鲲鲕，法令滋彰而不可禁，五兵罗网教之也。造之者复出，其能自已乎？"兵器是杀人的工具，罗网是用来捕捉鸟兽虫鱼的用具。它们由圣人制造出来，然后人类用兵器来相互厮杀，用罗网获取鸟兽、鱼虫等动物。为了使人们知道哪些人可杀、哪些动物可以获取，圣人又列举出可杀之人的罪行、设定了山林水泽禁猎的范围与条件。然到了世道衰败的时候，人们连自己的父子兄弟都保护不了，鸟兽鱼虫等动物也得不到养育小鹿、小鱼等后代的机会，法令定得很详细却得不到执行，这都是诸如五兵、罗网这样的杀虐工具教坏的结果。制造这些工具者如果活到现在，想来也不能控制得了这样的局面吧！这样就把类似于无能子所处的衰世与圣人制造了五兵、罗网等行为做出了联系。这个观点是其在《圣过》等篇中表达的观点之延续。

　　无能子指出，在气血动物杂处的太古时代，人类保持着"任其自然，遂其天真"的生存状态,懵懂淳朴,生活得有规律而安定长寿。但是人类因为头脑发达而改善了生存条件,耕种粮食,打猎捕鱼,建造房屋,建立家庭,并在此基础上形成了君臣隶属的社会关系。应当说从生存、发展的角度讲,都较之过去有很大的进步,但是也因此带来了贵贱等级与贫富的差别,引出了人的欲望与争夺之心。为此,有人类中"繁其智虑者"圣人便出来实施仁、义、忠、信之伦教,制定礼乐规章。但这在暂时维持住社会秩序的同时,也使荣辱、是非之心激发出来。于是不得不用刑法、军队等方式来防范欲望的膨胀及争夺的剧烈,人类的生活从此陷入混乱、痛苦之中。所以说:"自然而虫之,不自然而人之。强立宫室饮食以诱其欲,强分贵贱尊卑以激其争,强为仁义礼乐以倾其真,强行刑法征伐以残其生;俾逐其末而忘其本,纷其情而伐其命;迷迷相死,古今不复,谓之圣人者之过也!"人类现实社会中出现的舍本逐末、纷情伐命的状况,都是圣人带来的灾祸。这段话显然是针对儒家提倡的仁政境界提出的批判。

与无能子同时代的道教中人谭峭,曾关心世事,并对社会不合理的现象有着诸多的批判。如他曾说道:"王取其丝,吏取其纶;王取其纶,吏取其绰。取之不已,至于欺罔;欺罔不已,至于鞭挞;鞭挞不已,至于盗窃;盗窃不已,至于杀害;杀害不已,至于刑戮。欺罔非民爱,而哀敛者教之;杀害非民愿,而鞭挞者训之。"(《化书·丝纶》)这里对统治者巧取豪夺、残酷压迫农民的社会现象加以了揭露,且语气直接激烈,而这样的文字不曾在《无能子》的篇章中出现过。虽然据《无能子序》所言,无能子有"游宦"之经历,又生活于乡村民间,且没有入道的迹象可循,不过从文章中看,则是一味以历史事件、人物为考察角度,自"无心""无为"立论言世事,较谭峭更有道家之遗风。

《无能子·圣过》篇中有几段话,曾被学术界中人所广泛地关注。其中第一段话已经在本序第二、三节有关天道、人道等观念中援引过。文中把世界发展分为"太古时""降及后世""降及后代"三个历史阶段,在第一阶段"太古时",起先,人类作为裸虫中"繁其智虑者",与鳞虫、毛虫、羽虫、甲虫同生于天地之间，同样承受着炁的滋养而生存。这时人类保持着"任其自然，遂其天真"的状态，懵懂淳朴，生活有规律而安定。但是由于人类凭借发达的头脑，发明了"耒耜之用""斤斧之功""夫妇之别""父子兄弟之序""丧葬之仪""刀俎之味""君臣之分"，因此获得生存、发展的更大空间，也带来了贵贱等级与贫富的差别，引出人的欲望与争夺之心。

到了"降及后世"的第二阶段，人类中"繁其智虑者"圣人便出来实施"仁义忠信之教"，制定"礼乐之章"。这样的做法暂时维持住了社会秩序，却也使荣辱、是非之心激发出来得更剧烈，人类生活因此陷入混乱、痛苦之中。这个阶段主要是将贵贱、贫富、尊卑、荣辱、是非用伦理道德的观念与行为准则概括出来，并通过礼乐规章的方式加以形式化、制度化。当时的观念是"君苦其臣曰苛，臣侵其君曰叛，父不爱子曰不慈，子不尊父曰不孝，兄弟不相顺为不友不悌，夫妇不相一为不贞不和。为之者为非，不为之者为是。是则荣，非则辱，于是乐是耻非之心生焉，而争心抑焉"。既然对是非有了衡量的标准，那么人们的行为也会得到规范，当然在一定程度上压抑了争夺之心。

然而至"降及后代"的世界发展第三阶段，人类因为引诱其产生欲望的社会土壤依旧存在，所以很难彻底克制其嗜欲，为此有人不惜铤而走险，"背仁义忠信、逾礼乐而争焉"。于是被称为圣人者，"不得已乃设刑法与兵以制之"，不得不用刑法、军队等方式来防范欲望的膨胀，制止争夺。"小则刑之，大则兵之。于是缧绁桎梏鞭笞流窜之罪充于国，戈铤弓矢之伐充于天下，覆家亡国之祸，绵绵不绝，生民困贫夭折之苦，漫漫不止"。这种描述与无能子身处的战乱时代也有相近之处。

在描述了人类历史的三阶段之后，作者发出了"自然而虫之，不自然而人之"的感叹，提出顺应了自然本性的动物被称为虫类，违背了自然本质的物类便是"人"类。人类远离自然之后，便陷入了"逐其末而忘其本，纷其情而伐其命"的状态，且"迷迷相死，古今不复"，真是令人担忧啊！

　　这样的认识，被后世认为是一种对历史发展的认识，类似于进化论的性质。不过从其对历史不同阶段的评价来看，则是有赞同"退化"的倾向，因为他认为人类的历史是从无争心变而为有争心的，他要求再回到无争心的阶段，改正圣人之过错。这在某种程度上倒是与老子的绝圣弃智、回到"小国寡民"的社会理想有接近之处。

　　本译注《无能子》的版本，依据王明先生的《无能子校注》，中华书局1981年版。个别字、词的变更，则在注释中加以说明。全书分上、中、下三卷，近万言，现有三十四篇。从书中篇目来看，似乎有阙篇，但也有人考证其阙篇并不存在。

华东师范大学李似珍、金玉博

2019 年 10 月

卷上

圣过第一

【题解】

本章题名"圣过",即是要指出圣人的过错。作者身处的唐代虽然容忍儒、道、释三家思想的合流,没有严格的意识形态控制,但是儒家的核心地位并不曾动摇,而儒家崇尚的圣人,还是具有着权威性。现在无能子提出这样的话题,并置之于首章,显然与社会主流意识格格不入,体现了他对现实社会现象的批判精神。

全文自人所生活的自然界的形成说起,提出整个世界孕育于混沌一气,由一气分为阴阳两端,由阴阳的作用而形成天地,又在此基础上生成了万物。从这一段的内容看,似乎与老子、庄子讲的世界生成过程较为相近,都提出从混沌一气中分出阴阳,相互作用后形成天地万物的过程。不过又有了自己的考察角度与相应观点,如,本文没有提到道作为世界本原的作用,而是直接从讲气开首。联系后文,虽然也讲到在冥冥懵懂之中有"无为"的存在,但始终没有提到它的实体性。这样的对世界存在、生存状态的描述,去除了"道"概念引出的歧义,更与客观实际贴近,具有可信性。

再如,文中讲到人类作为裸虫中"繁其智虑者",与鳞虫、毛虫、羽虫、甲虫同生共处,也有独到之处。查此说之经典出处,可见《周礼·地官·大司徒》中提出的动物五大分类之说,与无能子的说法相近,但其中的"赢物"是指虎豹之类的大毛虫而不包括人类。无能子在论述中把人所属的裸虫与其他动物放在了同一系列，并将此一观点贯穿于他对世界存在形式的论述，是其见识的过人之处。

无能子指出，在气血动物杂处的太古时代，人类保持着"任其自然，遂其天真"的生存状态，懵懂淳朴，生活得有规律而安定长寿。但是人类因为头脑发达而改善了生存条件，耕种粮食，打猎捕鱼，建造房屋，建立家庭，并在此基础上形成了君臣隶属的社会关系。应当说从生存、发展的角度讲，都较之过去有很大的进步，但是也因此带来了贵贱等级与贫富的差别，引出了人的欲望与争夺之心。为此，人类中"繁其智虑者"圣人便出来实施仁义忠信之伦教，制定礼乐规章。但这在暂时维持住社会秩序的同时，也使荣辱、是非之心激发出来。于是不得不用刑法、军队等方式来防范欲望的膨胀及争夺的剧烈，人类的生活从此陷入混乱、痛苦之中。所以说人类现实社会中出现的舍本逐末、纷情伐命的状况，都是圣人带来的灾祸。这段话显然是针对儒家提倡的仁政境界提出的批判。《庄子·马蹄》中曾经说道："夫至德之世，同与禽兽居，族与万物并。恶乎知君子小人哉！同乎无知，其德不离；同乎无欲，是谓素朴。素朴而民性得矣。及至圣人，蹩躠为仁，踶跂为义，而天下始疑矣。澶漫为乐，摘僻为礼，而天下始分矣。"意思为：在上古人类天性保持最完善的时代，人们与禽兽同居，与各种物类并存，保有着朴素本真的天性。等到圣人出现，勉为其难地倡导仁义，致使人们产生出迷惑。在对逸乐的追求与随之而来的礼仪法度规定中，天下人陷入了矛盾分歧。本章的观点可以说就是以庄子的上述思想为出发点，并做出进一步的深化与论证。

不过与庄子仅指"圣人之过"为"毁道德以为仁义"不同，无能子把道德的形成也指认为圣人的过错了。道家鼻祖老子以"鸡犬之声相闻，民至老死不相往来"的原始社会为理想境界，无能子心目中的理想生存状态却是再往前推演的人作为裸虫与鳞虫、毛虫、羽虫、甲虫杂处的太古时代。这显然是把人与自然间的紧密一致,肯定得更为彻底,体现出他向关注于生命本身的道教观念的靠拢。这或许是有人要把无能子归之于道教中人的重要原因吧。

本篇的叙述体现了依托儒家典籍发表批判议论的特点,而这样的叙事风格似乎贯穿了《无能子》全书。

天地未分,混沌一炁①。一炁充溢②,分为二仪③。有清浊焉,有轻重焉④。轻清者上,为阳为天;重浊者下,为阴为地矣。天则刚健而动,地则柔顺而静⑤,炁之自然也。天地既位⑥,阴阳炁交,于是裸虫、鳞虫、毛虫、羽虫、甲虫生焉⑦。人者,裸虫也;与夫鳞毛羽甲虫俱焉,同生天地,交炁而已,无所异也。

【注释】

①混沌(hùn dùn):指世界开辟前元气未分、模糊一团的状态。炁:同"气"。道教多以指元气。

②充溢:充满。

③二仪:指天地。

④轻重:指轻气与重气。

⑤天则刚健而动,地则柔顺而静:天于《易》为乾,地于《易》为坤。《易传》说乾刚坤柔,故有此说。

⑥既位:已经各安其位。

⑦裸虫、鳞虫、毛虫、羽虫、甲虫:古代所分的五类动物,并称为"五虫"。其中裸虫泛指没有羽毛鳞甲的动物,如人类;鳞虫指长有鳞甲的动物,如鱼类;毛虫泛指长毛的兽类;羽虫指生有羽毛的鸟类;甲虫指长有甲壳的虫类动物。

【译文】

天与地尚未分开之时,处于模糊一团的元气之中。待到生长充实,便分离为两种有清浊、轻重之分的表象。元气中分量轻而清澈者,飞升向上作为阳气而形成了天;而分量沉重又浑浊的元气则降落向下作为阴气而造就了地的始基。天坚强有力并处于不断的运动之中,地柔弱和顺而处于沉静状态,这是阴阳二气自然秉性的体现。天地各就其位以后,地上的阴气与天上的阳气交互发生作用,于是各种生命体如裸虫、鳞虫、毛虫、羽虫、甲虫开始出现了。人类,属于裸虫;与其他的鳞虫、毛虫、羽虫、甲虫等动物,共同生存于天地之间,均为阴阳二气交互作用的结果,没有什么区别。

或谓有所异者,岂非乎人自谓异于鳞羽毛甲诸虫者?岂非乎能用智虑耶,言语耶?夫自鸟兽迨乎蠢蠕①,皆好生避死,营其巢穴②,谋其饮啄③,生育乳养其类而护之;与人之好生避死,营其宫室,谋其衣食,生育乳养其男女而私之,无所异也。何可谓之无智虑耶?夫自鸟兽迨乎蠢蠕者,号鸣啁噪皆有其音④,安知其族类之中非语言耶?人以不喻其音⑤,而谓其不能言。又安知乎鸟兽不喻人言,亦谓人不能语言耶?则其号鸣啁噪之音必语言尔。又何可谓之不能语言耶?智虑语言,人与虫一也,所以异者形质尔⑥。夫鳞毛羽甲中,形质亦有不同者,岂特止与人不同耶?人之中,形质亦有同而异者、异而同者,岂特止与四虫之形质异也?

【注释】

①迨:至,到。蠢蠕:指软体小虫,如蚯蚓等。蠕,慢慢移动的样子。
②营:营造。

③饮啄：饮水啄食。引申为吃喝、生活。

④啅（zhào）噪：鸣声嘈杂。

⑤喻：明白，懂得。

⑥形质：形体。

【译文】

有人说人类与其他动物还是有所不同的，难道这不是人类自以为与鳞虫、羽虫、毛虫、甲虫等类有所不同吗？难道不是自认为拥有以智力思考的能力，拥有语言的能力？其实从鸟类、兽类到蠕动爬行的小虫，都懂得爱惜生命、避免死亡，营造自己的巢穴，获取自身的食物，养育后代并加以保护；这与人类的养生避免死亡，营建宫廷房屋，寻求温饱，养育子女并守护之是一样的。怎么能说那些异类动物就没有智虑思谋的能力呢？同样，飞禽走兽乃至软体小虫，都能发出呼号鸣叫的声音，怎么就知道在它们同类中这些不是交流的语言呢？人类因听不懂其他种类动物的声音，而以为其不能言语。又怎么知道鸟兽因听不懂人类的语言，也说人类没有语言呢？因此可知，鸟兽之类的呼号鸣叫必然是语言。又怎么能说它们不能言语呢？可见在智虑和语言方面，人类与其他动物是一样具有的，所不同的只是在于形象与体质而已。其实在鳞虫、毛虫、羽虫、甲虫之中，在形象与体质方面也是有所不同的，并不只有人类与其他动物之间的不同。其实在人类之中，形象与体质方面也有同有异，并不是唯有与其他四虫之间的形质有所不同。

嗟乎！天与地，阴阳气中之巨物尔。裸鳞羽毛甲五灵①，因巨物合和之炁，又物于巨物之内②，亦犹江海之含鱼鳖③，山陵之包草木尔④。

【注释】

①五灵：五类动物。

②又物于巨物之内：前一"物"字为动词，指作为物质而生存。

③含：指居住着、生存有。

④包：包含，指生长着。

【译文】

哎呀！天与地，是阴阳之气中的巨大物体。裸、鳞、羽、毛、甲五大类灵虫，借助于巨物合和之气生成，又被纳入于巨物之内而存在，这就如同于江海中生存有鱼鳖，山陵中生长着草木是一样的。

所以太古时，裸虫与鳞毛羽甲杂处，雌雄牝牡①，自然相合，无男女夫妇之别，父子兄弟之序。夏巢冬穴，无宫室之制；茹毛饮血②，无百谷之食。生自驰，死自仆③，无夺害之心，无瘗藏之事④。任其自然，遂其天真，无所司牧⑤，濛濛淳淳⑥，其理也居且久矣。无何，裸虫中繁其智虑者，其名曰人。以法限鳞毛羽甲诸虫，又相教播种以食百谷，于是有耒耜之用⑦。构木合土以建宫室，于是有斤斧之功。设婚嫁以析雌雄牝牡，于是有夫妇之别，父子兄弟之序。为棺椁衣衾以瘗藏其死，于是有丧葬之仪。结罝罘网罗以取鳞毛羽甲诸虫⑧，于是有刀俎之味⑨。濛淳以之散，情意以之作。然犹自强自弱，无所制焉。繁其智虑者，又于其中择一以统众，名一为君，名众为臣。一可役众，众不得凌一。于是有君臣之分，尊卑之节，尊者隆，众者同。

【注释】

①牝牡(pìn mǔ)：兽类的雌性与雄性。

②茹毛饮血：指原始人不会用火、连毛带血地生吃禽兽的生活习性。

③仆：倒地。

④瘗（yì）藏：埋葬。

⑤司牧：管理，治理。

⑥濛濛淳淳：形容混沌淳朴的样子。

⑦耒耜（lěi sì）：古代的一种翻土农具，形如木叉，上有曲柄，下面是犁头，用以松土，可看做犁的前身。

⑧罝罦（jū fú）网罗：罝和罦都是捕兔网，引申泛指捕捉水陆各类动物的工具。

⑨刀俎（zǔ）之味：泛指各种烹调的美味。俎，切肉的砧板。

【译文】

所以在远古时期，裸虫与鳞虫、毛虫、羽虫、甲虫等族类生活在一起，男女雌雄都自然交合，而没有人类的男女性别、夫妇名分的区别，以及父子、兄弟等的长幼辈分秩序。夏天住筑在树上的草巢，冬天钻入土洞穴里，没有房屋住宅的制作。他们连毛带血地生吃禽兽，没有稻谷之类的食物。活着就自由自在地奔走，死了倒在地上结束，没有争夺财产害人的心思，也没有丧葬仪式的设置。他们任凭自然天性的遣使，顺其天然真情地应世，不受别人的管束，懵懂淳朴，生活得有规律而安定长寿。不久，裸虫类中出现一种智虑发达的动物，名字叫"人"。他们设法控制了鳞虫、毛虫、羽虫、甲虫等类的行动，又通过相互传授学会了种植百谷以作为粮食，还因此造出了耒耜之类的农具。人类通过搭构木材、和合泥土而建造出房屋，为此而制造出斤斧之类的工匠器具。人类设计了婚嫁礼仪以区别男女，为此而有了夫妇家庭角色的分工、父子兄弟的长幼辈分的秩序规定。人类制造了棺椁衣被以埋葬死者，为此而有了丧葬的仪式。人类制造出各种网罗以捕获鳞虫、毛虫、羽虫、甲虫诸类动物，宰杀后烹调出美味食物。原先的懵懂淳朴因此而散尽，各种情感意志因此而产生。不过那时的人群中仍然延续着强者自强、弱者自弱的传统，不受别人的管束。然后那些富有智虑的人，又在人群中推选出

一人来统领大众,这"一"人者被名之为"君",而大众被称之为"臣"。这
"一"人可以役使民众,而民众则不得有凌驾于"一"的举动。于是便出现
了君臣的区分、尊卑的礼节,受尊崇的人地位高贵,众人则同处于卑下的
地位。

　　降及后世,又设爵禄以升降其众,于是有贵贱之等用其
物,贫富之差得其欲,乃谓繁智虑者为圣人。既而贱慕贵,
贫慕富,而人之争心生焉。谓之圣人者忧之,相与谋曰:彼
始濛濛淳淳,孰谓之人? 吾强名之曰人,人虫乃分。彼始无
卑无尊,孰谓之君臣? 吾强建之,乃君乃臣。彼始无取无
欲,何谓爵禄? 吾强品之①,乃荣乃辱。今则醨真淳、厚嗜欲
而包争心矣②。争则夺,夺则乱,将如之何? 智虑愈繁者曰:
吾有术焉。于是立仁义忠信之教、礼乐之章以拘之。君苦
其臣曰苛,臣侵其君曰叛,父不爱子曰不慈,子不尊父曰不
孝,兄弟不相顺为不友不悌③,夫妇不相一为不贞不和④。为
之者为非,不为之者为是。是则荣,非则辱,于是乐是耻非
之心生焉,而争心抑焉。

【注释】

① 品:等级。

② 醨:味道淡薄的酒。代指冲淡、削弱。包:胸藏,怀有。

③ 友:指兄弟之间的友好关系。悌:指弟弟顺从兄长。

④ 贞:指妇女坚守妇道。

【译文】

　　延续到后世,人类又设置了爵位、俸禄等制度来调整臣民的地位,
并根据贵贱等级的不同规定享用财物的多寡,通过贫富的差别来满足

某些人的欲望,把其中富于智虑者称为"圣人"。后来一些地位低贱的美慕尊贵者,贫寒的人美慕富人,人类的争夺之心因此产生出来。被称为"圣人"的人为此产生了忧虑,在一起商量说:人们过去懵懂淳朴,没有自称为人的想法,被我们强加了人的名称,才有了与其他动物的区别。人类原先没有尊卑的观念,也不懂得有君臣的分别,是我们强迫设置,才有了君臣的区分。他们原先没有追求与欲望,不知道什么是爵位俸禄,被我们强制规定了等级,于是有了荣辱的概念。现在人们失去了纯真的天性、贪欲滋生而引发争夺之心。争夺心起则引出争夺行为,因此出现了社会的混乱,那该怎么办呢? 其中有更为聪明者说:我有办法的。于是就建立了仁义忠信的理念、礼乐等规章制度对人们的行为加以规范。把残害臣民的执政方式称为"苛政",把臣民侵害其君称为"反叛",把父辈不爱护子女的称为"不慈",子女不尊重父辈的称为"不孝",兄弟之间不友爱的称为"不友不悌",夫妇之间不齐心的称为"不贞不和"。做了这些事的被认为是错误的,不做这些事的被认为是对的。凡做对了的给予荣誉,做错了的则加以羞辱,于是产生了因做对而高兴、做错而羞耻的是非观念,从而争夺之心受到了抑制。

降及后代,嗜欲愈炽①,于是背仁义忠信、逾礼乐而争焉②。谓之圣人者悔之,不得已乃设刑法与兵以制之③,小则刑之,大则兵之。于是缧绁桎梏鞭笞流窜之罪充于国④,戈铤弓矢之伐充于天下⑤,覆家亡国之祸,绵绵不绝,生民困贫夭折之苦,漫漫不止。

【注释】

①炽:强烈。

②逾:超越,违背。

③兵：兵器，代指军队。

④缧绁（léi xiè）：捆绑犯人的黑绳索，借指监狱、囚禁。桎梏：泛指刑具，在足曰桎，在手曰梏。类似现代的手铐、脚镣。笞：用鞭子、竹板抽打。流窜之罪：指流放。

⑤戈铤弓矢：四种兵器名，代指军队。戈，古代的一种曲头兵器，横刃，用青铜或铁制成，装有长柄。铤，小矛。弓矢，弓箭。

【译文】

再延续到人类的后代，人们的嗜好与欲念更为强烈，于是不惜违背仁义忠信守则、践逾礼乐的规定去相互争夺。那些被称为"圣人"者为先前制定仁义忠信、礼乐规范的做法而后悔，不得已之下便设立了刑法、军队去制止争斗的行为。小范围的犯罪以刑罚处置，大范围发生的犯罪行为则用军队去镇压。于是受监禁、戴刑具、挨鞭笞、遭流放等罪罚的人充斥全国，动用武力的战争遍及天下，丧家亡国的祸乱不断地出现，民众遭受的困贫夭折等痛苦没有休止。

嗟乎！自然而虫之，不自然而人之。强立宫室饮食以诱其欲，强分贵贱尊卑以激其争，强为仁义礼乐以倾其真①，强行刑法征伐以残其生；俾逐其末而忘其本②，纷其情而伐其命；迷迷相死，古今不复，谓之圣人者之过也。

【注释】

①倾：歪斜。

②俾：使。

【译文】

啊呀！顺应了自然本性的动物被称为虫类，违背了自然本质的物类便是"人"类。人类在被强制修建宫室、进化饮食方式过程中诱发出贪欲,自强制分别的贵贱、尊卑中激化争夺之心,自强制遵行仁义规范、礼乐仪式过程中背离了天真淳朴,自强行刑法、征伐过程中伤害了生命。这样使得人类只知道追逐细枝末节而忘记了根本,淆乱了真性情而伤残及生命;使得人类在迷迷糊糊中走向死亡,不能回复到古时的状态,这就是被称之为"圣人"的过错呀!

明本第二

【题解】

本章要求明确以"无为为心"的根本宗旨。"无为"的思想在老庄身上得到较为充分的阐述。老子《道德经》第三十七章有"道常无为而无不为"句,把"无为"与"道"做出直接的联系,认为清静无为属于"道"的根本属性。本章中提出"无为之心"是人体形骸的核心本质,它就像火之炎属性、水之湿属性一样的重要,又呈现出无所不包、无所不察又无形恍惚的特征,这与老子形容的"道"的属性也十分相近。

不过作者的关注点似乎并不在对其本质的探究,而是转向了对历史人物的评价上面。他认为从"无为之心"的角度看,隐士巢父、许由与君王尧、舜、禹、汤、周武王都是符合其标准的典范,因为他们都做到了"应物立事,旷乎无情"。这样的说法似乎超出了老子的论域。

不过,老子讲"无为"是要强调其合符"自然"的一面,所以庄子解释"无为"常常与"人为"相对立。魏晋时郭象注《庄子》,曾说:"天下虽宗尧,而尧未尝有天下也,故窅然丧之。而尝游心于绝冥之境,虽寄坐万物之上,而未始不逍遥也。"(《逍遥游注》)大致可算是认尧、舜等君王为"无为"的诠释。郭象在同篇中还说到"圣人虽在庙堂之上,然其心无异于山林之中"的话,可谓是对以庙堂、山林为形骸、以"天然之心"为本质的观点的很好揭示。

当然,郭象是将圣人与神人等同了起来,并对巢父、许由等隐士加以了贬斥,而这些偏向都在无能子这里受到了纠正。这样显示出的,是无能子背离儒家传统、回归于道家立场的一面。

夫所谓本者,无为之为心也,形骸依之以立也,其为常而不殆也。如火之可用以焚,不可夺其炎也;如水之可用以润,不可夺其湿也。取之不有,藏之不无。动之则察秋毫之形①,审蚊蚋之音②;静之则不见丘山,不闻雷霆。大之可以包天壤,细之可以入眉睫。惚惚恍恍,不来不往;希希夷夷③,不盈不亏。巢由之隐④,园绮之遁⑤,专其根而独善也。尧授舜,舜授禹,禹授启⑥,汤放桀⑦,武王伐纣⑧,张其机而兼济也⑨。明之者,可藏则藏,可行则行,应物立事,旷乎无情;昧之者,嗜欲是驰,耳目是随,终日妄用,不识不知。孰能照以无滞之光⑩,委以自然之和,则无名之元,见乎无见之中矣。

【注释】

①秋毫:秋天刚生长出来的兽毛。

②蚊蚋(ruì):通常指蚊子。食人血的蚊子叫蚋,食植物汁液的蚊子叫蚊。

③希希夷夷:看不见听不到的样子。夷,听不到的样子。

④巢由:指巢父与许由。均为尧时的隐士。巢父,山居不营世利,因在树上筑巢自居而得名。传说不肯接受帝尧所让天下,隐居聊城(今属山东),以放牧了此一生。许由,一作许繇,字武仲,一字道开。帝尧在位时,曾率许姓部落在今河北省行唐县许由村一带活动。尧听说贤名欲让之天下,因不肯受而逃于箕山下,农

耕而食；尧帝又欲任为九州长官，他到颍水边洗耳，表示不愿听到这些世俗浊言。后世把许由和巢父并称，指代隐居不仕者。

⑤园绮：园，即东园公，姓唐（一说姓庾、园），名秉，字宣明。绮，即绮里季，号简称，姓吴名实。他们与夏黄公崔广、甪（lù）里先生周术并因年高发白隐退，被称为"商山四皓"。四人都曾为秦始皇时博士官，汉初时拒绝为官，隐居于商山（今陕西商洛境内），曾向汉高祖刘邦讽谏不可废去太子刘盈（即后来的汉惠帝）。后人以此泛指有名望的隐士。

⑥启：姓姒，大禹的儿子。启在禹去世后继承王位，建立了夏朝，改禅让制而成世袭制。

⑦汤放桀：汤，即成汤，子姓，名履，又名天乙。因夏朝国君桀残暴荒淫，起兵灭夏，将桀流放于南巢，从而建立了商朝。

⑧武王伐纣：武王，指周武王姬发，因商纣王残暴败国，率军队在牧野打败纣王，建立了周朝。

⑨兼济：指兼济天下。

⑩滞：窒碍，固执。

【译文】

被称为"本"的，是以"无为"为宗旨的，包括我们人的形体在内的世间物质体，都是依赖于此而成立的，它永恒地存在而不会改变。就像火可以用来焚烧东西，没有外物能夺去其炎热的本性；水可以用来滋润万物，外力无法夺去其湿润的本质一样。这样的本质当你伸手欲取的时候并不存在，当你以为它隐藏起来的时候又无处不在。当它发生作用之时能够明察秋天兽毛这样细小的形状，分辨出蚊子般轻微的声音；当它沉静下来之时则连丘山在前也看不见，雷霆在耳也听不到了。它大起来可以包孕天地，细微处可以深入眉毛、眼睫之中。它处于惚惚恍恍之中，无法感受其来往动静；它幽微希夷，无法知晓其盈亏的形状。巢父、许由隐居深山，东园公、绮里季等人的遁世，都是专守"无为"根本、独善其身的表现。尧禅让天下于舜,舜禅让天下于禹,禹把天下传授给启,商汤流放夏桀,周武王讨伐殷纣王,都是以"无为"为宗旨而兼济天下的结果。明白这个道理的人,会根据世事的变化,做到该隐居时隐居,该出世行动时则有所作为,顺应外物的变化来做事,心胸旷达而不感情用事;不懂得这个道理的人,则被欲念牵着鼻子走,任由感官支配,整天胡作非为,糊里糊涂。若有谁能以明澈的思维,理解了自然之和谐,那么这无法言状的根本原则,就能在无形之中得到把握了。

析惑第三

【题解】

本篇涉及的是有关人的精神与形体之间关系的问题。作者认为在性与命、神与气两者关系之中，性、神无疑是第一性的东西，它存在于虚无，而化生形体于自然之中。性、神即精神是永生不灭的，而形体则在生成之时便走向死亡。这是对"神不灭论"的延续，当然具有不合理因素。然而作者不是一概将形体置之视野之外，而是提出"形骸者，性命之器也"的观点，就像火不借木柴不能发出火光一样，精神也无法独立而自我显现作用。于是他得出了犹如"埳篪之相感"一般，精神与形体两者之间存在着"形骸非性命不立，性命假形骸以显"的相辅相成关系。这样的说法有着对精神形体关系辩证认识的一面。

作者在此前提下，想要批驳的是世人对生命的过分看重，以及由此引出的贪婪欲念，这是对包括道教众人在内的执念于养生、追求长生不老神话的否定，具有着恬淡安宁的人生态度，与老子的思想有接近之处。从这层意义上，可以说确实有着解惑的效果。

另外，本章对形、神两者关系分析用的是性命、神气这样两组概念，神气概念在道家学说中较为常见，而性命之说则相对少许多。较早涉及"性命"概念的当推战国时期的孟子，《孟子·尽心下》中把"口之于味也，目之于色也，耳之于声也，鼻之于臭也，四肢之于安佚也"归之于

"命",而将"圣人之于天道"这类的东西归之于性。也就是将通过形体器官获得的认识称为"命",而将理性认识的来源归向了"性"。这样的认识其实在后世并没有得到充分的展开,而无能子却以此作为论述的出发点,显然是与他对孟子这一思想的理解与体悟有关。这体现了他对传统儒家思想观点的熟悉与积极吸纳,具有认识上的合理性。

夫性者神也,命者气也,相须于虚无,相生于自然,犹乎埙篪之相感也①,阴阳之相和也。形骸者,性命之器也。犹乎火之在薪,薪非火不焚,火非薪不光。形骸非性命不立,性命假形骸以显,则性命自然冲而生者也②,形骸自然滞而死者也③。自然生者,虽寂而常生;自然死者,虽摇而常死④。

【注释】

①埙篪(xūn chí)之相感:埙、篪皆古代乐器,二者合奏时声音相应和。亦有"埙篪相和"的说法。

②冲:空虚,无形无相。

③滞:充实,沉重。

④摇:活动,行动。

【译文】

被称为"性"的是指人的精神,而"命"的概念则与"气"有关,这两者相互作用于虚无之中,又自然而然地产生出来,这就像埙、篪两种乐器的相互应和,像阴阳二气的相互作用一样。人的形体,是性、命存在的容器。这就像火与木柴的关系,木柴要有火来燃烧,而火没有木柴也不能发出火光。人的形体要靠性、命的支撑而活着,而性、命也要依仗形体来显现作用。性、命是自然而然地活动而富有生命力的,形体则自然而然地处于沉重而暗淡无光的状态。自然而然地生存者,虽然无声无息却永恒存在；自然而然要走向死亡的形体，虽然也会奔走活动却常有死亡的威胁。

今人莫不好生恶死，而不知自然生死之理，睹乎不摇而偃者则忧之①。役其自然生者②，务存其自然死者③，存之愈切，生之愈疏。是故沉羽而浮石者也④，何惑之甚欤！

【注释】

①偃：倒在地上。

②役：役使。

③务：竭力。

④沉羽而浮石：把羽毛沉下水，让石头浮出水面。比喻不可能的事情。

【译文】

现在的人都贪图生存而厌恶死亡，不懂得生死都是自然而然的道理，见到失去生命的死者便伤心难过。他们想要通过役使自然永生的精神，努力保留自然走向死亡的形体，其实这种保留之心越为迫切，就离生存之道越远。这就像想把羽毛沉入水底而让石头浮上水面一样的荒谬，真是太过糊涂了呀！

无忧第四

【题解】

本章与前两章在内容上有所衔接，在明确了形骸的不可靠、精神的不死之后，当然会对生死问题有了豁达的看法。所以作者针对世人在生死问题上的迷惑做出劝解，提出所谓的死，不过是看到了形体的不能活动并倒卧在地的状态，其实形体的生死取决于精神的贯通，若人的器官无法发挥出认识功能，呈现"虚而灵"的状态，就是死亡了。所以死亡衡量标准在于精神与形体的结合，而不在于形体本身活动能力的丧失。这里有过分夸大精神作用的一面，但是作者的出发点在于想打消人们对死亡的恐惧，从而获得一种"至和"即极其和乐而安宁的人生态度，还是有可取之处的。

夫人大恶者死也，形骸不摇而偃者也。夫形骸血肉耳目不能虚而灵[1]，则非生之具也[2]。故不待不摇而偃则曰死，方摇而趋本死矣[3]。所以摇而趋者，凭于本不死者耳，非能自摇而趋者。形骸本死，则非今死，非今死，无死矣。死者，人之大恶也。无死可恶，则形骸之外，何足泊吾之至和哉[4]？

【注释】

①虚而灵：指具有精神的作用。虚，空，无形。灵，聪明，具有思维活动的能力。

②生之具：有生命的物体。

③趋：奔走。

④汩：乱，扰乱。

【译文】

人类最为厌恶的事情是死亡，它是指形体不能活动而倒伏在地者。其实人的躯体、血肉、耳目离开了"虚而灵"的精神属性，就失去了生命存在的条件。所以它不是等到了不能活动倒伏在地时死亡的，在尚能活动奔走的同时就已经在走向死亡了。所以人能够活动奔走，凭借的是永生的精神，而不是能活动奔走的躯体。人的形体原本就没有生命力，而不是在停止活动时才算死亡，既然如此就无所谓死亡呀。死亡，是人类最为厌恶的事情。明白了没有死亡可厌恶，那么在形体之外，又有什么能扰乱我和谐安宁的心理状态呢？

质妄第五

【题解】

在分析了人生至为重大的生死问题之后,本章接着又分析了"富贵""美名"及牵扯人们情感最多的"亲情"问题。一般人们会从它们对社会的危害谈起,说明去除其影响的重要性,而无能子则以前几章中分析的万物皆空虚不实为依据,来进行相关问题的论述。

他提出对于"富贵"的迷恋,无非与贪求"足物"的心理有关。其实人所贪求的种种物品,原本由人所创造;而其后人类反又追求这些物,以拥有这些物为满足,真是把主次、虚实的事实颠倒了过来。

至于"美名",也不过是圣人用来拘束人之愚者的名目,只与人的形质有关。人的形质不过是一副装着血肉的臭皮囊,而与之相匹配的"美名"当然会随着它的聚毁而显隐。这种虚幻不实、与自然正性无关的"美名",当然无须耗费人的精力去力争。这样的分析,将立论置于人的本质属性与形体、万物关系基础上,无疑具有较强的说服力。

本章中论及亲情,也有其独到的方面。作者指出,从人类同为自然之物的角度看,无所谓有血缘关系一说;就像人的形体虽有耳目口鼻、四肢腹背等形表区别,但因只有组合起来才能发挥作用,所以这种名称上的区别或结合都只是暂时的、具有不确定性的。同样道理,所谓的亲情只是对某种程序上的排列组合的强名,而不具有必然性,所以也没有信守的必要性。这也是从自然界大统一的角度,分析出的亲情不合理,与前文中的论述一样,是具有理论上的说服力的。

作者最后以《庄子·大宗师》中"相煦以沫,不如相忘于江湖"的话作为总结,要求人们做到"相忘于自然",进入"各适"即各得其所的状态。这是一种追求心灵自由的表现,确实与庄子的精神境界相一致,值得赞赏!

天下人所共趋之而不知止者,富贵与美名尔。所谓富贵者,足于物尔。夫富贵之亢极者,大则帝王,小则公侯而已。岂不以被衮冕、处宫阙、建羽葆警跸^①,故谓之帝王耶?岂不以戴簪缨、喧车马、仗旌旃铁钺^②,故谓之公侯耶?不饰之以衮冕宫阙羽葆警跸、簪缨车马铁钺,又何有乎帝王公侯哉!夫衮冕羽葆、簪缨铁钺、旌旃车马,皆物也。物足则富贵,富贵则帝王公侯。故曰富贵者足物尔。

【注释】

①被:穿戴。衮(gǔn):古代帝王、三公所穿的礼服。冕:贵族官员所戴的礼帽。此特指帝王的礼帽。宫阙:宫殿。阙,皇宫正殿前面两边的楼台。羽葆:仪仗名。用鸟羽装饰成伞盖的样子。警跸(bì):古代帝王出入时,于所经路途侍卫警戒,清道止行。

②簪缨:古代官吏的帽饰。仗:仪仗。旌旃(zhān):泛指旗帜。旌,用羽毛或牦牛尾装饰的旗子。旃,赤色曲柄的旗。铁钺(fū yuè):斫刀和大斧。腰斩、砍头的刑具。

【译文】

普天下的人所共同追求而无休止的,是富贵与美名罢了。所谓的富贵,不过是物质上的富足罢了。富贵中的顶极者,大的算是帝王,小的便是公侯罢了。难道不是因为穿戴有衮衣冠冕、住在宫殿、出行有华盖仪仗簇拥、沿途有侍卫警戒开道,被称之为帝王吗? 难道不是因为头戴簪缨官帽、出门坐着车马、带着旌旗铁钺等仪仗队伍,才被称之为公侯吗? 如果没有衮冕、宫阙、华盖、侍卫、簪缨官帽、车马、仪仗队,好像就显不出帝王公侯的地位了! 衮冕、华盖、官服、仪仗、旌旗、车马,都是物质的东西。财物足够就是富贵,富贵了就是帝王公侯。所以可以说富贵者不过就是财物的富足罢了。

夫物者,人之所能为者也。自为之反为不为者感之①,乃以足物者为富贵,无物者为贫贱。于是乐富贵,耻贫贱;不得其乐者,无所不至。自古及今,醒而不悟。壮哉物之力也!

【注释】

①感:受,身有所受。指享受。

【译文】

其实财物是百姓所创造的。自己创造了财富,反倒为不生产财富者所享受,以致把不劳而获得财物者视为富贵,把被剥夺了财富者视为贫贱。由此而形成因富贵而快乐、因贫贱而羞耻,没有得到此种快乐者则什么事都敢做的社会风气。从古到今,人们貌似清醒却不明白这个道理。可见物质的力量实在是强大呀!

夫所谓美名者,岂不以居家孝、事上忠、朋友信、临财廉、充乎才、足乎艺之类耶? 此皆所谓圣人者尚之,以拘愚人也。夫何以被之美名者,人之形质尔。无形质,廓乎太空,故非毁誉所能加也。形质者,囊乎血舆乎滓者也①,朝合而暮坏，何有于美名哉？今人莫不失自然正性而趋之，以至于诈伪激者②，何也？所谓圣人者误之也。

【注释】

①囊乎血舆乎滓：指装满了血和各种渣子的皮囊。囊，口袋。舆，车子。

②激：动，指动用，使用。

【译文】

被称之为美名者，无非是在家里孝顺父母、在朝廷忠于君王、与朋友交往讲诚信、不贪财物、富有才能技艺之类的行为吧？这些都是所谓圣人倡导出来、用来约束愚人的标准。其实承载美名的是什么呢，只是人的形质而已。人忘掉了形体，游心于辽阔的太空，那外界的诋毁或荣誉都起不了作用。至于形质，不过是装满着血和渣滓的皮囊罢了，早上聚合晚间或已毁坏，与美名有什么关系？为什么现在的人会失却自然天性而去追求美名，甚至不惜使用诈伪的手段呢？都是受到所谓圣人误导的结果呀。

古今之人，谓其所亲者血属①，于是情有所专焉。聚则相欢，离则相思，病则相忧，死则相哭。夫天下之人，与我所亲：手足腹背，耳目口鼻，头颈眉发，一也。何以分别乎彼我哉？所以彼我者，必名字尔②。所以疏于天下之人者，不相熟尔；所以亲于所亲者，相熟尔。

【注释】

①血属：有血缘关系的亲属。

②名字：名称。如父母、兄弟、朋友等等。

【译文】

自古至今的人，都认为自己所亲近的是有血缘关系的亲属，这样情感便有了归属。亲人们聚在一起就很高兴，分离后就相互思念，有人病了其他人便为他担忧，死了为之哭泣难过。其实天下的人与我的亲属之间，就像人身上的手足腹背、耳目口鼻、头颈眉发一样，都是相互联系在一起的，有什么必要区分彼我的不同呢？能区分出彼我的，只有名字的不同。之所以会疏远于天下人，只是因为不相熟悉；而与亲属亲近，只是因为相互熟悉罢了。

嗟乎！手足腹背，耳目口鼻，头颈眉发，俾乎人人离析之[1]，各求其谓之身体者，且无所得，谁谓所亲耶？谁谓天下之人耶？取于名字强为者也。若以名所亲之名，名天下之人，则天下之人皆所亲矣；若以熟所亲之熟，熟天下之人，则天下之人皆所亲矣，胡谓情所专耶？夫无所孝慈者，孝慈天下；有所孝慈者，孝慈一家。一家之孝慈未弊，则以情相苦，而孝慈反为累矣。弊则伪，伪则父子兄弟将有嫌怨者矣。

【注释】

①俾：使。

【译文】

哎呀！手足腹背、耳目口鼻、头颈眉发，如果人们将其相割离后，再去求所谓的身体的，一定无从获得，谁能分辨得出哪些是亲近者？哪些算是天下之路人呢？可见不过是取个名字强加区别而已。如果用称呼亲属的名词去称呼天下之人，那么天下之人都是我的亲人了；如果用对亲人的熟悉去熟悉天下人，那么天下之人都可成为我的亲人，哪有什么情有所专一说？所以忘掉了孝慈对象的，可以孝慈于整个天下之人；而有特定孝慈对象的,只能孝慈于一家人。没有消除对一家人的孝慈,便会受到情感的困扰,使孝慈反而成为拖累。如果消退了对家人的孝慈之情又会造成相互间的虚伪欺瞒,那么父子、兄弟之间将有嫌怨产生。

庄子曰:鱼相处于陆,相呴以沫,不如相忘于江湖①。至哉是言也! 夫鱼相忘于江湖,人相忘于自然,各适矣。故情有所专者,明者不为。

【注释】

①"相呴"二句:语出《庄子·大宗师》。相呴以沫,用口水相互涂抹。呴,吐气。沫,口水。

【译文】

庄子说:被困在陆地的鱼之间,即使相互爱惜涂以口水湿润,也不如能在江湖中自由自在而相互忘记来得快乐。真是说得很到位呀! 鱼在江河湖海中相互忘却,人顺应着自然天性而相互淡忘,都是各得其所的事情。所以情有所专的事,是明智者不去做的。

第六(阙)

真修第七

【题解】

本章在前几章批评各种人性问题上的错误观点之后，正面提出了如何进行精神修养的问题。作为上卷的最后一章，体现了与前几章首尾呼应、具有内在联系性的特点。

与上几章通篇说理的风格不同，本章对"真修"即真实本性修养的阐述，通过实物举例来进行。这四类实物分别为：镜子、水、水火风云及鸟鱼。其中水的举例，基于老子思想的阐述，要说明的是回复到自然本性，要做的就是如水般地"含神体虚、专气致柔"，道家的立场非常鲜明。

关于水火风云的比喻，显然出自《易·乾》卦，其文曰："同声相应，同气相求。水流湿，火就燥。云从龙，风从虎。圣人作而万物睹……各从其类也。"原文即谓诚如水往低湿处流，火往干燥处烧，云跟随龙，风跟随虎一样，万物遵循着各依其类别相互聚合的自然法则。不过与《周易》认为万物之感应是圣人的作为不同，无能子将感应的原因归之于精神招来的元气，它当通过人自身对道的体悟而获得，体现从自儒家典籍出发，又回归于道家立场的倾向性。

关于镜子之无心应物，鸟、鱼的应机自至等比喻，或更多地出自无能子自身的体悟。这些举例，使其得出的"偕天壤以无疆，沦颢炁而不疲"、使心灵"至和而灵通"的修养要求，显得自然而合理，衬托出作者在论证问题时的实力。

一

夫衡镜①，物也，成于人者也。人自成之，而反求轻重于衡、妍丑于镜者②，何也？衡无心而平，镜无心而明也。

【注释】

①衡：秤杆，泛指秤。

②妍（yán）：美丽。

【译文】

秤和镜子这些物品，是人类制造出来的。人自己造出来后，反倒从秤上求取物体的轻重，从镜子那里反观自身的美丑，为什么呢？因为秤公平而不存在主观偏见，镜子明亮也没有主观的成见。

夫无心之物，且平且明，则夫民之有心者，研之以无①，澄之以虚，涵澈希夷②，不知所如。吾见其偕天壤以无疆，沦颢炁而不疲③，而天下莫能与之争矣。

【注释】

①研：磨，碾。引申为修养。

②涵：沉浸，涵泳。澈：穿透。希夷：虚寂玄妙的境界。无声谓"希"，无形谓"夷"。

③沦：进入，渗入。颢：洁白的样子。炁：气。

【译文】

不带主观意愿的物品能具有公平明亮的属性，那么带有主观性的民众，若能体悟"无为"的宗旨，就能以虚静境界澄净心灵，涵泳于希夷自然之中,没有念虑。我能想见他能达到的与天地共存于无限,沉溺于元气而不衰的状态,整个天下没有能与之抗衡的。

二

夫水之性,壅之则澄①,决之则流,升之云则雨,沉之土则润;为江海而不务其大②,在坎穴而不耻其小,分百川而不疲,利万物而不辞,至柔者也。故老聃曰:柔弱胜刚强③。则含神体虚,专气致柔者④,得乎自然之元者也⑤。

【注释】

①壅:堵塞。

②务:追求。

③柔弱胜刚强:语出《道德经》第三十六章。

④"含神"二句:语出《道德经》第十章。专,通"抟",结聚。

⑤元:首要,重要。

【译文】

水的本性,在于被堵塞了就会静止下来变得澄清,被疏通了就会流动,蒸发后上升于天变成云朵、雨水,沉下去渗透到土壤则会润泽大地;汇聚成江海并不是追求浩大的结果,委身于沟坎洞穴也不因为渺小而有羞耻的感觉,分流于千百条河川而不感觉疲惫,利养于万物而决不推脱,达到了最为柔弱的境界。所以老聃说:"柔弱者能够克胜刚强。"水的含蕴神妙体现虚静、结聚元气柔弱至极的特性,都是得到自然本元的结果。

三

夫水流湿,火就燥,云从龙,风从虎①,自然感应之理也。故神之召气,气之从神,犹此也。知自然之相应,专玄牝之归根^②,则几乎悬解矣^③。

【注释】

①"水流湿"几句:语见《易·乾·文言》。

②专:通"抟",结聚。玄牝:玄妙的母体。

③悬解:解救于困境。语出《庄子·养生主》:"安时而处顺,哀乐不能入也,古者谓是帝之县解。"县,同"悬"。

【译文】

水向潮湿的地方流动,火向干燥的地方燃烧,云跟从着龙的踪迹,风与虎的行动相随,这是自然界中感应的道理。所以精神能召来元气,元气与精神相随,道理也是一样的。知道自然界相互感应的道理,专注于归顺于玄妙的母体,那么就几乎可以从困境中解脱出来了。

四

夫鸟飞于空,鱼游于渊,非术也^①,自然而然也。故为鸟为鱼者,亦不自知能飞能游。苟知之,立心以为之^②,则必堕必溺矣。亦犹人之足驰手捉、耳听目视,不待习而能之也。当其驰捉听视之际,应机自至^③,又不待思而施之也者。苟须思之而后可施之,则疲矣。是以任自然者久,得其常者济^④。夫浩然而虚者^⑤,心之自然也。今人手足耳目,则任其自然而驰捉听视焉。至于心,则不任其自然而挠焉^⑥,欲其至和而灵通也难矣。

【注释】

①术:办法,技能。

②立心:有心,有意。

③机:时机。

④济:成功。

⑤浩然:广大宽阔的样子。

⑥挠:搅动,扰乱。

【译文】

　　鸟能够在天空中飞翔,鱼能够潜游于深渊,不是通过掌握某种技能而实现的,而是自然而然的结果。所以作为鸟、鱼,并不清楚自己能飞能游的原因。一旦它们知道了其中的原因,并据此有意识地为之,那就一定会遭遇鸟在飞行中堕落、鱼在游水中溺亡的恶果。这也就像人的脚能行走、手能握取、耳朵能听闻、眼睛能视物一样,是一种不待练习就能发挥作用的本能。它们行走、握取、听闻、视物等功能的发挥,是出现外界状况时的本能应对,不需要等待思考之后来付诸行动。如果要等思虑后再加以实施,那就做不成了。所以依凭自然本性的行动能够长久维持,把握了恒常大道的才能够获得成功。浩瀚而虚静,是心灵的自然状态。现在的人任凭着手足、耳目的自然发挥行走、捕捉、听闻、视物等作用,却不能容忍心灵去自然地遐想。这样的话,要想获得人的极致平和、心思灵通状态就十分困难了。

第八(阙)

第九(阙)

第十(阙)

卷中

文王说第一

【题解】

本卷开启了历史人物评价模式，而不像上卷那样单纯地说理。这样的写法能使上卷中论及的观点得到具体的展开，给人们留下更为深刻的印象。

本章的文王说，是指对周文王的评价。不过本章行文，只回顾了周文王与吕望相知相辅的一段故事。所谓的"说"即评价，只涉及"吕望闻之，知西伯实于忧民，不利于得殷天下"一句，这种评价在中国历史上已经得到了公认，似没有太多的新意。但是文中涉及吕望的倒有不同于凡人见解之处。

如文中言及吕望对世界的看法："人与鸟兽昆虫，共浮于天地中，一坯而已。犹乎天下城郭屋舍，皆峙于空虚者也。尽坏城郭屋舍，其空常空；若尽杀人及鸟兽昆虫，其坯常坯。"这是史籍中不曾出现的内容，显然有作者自己的观点融入。另外，在周文王的言语中竟然出现了"无为之德，包裹天地；有为之德，开物成事"的说法，并评价吕望有无为而成德的秉性，这无疑是在借历史人物而抒发自己的思想，并借史实而论证了如此思想理念的合理性，很有创意。

文中认为诚如天地无为于万物，而能使"日月星辰，运于昼夜，雨露霜雪，零于秋冬，江河流而不息，草木生而不止"一样，有为"有滞"即有偏、有局限，所以只有贯穿于"无滞"的无为，才能获得正常的发挥，这种关于无为与有为相辅相成的观点，至今仍有启示意义。

　　吕望钓于渭滨①，西伯将畋②，筮之③。其繇曰④："非熊非罴⑤，天遗尔师⑥。"及畋得望，西伯再拜，望钓不辍。西伯拜不止，望箕踞笑曰⑦："汝何为来哉?"西伯曰："殷政荒矣，生民荼矣⑧，愚将拯之⑨，思得贤士。"望曰："殷政自荒，生民自荼，胡与于汝? 汝胡垢予⑩。"西伯曰："夫圣人不藏用以独善于己，必尽智以兼济万物，岂无是耶?"望曰："夫人与鸟兽昆虫，共浮于天地中，一炁而已。犹乎天下城郭屋舍⑪，皆峙于空虚者也⑫。尽坏城郭屋舍，其空常空;若尽杀人及鸟兽昆虫，其炁常炁。殷政何能荒耶? 生民何谓荼耶? 虽然，城郭屋舍已成不必坏，生民已形不必杀，予将拯之矣。"乃许西伯同载而归。

【注释】

①吕望:姜姓，吕氏，名尚，一名望，字子牙，或单呼牙，别号飞熊。也称吕尚。商末周初人。相传他72岁时在渭水之滨的磻溪垂钓，遇到了求贤若渴的周文王，被封为"太师"，称"太公望"，俗称太公，被周武王尊为"师尚父"。辅佐武王伐纣建立了周朝，是齐国的缔造者。渭滨:渭水岸边。渭水，发源于今甘肃省内，流经陕西省，汇入黄河。

②西伯:即周文王，曾受封于商纣王此名号。畋(tián):打猎。

③筮:占卜。

④繇:卜卦的占辞。

⑤罴:熊的一种。即棕熊。

⑥遗:赠予。尔:你。师:老师。

⑦箕踞(jī jù):两脚张开,两膝微曲地坐着,形状像箕。是一种不拘礼节的坐法,喻轻慢傲视对方的姿态。

⑧生民:百姓。荼:苦,痛苦。

⑨愚:自我谦称。

⑩垢:玷污。

⑪城郭:城指内城的墙,郭指外城的墙。泛指城市。

⑫峙:耸立。

【译文】

　　吕望隐居在渭水边时每天在河边钓鱼,周文王打算外出打猎,出行前请人算了一卦。卦辞说:"这回打猎的收获不是熊、罴之类的大兽,而是上天送你的老师。"果然在打猎过程中巧遇了吕望。周文王向他恭敬地拜了两拜,吕望却自顾钓鱼不看他。周文王对他叩拜不停,他便一边仍叉开两脚无拘无束地坐着,一边笑着问:"你怎么找到这里来啦?"周文王说:"殷商的朝政荒废无道,老百姓的生活相当痛苦,我想拯救这个国家与百姓,希望能得到德才俱备的贤人的帮助。"吕望说:"朝政荒废是殷商王朝自己的事情,生活过得不好也是老百姓自己的事,跟你有什么关系呢? 你又何必拖我来趟这个浑水?"周文王说:"圣人不做隐藏才能而独善其身的事情,一定会倾其智慧以成就万物的成长,难道不是这样吗?"吕望说:"人与鸟兽、昆虫共同寄生于天地之间,都依凭于一气而生存。这就像天下的城郭、屋舍,都耸立于空虚之中。即使这些城郭、屋舍都毁坏了,这空间还是存在着的;同样,如果把天地之间的人类及鸟兽昆虫都杀死了,这个元气还是照常不变。所以哪有殷商的朝政荒废、百姓的生活痛苦一说呢? 不过,城郭、屋舍既然已经建成了就不必再去毁坏了,老百姓已经具有了形体也不能去杀害他们,我也想去拯救他们了。"于是便答应了周文王的邀请,与他同车回到了周原。

太颠、闳夭私于西伯曰①:"公刘后稷之积德累功②,以及于王,王之德充乎祖宗矣③。今三分天下,王有其二,亦可谓隆矣④。吕望渔者尔,王何谓下之甚耶⑤?"

【注释】

①太颠、闳夭:均为周文王的大臣,西周开国功臣。

②公刘:周部落的祖先,相传为后稷的曾孙。后稷:周部落的祖先,名弃。为帝尧的农官,封于邰,号"后稷"。

③充:满,多。

④隆:高,盛。

⑤何谓:即"何为",为什么。

【译文】

臣子太颠、闳夭私下里对周文王说:"我们靠祖先公刘、后稷的积累德行、建立功绩才有今天的基业,您的德行又使祖业得到了发展。当今天下您已占据了三分之二,也可以说是有相当高的社会地位了。吕望只不过是个打鱼的,您怎么对他这样低三下四呢?"

西伯曰:"夫无为之德,包裹天地;有为之德,开物成事①。轩辕、陶唐之为天子也②,以有为之德,谒广成子于崆峒③,叩许由于箕山④,而不获其一顾。矧吾之德⑤,未迨乎轩、尧⑥,而卑无为之德乎⑦?"太颠、闳夭曰:"如王之说,望固无为之德也,何谓从王之有为耶?"西伯曰:"天地无为也,日月星辰,运于昼夜,雨露霜雪,零于秋冬⑧,江河流而不息,草木生而不止,故无为则能无滞。若滞于有为,则不能无为矣。"

【注释】

①开物：通晓万物的道理。

②轩辕：即黄帝。据说是少典与附宝之子，本姓公孙，后改姬姓。居轩辕之丘，号轩辕氏，建都于有熊（今河南新郑），亦称有熊氏。也有人称之为"帝鸿氏"。是中国远古时代华夏民族的共主，三皇五帝之首，被尊为中华"人文初祖"。在位期间，曾播百谷草木，大力发展生产，始制衣冠、建舟车、制音律、创医学等。陶唐：即帝尧。帝喾之子，姓伊祁，名放勋。初封于陶，后徙于唐。

③谒广成子于崆峒：谒，拜见。广成子，上古黄帝时道家人物，修行于崆峒山。《庄子·在宥》篇记载有"黄帝问道广成子"的事迹。

④叩许由于箕山：据《嵩山志》载，上古高士许由，字仲武，阳城槐里人，尧的老师。尧想把天下让给许由，他不受尧的禅让，隐居箕山。

⑤矧（shěn）：况且。

⑥迨：达到。

⑦卑：低，看低。

⑧零：降落。秋冬：代指一年四季。

【译文】

周文王说："清静无为的大道，是能够包孕于天地之间的；而有为的德行，主要用于通晓万物的道理，并按此理行事以获得成功。黄帝、尧帝当天子时，靠的是有为的德行。以后黄帝到崆峒山问道于广成子，帝尧到箕山让天下给许由时，都得不到他们的回应。况且我的德行远不及黄帝、尧帝，又怎么敢去慢待持有无为之德的人呢？"太颠、闳夭又问："诚如大王您说的那样，吕望确实是持有无为之德的人，那为什么又能跟从您而去做有为之事呢？"周文王回答说："天地是清静无为的，但是也促成了日月星辰的白天黑夜运行，雨露霜雪降落于一年四季，江河流水的奔腾不息，花草树木的生生不息，所以把握了无为之道便能无所局限。如果陷于有为而不能自拔,就不能达到无为的境界了。"

　　吕望闻之,知西伯实于忧民,不利于得殷天下[①],于是乎卒与之兴周焉[②]。

【注释】

　　①不利于:指不自求利益于此。

　　②卒:最终。兴周:使周朝兴旺强盛。

【译文】

　　吕望听说之后,知道周文王的用心在于国家百姓,而不是为了得到殷朝的江山,于是便辅佐他实现了建立周王朝的大业。

首阳子第二

【题解】

　　首阳子是商周时期隐士伯夷、叔齐的合称。其史实见载于《史记·伯夷列传》，大致事迹与本章中所载一致。孔子对伯夷、叔齐的为人向来是赞不绝口，《论语》中有多处提到这两个人。如《论语·季氏》："伯夷、叔齐饿于首阳之下，民到于今称之。"是说这两个人虽然遭遇不幸而死的命运，却因其高洁的人品而为民众念念不忘。

　　《论语·述而》中载，当弟子子贡问伯夷、叔齐是什么样的人时，孔子回答"古之贤人也"。子贡问："怨乎？"意思是他们如此去做，最后却落得饿死在首阳山的结果，是否有所不值。孔子回答："求仁而得仁，又何怨？"他们追求"仁"的主张，结果获得了仁德的实现，没有什么可抱怨的。对二人的行为做出了充分的肯定。其他在《公冶长》《微子》等篇中也有对二人不同角度的称赞。所以司马迁在《史记·伯夷列传》中有"伯夷、叔齐虽贤，得夫子而名益彰"的说法，称赞孔子为伯夷、叔齐扬名，使其事迹彰显于历史的做法。此外，先秦孟子、墨子、管子、韩非子、屈原等思想家都对伯夷兄弟做出高度的评价，可见他们思想行为在儒家等思想学派那里得到了充分的肯定。

　　不过，庄子对他们的评价具有多重性。《庄子·让王》中记载了伯夷、叔齐推让王位的故事，并评价道："若伯夷、叔齐者，其于富贵也，苟可得已，则必不赖高节戾行，独乐其志，不事于世，此二士之节也。"对二人的高洁品行加以了肯定，认为伯夷兄弟的让国行为也是一个向"道"的过程。不过在《庄子·大宗师》《骈拇》《盗跖》等篇中，又对他们劝谏周武王不去征伐商纣王、避让首阳山不食周粟等行为加以了否定。

庄子批评伯夷兄弟的原因有二：1，对生命的漠视。庄子向来感叹于生命的脆弱，要求对生命保有足够的尊重，而伯夷、叔齐则采取了"残生伤性"的行为。这使得他们落得"骨肉不葬""无异于磔犬流豕、操瓢而乞者"的下场（参见《庄子·骈拇》）。所以不值得提倡。2，自我中心意识。庄子以为"伯夷死名于首阳之下"（《庄子·骈拇》），即是为了名声才去做避世首阳山这样的事情的。他们的行为其实是一种"役人之役，适人之适，而不自适其适者"（《庄子·大宗师》）。此句唐道家学者成玄英注为"悦乐众人之耳目，焉能自适其性情耶！"即只是为取悦于众人而不合于自然性情的行为。不合于自然天性，则是自我中心的自私的表现。

无能子对伯夷、叔齐的评价，基本上是以庄子的观点为出发点的。这主要体现在第二段的作者自道中。此段话采取了以朋友身份与伯夷兄弟对话的形式，内中提出"天下自然之时"，"无为则淳正而当天理"，而伯夷兄弟不懂得此理，非要去"以妄说突其妄兵"，即用混乱的说辞去劝说背理的征伐之举，为的是"求义声"罢了。这同样是从天道自然的世界观出发的世事评判，而对伯夷兄弟的行为也定位于"求名声"上。而后文中所说的"兵之而得义声，朽骨何有哉"的话，则是较之庄子更为激烈的言辞，说明他对这类行为的鄙视。

文王殁①，武王伐纣②，灭之。伯夷、叔齐叩马谏曰③："父死不葬，而起大事，动大众，非孝也；为臣弑君④，非忠也。"左右欲兵之⑤，武王义而释之。伯夷、叔齐乃反⑥，隐首阳山⑦，号首阳子。

【注释】

①文王：指周文王。殁：去世。

②武王：指周武王，周文王之子。后灭商朝建立周王朝。纣：商纣
　王。商朝最后一代君王，以残暴著称。

③伯夷、叔齐：孤竹国君姓墨胎氏，长子名允字公信，后来谥号为伯
　夷。幼子名智字公达，后来谥号为叔齐。孤竹君生前有意立叔
　齐为嗣子，继承他的事业。孤竹国君死后，按照当时的常礼，长
　子应该即位。但伯夷却说："应该尊重父亲生前的遗愿，国君的
　位置应由叔齐来坐。"于是他就放弃君位，逃到孤竹国外。大家
　又推举叔齐作国君。叔齐说："我如当了国君，于兄弟不义，于礼
　制不合。"也逃到孤竹国外，和他的长兄一起过流亡生活。在没
　有办法的情况下，人们只好立中子继承了君位。叩：通"扣"，
　勒住。

④为臣弑君：以属下去杀害君王称为"弑"。当时周为商朝属下的
　诸侯国，故有此说。

⑤兵：用作动词，指用兵器杀之。

⑥反：通"返"。

⑦首阳山：在今山西永济境内。

【译文】

　　周文王去世后，周武王兴兵讨伐殷纣王，灭亡了商王朝。在他带兵
出行的时候，寄居在周朝的伯夷、叔齐兄弟拦住他的马劝谏说："你的父
亲刚死不为他行葬礼，却发起这么大的事情，惊动了大众，这不符合孝
的规定；你作为臣下要去杀害天子，也不是'忠'的表现。"周武王手下的
人见状前去抓住他们想要动武，周武王感动于他们的义气而下令放了
他们。伯夷、叔齐就回到老家，隐居到首阳山里，起了首阳子的名号。

　　夫天下自然之时，君臣无分乎其间。为之君臣以别尊

卑,谓之圣人者以智欺愚也。以智欺愚,妄也。吾与汝尝言之矣。妄为君臣之中,妄殷有称①。妄殷之中,妄辛有称②。妄辛之中,妄暴妄虐,以充妄欲。姬发之动③,亦欲也。欲则妄,所谓以妄取妄者也。夫无为则淳正而当天理,父子君臣何有哉?有为则嗜欲而乱人性,孝不孝忠不忠何异哉?今汝妄吾之尝言,又以妄说突其妄兵,是求义声也④。以必朽之骨而迎虚声,是以风掇焰也⑤。姬发不兵汝,幸也。兵之而得义声,朽骨何有哉?夫龙暴其鳞,凤暴其翼⑥,必伺于渔者弋者⑦。悲乎! 殆非吾之友也。

【注释】

①妄:胡作非为。殷:殷商,商朝。有称:有名。

②辛:指商纣王,纣王名受,号帝辛。

③姬发:即周武王。

④义声:美名。

⑤掇:通"辍",终止。

⑥暴:暴露。

⑦伺:觊觎。

【译文】

过去在人们按照自然天性过日子时,没有君、臣这种名分的区别。制造出君、臣的名号将人加以尊、卑分别,是所谓的圣人自恃聪明欺负愚笨百姓的手段。以智慧去欺负愚笨的人,是荒谬的行为。我曾经对你们首阳子说过这样的话。在胡作非为的君臣之中,殷商王朝算是最过分的。在殷商王朝之中,纣王也称得起头号。在纣王执政期间,实行了种种暴行虐政,以求满足其私欲。周武王姬发发起征讨,也是受到欲望的驱使所致。有欲望就荒诞不合理,周武王的行为也只是以一种荒诞取代另一种荒诞而已。只有执行无为之道才能返回淳正的天性而合符于天理,规定那些父子、君臣礼仪制度有什么意思呢? 只要持有为的心思就会诱发欲望浇乱人的本性,表现得孝不孝、忠不忠又有什么本质上的区别呢? 现在你们把我的话当做妄言,又用你们的胡言乱语来冒犯那些背理而行的官兵,想求取遵循仁义的名声。你们拼了原本就要死的形体去博取虚名,就像以风去灭火般的适得其反。周武王没有杀害你们,算是你们的侥幸。如果因为被杀而得到了好名声,这名声对于死人又有什么意义呢? 一旦蛟龙暴露它的金鳞,凤凰展示它的彩翼,必然会被打猎的、捕鱼的发现并穷追不舍。可悲呀! 想来你们不能算是我的朋友!

　　夷、齐于是逃入首阳山,罔知所终,后人以为饿死①。

【注释】

①"夷、齐"数句:据《史记·伯夷列传》载,伯夷、叔齐认为周武王灭商建立周朝做法太可耻,发誓再不吃周朝的粮食。他们相携着到首阳山上采薇菜吃,并唱着歌说:"上那个西山啊,采这里的薇菜。用那强暴的手段来改变强暴的局面,我真不理解这样做算是对吗? 先帝神农啊! 虞夏啊! 这样的盛世,恐怕不会有了。我们上哪里去呢? 真可叹啊! 我的生命就要结束了。"于是就饿死在首阳山。

【译文】

　　伯夷、叔齐于是逃入首阳山深处,外人不再得知他们的消息,后人认为他们是饿死在山中。

老君说第三

  本篇记载的是孔子与老聃之间的对话,关于两者的相知相交,《史记》《庄子》《礼记》《吕氏春秋》等书中都有记载,特别是《庄子》,在《天道》《天运》《外物》《田子方》《天地》等篇中多次出现,但类似于本章中的内容却不曾找到,或许是作者根据他对两位思想先驱者的理解,而杜撰出来的。

  文中涉及国家治理的主导思想问题,孔子通过删编《诗经》《尚书》、整理《春秋》等史书的方式,以求达到"正人伦之序"的目的,无能子借老聃之口对此加以了批判。他提出过去有圣人出来创造出各类物品并建立相应的规章制度,于是诱发了人的情欲,使人情失却了自然天性,从而使一些人送掉性命;现在你又去修饰、整理这些东西,将会引出更大的社会混乱。所以孔子的做法是事与愿违的。这样的论述从事物的变与不变辩证关系来探讨其中的关系,还是有一定说服力的。不过,其中引《道德经》"治大国者若烹小鲜"的话作为立论依据,似离人情、自然、性命这样的论题有一定的距离。所以最后作者并没有再做理论上的对话,而只是以孔子在实施其政治抱负过程中的坎坷、不顺作为依据了。

  孔子定礼乐①,明旧章②,删《诗》《书》③,修《春秋》④,将以正人伦之序,杜乱臣贼子之心⑤,往告于老聃⑥。

【注释】

①孔子:孔氏,名丘,字仲尼,生卒年为公元前 551—前 479 年。祖籍宋国栗邑(今河南商丘夏邑),出生地鲁国陬邑(今山东曲阜)。著名的思想家、教育家。他开创了私人讲学的风气,是儒家学派的创始人。

②明旧章:指阐明周朝以来的规章制度。

③《诗》:《诗经》,中国古代最早的诗歌总集。相传由孔子编定。儒家五经之一。《书》:《尚书》,上古典章文献的汇编。孔子编纂并为之作序。儒家五经之一。

④《春秋》:儒家五经之一。据说现存版本由孔子修订而成。

⑤杜:杜绝。

⑥老聃(dān):姓李名耳,字聃,一字或曰伯阳。生卒年约为公元前 571—前 471 年。出生于周朝末期,陈国苦县厉乡曲仁里人,是中国古代伟大的思想家,被认为是道家学派创始人和主要代表人物。

【译文】

孔子制定了礼乐,阐明了周代以来的规章制度,删改编定了《诗经》《尚书》,修订了《春秋》,想通过这些做法厘清人伦秩序,杜绝乱臣贼子的祸害,他去老聃那里告白了自己的用心。

老聃曰:"夫治大国者若烹小鲜①,蹂于刀几则烂矣②。自昔圣人创物立事,诱动人情,人情失于自然,而夭其性命者纷然矣③。今汝又文而缛之④,以繁人情。人情繁则怠,怠则诈,诈则益乱。所谓伐天真而矜己者也⑤,天祸必及。"孔子惧,然亦不能遂已。

【注释】

①治大国者若烹小鲜:语见《道德经》第六十章。小鲜,指小鱼。

②踩:揉。几:切肉用的砧板。

③纷然:很多的样子。

④文:修饰。缛:烦琐。

⑤伐:损害。矜己:自我夸耀。

【译文】

老聃说:"治理大国就像烹调小鱼一样,放小鱼在砧板上翻来翻去就会被揉烂。自从过去圣人创造出各种物品并建立相应的规章制度,就诱发了人的情欲,这样使人情失去了自然天性,以至许多人因此送掉了自己的性命。现在你又去修饰、整理这些东西,使人们深陷情欲而不能自拔。社会上人的情欲增多会使风气败坏,风气败坏则人们相互欺诈,相互欺诈则社会风气愈加混乱。你这样做损伤了人们的自然天性还自我感觉良好,上天是要降祸于你的了。"孔子害怕了,但也不能有所改变了。

既而削迹于卫①,伐树于宋②,饥于陈蔡③,围于匡④。皇皇汲汲⑤,几于不免。孔子顾谓颜回曰⑥:"老聃之言,岂是谓乎?"

【注释】

①削迹于卫:指不让孔子在卫国立足。削迹,消除足迹。

②伐树于宋:指孔子曾在宋国一大树下为弟子讲习礼仪,被宋国司马桓魋派人砍树追杀,孔子因此逃离宋国。

③饥于陈蔡:孔子在途经陈、蔡将往楚国时,受到部队的包围而绝

粮数日。陈，诸侯国名。在今河南淮阳一带。蔡，诸侯国名。在
今河南上蔡、新蔡一带。

④围于匡：孔子因被误认为是阳虎而被匡人围困。匡，在今河南
长垣。

⑤皇皇：通"惶惶"，内心不安的样子。汲汲：急迫的样子。

⑥顾：回头。

【译文】

后来，孔子无法在卫国立足，到了宋国被砍掉依坐的大树受到追
杀，被陈国、蔡国部队合力包围断粮数日，又受到匡人的围困。他过着
惶恐不安的生活，差点伤了性命。孔子因此回头对弟子颜回说："老聃
说的上天要降祸的预言，是不是现在果然兑现了呢！"

孔子说第四

【题解】

　　自上卷中《圣过》等篇的立论来看,作者似以道家立论为基础,而对儒家思想做出了批评。本篇论说孔子出现正面的形象,似有尊崇儒家的倾向。但比对原文,又找不到这方面的依据。如篇中孔子被围于匡的故事,在《史记·孔子世家》和《论语·子罕》虽有记载,但《论语》中记载甚简,《史记》中记当时孔子因貌似与匡人结仇的阳虎而被围困,孔子自信:"文王既没,文不在兹乎?……天之未丧斯文也,匡人其如予何!"意思是自己承担着恢复周代礼制的历史使命,会受到上天的庇护。不过后文中又说孔子靠派人到卫国疏通关系才解了围困,与本章所记出入不小。有关原宪的事,则在两书中均言之不详。不过,《庄子》中记的故事,倒是与本文接近。

　　《庄子·秋水》中曰:"孔子游于匡,宋人围之数匝,而弦歌不辍。"然后又记载了孔子与子路的对话。《庄子·让王》中则有原宪与子贡关于贫、病的论辩。不过在前文孔子与子路的对话中,主要是围绕着时势与命运的顺与不顺展开的;后者则只说到"仁义之慝,舆马之饰,宪不忍为也",也就是以"仁义"的推行为宗旨的。本章的故事梗概大致与《庄子》的陈述接近,可见即使是崇尚儒家的文字,其出处还是与道家有关。

　　值得注意的是,无能子有了在《庄子》基础上的新思想阐发。在有关孔子被围匡地时与子路的对话中,无能子提出的是"是非邪正由乎人,厚薄悬乎分,通塞存乎时"的道理,虽然也是有任凭时运的意思,但是从世界大一统的角度来谈的,所以后面接着讲的,便是"丘方惚无形于冲漠,沦无情于杳冥,不知所以忧"的话,将其所以谐于弦歌的原因归之于对冲漠、杳冥境界的回归。这样就将其以虚无、旷达的精神境界追求与孔子的行为标准统一了起来。

另外关于原宪的精神追求,作者也借用了孔子的口来解释:"不虚则思之不清,不淳则其心不贞",所以虚静、淳朴才是原宪坚白操守的由来,再一次对其无为、明道的人生准则做出诠释。这些故事阐述能加深读者对道家思想理念的了解,也起到了深化道家思想理论的作用。

另外值得一提的是,出自《庄子》、被本章沿袭的孔子被围匡时"弦歌不辍"的话,也曾给后人以某种启发。于是有人考证说,正是因为孔子的弹琴唱歌,使匡人看到了他与阳虎的不同,所以才自行散去了包围圈。似乎这样的结局,较之司马迁文中托人说情才解围的说法,对孔子的形象维护更有利些。

一

孔子围于匡①,七日弦歌不辍。

【注释】

①孔子(前551—前479):孔氏,名丘,字仲尼。祖籍宋国栗邑(今河南商丘夏邑),出生地鲁国陬邑(今山东曲阜)。著名的思想家、教育家。围于匡:孔子因被误认为是阳虎而被匡人围困。匡,在今河南长垣。

【译文】

孔子被围困于匡地,整整七天都在弹琴唱歌。

子路曰^①："由闻君子包周身之防，无一朝之患。夫子圣人也，而饥于陈^②，围于匡，何也？然而夫子弦歌不辍，罔有忧色，岂有术乎？"

【注释】

①子路：孔子弟子。名仲由，字子路。

②饥于陈：孔子在经陈、蔡将往楚国时，受到部队的包围而绝粮数日。陈，诸侯国名。在今河南淮阳一带。

【译文】

子路说："我听说君子能预备好防身的良策，所以没有意外的祸患。夫子您是个圣人，却被陈国部队包围而饿肚子，又被围困在了匡地，怎么会这样呢？而您竟然整天弹琴唱歌，不现愁容，难道已经有了应对的办法？"

孔子曰："由来，语汝。夫是非邪正由乎人，厚薄悬乎分^①，通塞存乎时^②。日月之照，不能免薄蚀之患^③；圣贤之智，不能移厚薄通塞之数。君子能仁于人，不能使人仁于我。我能义于人，不能使人义于我。匡之围，非丘之罪也，丘亦不能使之不围焉。然而可围者，丘之形骸也。丘方惚无形于冲漠^④，沦无情于杳冥^⑤，不知所以忧，故偶谐于弦歌尔^⑥！"言未几，匡人解去。

【注释】

①厚薄：指命运的好坏。分：缘分，命运，机遇。

②通塞：顺利和困窘。时：时机，时势。

③薄蚀：泛指日食、月食。薄，迫近。

④冲漠:虚静。

⑤沦:沦于,处于。杳冥:高远不能见到的地方。

⑥谐:和谐,使声音和谐。引申为弹奏、演唱。

【译文】

孔子说:"子路你来,我告诉你。人生在世,判断是非、辨别邪正在人所能及的范围,不过得到的待遇厚薄则取决于命运,发展是否顺畅又受到时势的左右。太阳月亮能够普照大地,却不能免除日食、月食的祸患;圣贤者拥有的智慧,不能变化待遇厚薄、前程通塞的天数。君子能够施仁爱于人,却不能强迫别人同样施仁爱于自己。我能行义德于别人,却不能使别人回报义德于我。在匡地受到围困,不是出自我孔丘的过错,而我孔丘也劝不动匡地的人解除围困。不过他们围困的,只是我孔丘的形体。我的精神正与恍惚无形、冲淡无情的道的境界相贯通,没有忧虑,所以偶尔寄情于弹琴唱歌之中了!"此话说后不久,匡人就解围离开了。

二

原宪居陋巷①,子贡方相鲁卫②,结骑联驷访宪焉③。宪摄弊衣④。子贡曰:"夫子病耶?"宪曰:"宪闻德义不修谓之病,无财谓之贫。宪贫也,非病也。"子贡耻其言,终身不敢复见宪。

【注释】

①原宪:孔子弟子。姓原名宪,字子思。

②子贡:孔子弟子。姓端木名赐,字子贡。卫国人。善于雄辩,且有济世之才,办事通达。相:辅助国君处理国事的最高官吏,后世称宰相。鲁卫:鲁国、卫国。均为诸侯国名。鲁国在今山东南部一

带。卫国在今河南北部一带。

③结骑联驷:指一辆接着一辆的车马。驷,套着四匹马的车。

④摄:穿。弊衣:破衣服。

【译文】

原宪居住在狭窄的街巷里,子贡正在鲁国、卫国做丞相,于是他带着大队车马去看望原宪。原宪穿着家常的旧衣服出来迎接。子贡说:"夫子这是得了什么病吗?"原宪回答:"我听说不修养德行的人才算是有毛病,没有钱财叫做贫穷。我这是贫穷,而不是有毛病。"子贡听了觉得惭愧,于是终身都不敢再去见原宪了。

仲尼闻之曰:"赐也言失之也。夫拘于形者不虚,存于心者不淳,不虚则思之不清,不淳则其心不贞。赐近于骄欲,宪近于坚白①,比之清浊,将去几何!"

【注释】

①坚白:指志向坚定而纯洁。

【译文】

孔子听到了此事后说:"确实是子贡说错了话。拘泥于外表形体的不能使内心虚静,心存俗念的人就失去了天性的淳净。内心不能虚静就思路不清,不能淳净天性则心术不正。子贡的言行算得上是骄慢多欲,原宪的行为近似于坚定纯朴,两者的清浊差别,要相差多少呀!"

第五(阙)

范蠡说第六

【题解】

范蠡的故事见载于《史记·越王勾践世家》,其中说到范蠡助越王勾践灭吴之后,又北渡淮河,与齐国、晋国诸侯会师于徐州,得到周元王的赐封。同时还与楚国、宋国交好,因此在诸侯国中获得了霸主地位。按一般人的想法,这正是范蠡、文种的努力得到肯定,并当在辅佐越王事业中发挥作用的时候。但是范蠡恰恰在此时做出离开越王、避退他国的打算。同时范蠡又与共同创业的朋友大夫文种商量,以"飞鸟尽,良弓藏;狡兔死,走狗烹"这样的话,来劝说文种离开朝廷,远离政事。文种过后虽然声称有病不再上朝,但因对越王仍抱有幻想而不忍离开,以致落得了被越王赐死身亡的下场。

本章的吸引人处在于设计了两段并不见载于史书的对话,其中文种认为越王的灭吴是行使了上天"冬杀"的功能,如同黄帝杀蚩尤、尧去四凶般地为民除害,将自己的行为定义于"成物除害"。这反映出他被胜利的光环所迷惑,而对吴越相争中的谋取私利、尔虞我诈背景缺乏起码的辨识。范蠡的回答则很清楚,说文种的糊涂在于将奸心驱使的行为,说成是"天地之生杀,圣人之除害成物",是一种自欺欺人的说法。范蠡所说的理由在于"天地无心"决不自宰或宰物,只是"机动则应"即顺应事物发展做出相应的变化,而无主观刻意之作为。这段话用以解释范蠡的行事处世,是十分恰当的。

　　据史载,范蠡曾师事老子弟子计然(姓辛氏,名文子),所以得到过道家思想的传授。以此背景去设想本文中人的行事思路,应当是行得通的。从这一点来说,无能子发掘出范蠡的思想资源,为道家学说做出诠释,是一种对道家学派的贡献,值得称赞。

　　范蠡佐越王勾践①,灭吴杀夫差②。与大夫种谋曰③:"吾闻阴谋人者,其祸必复。夫姑苏之灭④,夫差之死,由吾与子阴谋也。况王之为人也,可与共患,不可共乐;且功成、名遂、身退,天之理也。吾将退,子其偕乎⑤?"

【注释】

①范蠡:字少伯,春秋时期楚国宛地三户(今河南淅川)人。曾献策扶助越王勾践复国,后退隐而去,化名为鸱夷子皮,遨游于七十二峰之间。期间三次经商成巨富,三散家财,自号陶朱公。著《范蠡》二篇,今佚。越王勾践:大禹后裔,春秋末期越国的君主。越王允常之子。被吴国击败后,被迫称臣,后利用吴王夫差北上争霸、国内空虚之机,一举攻入吴国并杀死了吴太子。夫差返国后只得言和。勾践二十四年,吴都被围三年后城破,夫差自杀,吴亡。随后,勾践又乘船进军北方,宋、郑、鲁、卫等国归附,并迁都琅琊(今山东胶南南),与齐、晋诸侯会盟,经周元王正式承认为霸主。

②吴:国境位于今苏、皖两省长江以南部分以及环太湖浙江北部,后吞并淮夷、徐夷等小国而扩张到今苏、皖两省全境、浙中北、赣东北地区。国都前期位于梅里(今无锡梅村),后期位于吴(今江苏苏州),是春秋中后期最强大的诸侯国之一,在吴王阖闾及其子夫差主政时达到鼎盛。夫差:姬姓,吴氏,春秋时期吴国末代国君,

阖闾之子，一度打败越国、齐国，经与晋争霸成功，夺得霸主地位。

终因连年兴师动众，造成国力空虚，被越王勾践破城亡国而身亡。

③种：姓文名种，也作文仲，字会、少禽，一作子禽。春秋末期楚国郢（今湖北江陵附近）人，后定居越国。

④姑苏：山名，在今江苏苏州西南。公元前514年，吴王阖闾命大臣伍子胥在此筑城建都，后被代指吴国。

⑤偕：一起，共同。

【译文】

范蠡辅佐越王勾践，灭掉了吴国杀了吴王夫差。之后他跟大夫文种商量说："我听说暗地里算计别人的人，会遭受祸害报应。姑苏城池的失灭，吴王夫差的死，出自我与你的暗算。况且越王勾践的为人，可与共患难，不可与共享乐；而且功成名就之后要考虑全身而退，这是普天下的道理。所以我将退出江湖，你是否和我一起走呢？"

大夫种曰："夫天地之于万物也，春生冬杀，万物岂于冬杀而反祸天地乎？吾闻圣人不贵乎独善，而贵乎除害成物。苟成于物，除害可也。是以黄帝杀蚩尤①，舜去四凶②。我今除吴之乱，成越之霸，亦成物除害尔，何祸之复我哉？况王方以灭吴德子与我，必相始终，子无遽于退也③！"范蠡曰："不然，夫天地无心，且不自宰，况宰物乎？天地自天地，万物自万物，春以和自生，冬以寒自杀，非天地使之然也。圣人虽有心，其用也体乎天地。天地虽无心，机动则应④，事迫则顺⑤，事过则逆。除害成物，无所憎爱，故害除而无祸，物成而无福。今王以怨吴之心，禄我与子以取其谋。我与子利其禄而谋吴，以灭人为功，以报禄我者，人之奸也。自谓天地之生杀，圣人之除害成物，不其欺耶？"大夫种不悦，疑之不决。

【注释】

①黄帝：古华夏部落联盟首领，中国远古时代华夏民族的共主。本姓公孙，后改姬姓，故称姬轩辕。早年居轩辕之丘（今河南新郑），号轩辕氏，后建都于有熊，亦称有熊氏。也有人称之为"帝鸿氏"。蚩尤：古中国的部落首领，与黄帝、炎帝并称为中华人文初祖，以在涿鹿之战中与黄帝交战而闻名。

②舜去四凶：四凶，指饕餮（tāo tiè）、穷奇、梼杌（táo wù）、浑沌（hún dùn）四种远古传说中的神魔凶兽。据《左传・文公十八年》记载，舜为尧帝之臣时，推行流放政策，将共工、驩兜、三苗与鲧四大家族流放于外，号之为浑敦（或谓浑沌）、穷奇、梼杌、饕餮，于是天下同心，拥戴舜为天子，开创尧舜之治。

③遽：急速，匆忙。

④机动：时机出现。

⑤迫：临近，发生。

【译文】

大夫文种说："天地对于万物，春天促其生长，冬天任其失灭，万物难道会因为冬天的失灭反去怪罪天地吗？我听说圣人不推崇独善其身，而是把清除伤害、成就万物放在重要位置。如能促成万物，那么除掉伤害是可行的。所以古代时有黄帝杀掉蚩尤、帝舜除去四凶的故事。我们今天的除去吴国祸乱、成就越国霸业，也是成物除害的行为呀，哪有什么祸害报应之说呢？况且越王刚刚以灭吴的功劳表彰你我，一定会善待我们于始终，你不要这么快地退隐啊！"范蠡说："不是这样的，天地是没有意识的，它连自己也不去主宰，更何况去主宰外物呢？天地归天地，万物归万物，万物在春天赖和气而自己生成，在冬天因受感寒气而自行失灭，不是得到天地的指使而变成这样的。圣人虽然有心，但其心只用在体悟天地之道。天地虽然没有主观意识,但在时机变动时会有所反应,出现了一些事端时也会去顺从,事情过来了也会去迎取。由于天地在除害成物过程中,不存有憎、爱的主观感情,所以才能做到除掉伤害而不遭受祸患,成就万物的生成而不获得幸福。现在越王以怀着仇恨吴国的心思,给我们俸禄让我们参与谋划。我与你贪图这份俸禄而参与灭吴阴谋,是以消灭对手为功劳,以报答给予我们俸禄的人,只能被看做是奸诈的人。而我们却自比行为同天地之生杀万物,圣人的除害成物,不是在自欺欺人吗?"大夫文种听后很不高兴,犹豫着没有行动。

范蠡竟辞勾践,泛扁舟于五湖①。俄而越杀大夫种。

【注释】

①五湖:指太湖及附近的湖泊。

【译文】

范蠡最终辞别了勾践,乘着小船泛游于太湖一带。不久越王勾践杀掉了大夫文种。

宋玉说第七

【题解】

屈原事迹在《史记·屈原贾生列传》中记载得很详细。对他的一生，司马迁做出了充分的肯定，并带有崇拜之情。这种尊崇为历朝历代的文人志士所继承，唯有汉代班固、扬雄曾发出过异议。而无能子恰恰是追随了班固等少数派，对屈原的人生观加以了评价。

洪兴祖引班固《离骚序》曰："今若屈原，露才扬己，竞乎危国群小之间，以离谗贼。然责数怀王，怨恶椒、兰，愁神苦思，强非其人，忿怼不容，沉江而死。"把屈原说成是在危机四伏的朝政中不知规避小人，反倒招摇露才，几次三番斥责楚怀王，这才招来了麻烦；事情发生后又神情愁苦，最后只能以投江自尽来解脱。这番话，对照本章中借宋玉之口说的"始大夫孑孑然挈忠信而叫谋于群佞之中，玉为大夫危之"及"今求乎忠信而得乎忠信，而又悲之而不能自止，所谓兼失其妄心者也"的话，意思是非常接近的。

其实史籍中记载的宋玉，并没有说过这样的话，东汉为《楚辞》作注的王逸，曾评价宋玉《招魂》是"悯其师忠而放逐"之作，因见屈原"忠而斥弃，愁懑山泽，魂魄放佚，厥命将落。故作《招魂》，欲以复其精神，延其年寿"(《楚辞章句·招魂》)。宋玉甚至幻想怀王看到《招魂》之后，会觉悟起来召回屈原。可见他是非常尊重老师的，绝无责备屈原的言辞。

所以文中的言论完全是作者杜撰出来的。

　　值得注意的是,无能子批评屈原的说辞,并没有就事论事,而是再次引用了有关虚心以应物的观念。文中说道:"君子寄形以处世,虚心以应物,无邪无正,无是无非,无善无恶,无功无罪。"这当是无能子关于虚静之精神与滞重之形体的再一次表述,而由此推论的"虚其心而远于有为者,达节也;存其心而分是非者,守节也;得其所分又悲而挠之者,失节也",也有一定的说服力。体现了作者在理论分析上的功力。

　　当然,本章以班固之说为依托的屈原评判,并不符合事实。查看屈原生平,他曾经历数次流放的遭遇,而并没有如作者想象的那般脆弱。他曾用"九死犹未悔"的精神,来表明自己对美好理想的不渝追求;用"路漫漫其修远兮,吾将上下而求索"的韧劲,来见证自己对真理的不懈求索精神;用生命之躯,来维护自己的"皓皓之白"。这些优秀品质都为后人所称道,直到今天仍不曾被人所忘怀,不会因为有人怀疑而有所改变。

　　屈原仕楚^①,为三闾大夫^②。楚襄王无德^③,佞臣靳尚有宠^④,楚国不治。屈原忧之,谏襄王请斥靳尚。王不听,原极谏。

【注释】

①屈原:战国时期楚国诗人、政治家。芈姓,屈氏,名平,字原;又自云名正则,字灵均。约公元前 340 年出生于楚国丹阳(今湖北秭归),楚武王熊通之子屈瑕的后代。公元前 278 年,秦将白起攻破楚都郢(今湖北江陵),屈原悲愤交加,怀石自沉于汨罗江,以身殉国。

②三闾大夫:战国时楚国特设的官职,主持宗庙祭祀,兼管王族屈、景、昭三大姓子弟教育。屈原被贬后任此职。

③楚襄王:芈姓,熊氏,名横,楚怀王之子。战国时期楚国国君,公

元前 298—前 263 年在位。

④佞臣：指奸邪谄媚的臣子。

【译文】

屈原在楚国做官，担任三闾大夫之职。当时的楚襄王昏庸无道，宠幸奸臣靳尚，楚国国政混乱。屈原为此担忧，劝谏楚襄王罢免靳尚官职。楚王不听，屈原再三进谏，不肯放弃主张。

其徒宋玉止之曰①："夫君子之心也，修乎己不病乎人，晦其用不曜于众②，时来则应，物来则济③，应时而不谋己，济物而不务功。是以惠无所归，怨无所集。今王方眩于佞口，酣于乱政。楚国之人，皆贪靳尚之贵而响随之。大夫乃孑孑然挈其忠信而叫谍其中④，言不从，国不治，徒彰乎彼非我是，此贾仇而钓祸也。"

【注释】

①徒：弟子。宋玉：战国晚期楚鄢郢（今湖北宜城）人。生于楚怀王末年，侍奉楚顷襄王和楚考烈王，时任大夫。以辞赋著名。古代四大美男之一。

②曜（yào）：炫耀。

③济：成功。

④叫谍：叫喊吵闹，虚张声势。

【译文】

屈原的学生宋玉劝他说："君子所想的，应当是修炼自己的品性而不去针对别人，隐藏自己的才能而不炫耀于众人，当时机合适时就去顺应，当变化发生时便尽力去促成。这种对时机的顺应不是为自己打算，促成事物的成功也不是贪图功劳。所以君子处世得不到什么好处，也不招别人的怨恨。现在楚王正被花言巧语所迷惑，甘心陷于混乱的政局之中。楚国的人，都贪图靳尚的权贵而追随于他。您大夫却独自凭借满腔的忠信而唱着反调，结果是你的话得不到听从，国家仍旧混乱不治，白白地去挑明彼此间的是是非非，这分明是在拉仇恨而找祸害呀。"

原曰："吾闻君子处必孝悌，仕必忠信。得其志，虽死犹生；不得其志，虽生犹死。"谏不止。靳尚怨之，谗于王而逐之。原彷徨湘滨^①，歌吟悲伤。

【注释】

①湘滨：湘江岸边。湘江，源出广西，流经湖南，注入洞庭湖。

【译文】

屈原说："我听说君子在家定要做到孝顺父母、兄弟友爱，到朝廷做官定要忠诚于君王。能够实现此志向，则人虽死去仍活在人们心里；不能实现志向，则虽然活着却像死去一样无声无息。"于是，他还是照样地劝谏楚王而无休无止。靳尚被惹恼，向楚王说了坏话，屈原因此遭受了流放。屈原徘徊于湘江边上，吟唱着悲伤的诗歌。

宋玉复喻之曰^①："始大夫孑孑然挈忠信而叫谍于群佞之中^②，玉为大夫危之，而言之旧矣。大夫不能从。今胡悲耶？岂爵禄是思，国壤是念耶^③？"

【注释】

①喻：说明，劝告。

②孑孑然：单独、孤单的样子。

③国壤：国土。

【译文】

宋玉又劝他说:"当初大夫你独自怀着满腔忠诚,在奸邪的群臣中大声疾呼,我十分为大夫担心,这件事已经过去了。当初您既不肯听从我的劝告,那为什么现在会觉得伤心呢?难道是为了失去的爵位俸禄或者是留恋故乡旧土?"

原曰:"非也。悲夫忠信不用,楚国不治也。"玉曰:"始大夫以为死孝悌忠信也,又何悲乎?且大夫貌容形骸,非大夫之有也。美不能丑之,丑不能美之;长不能短,短不能长;强壮不能尪弱之①,尪弱不能强壮之;病不能排,死不能留。形骸似乎我者也,而我非可专一。一身尚若此,乃欲使楚人之国由我理乱,大夫之惑亦甚矣!夫君子寄形以处世,虚心以应物,无邪无正,无是无非,无善无恶,无功无罪。虚乎心,虽桀纣跖蹻②,非罪也;存乎心,虽尧舜夔契③,非功也。则大夫之忠信,靳尚之邪佞,孰分其是非耶?无所分别,则忠信邪佞一也。有所分,则分者自妄也。而大夫离真以袭妄,恃己以黜人,不待王之弃逐,而大夫自弃矣。今求乎忠信而得乎忠信,而又悲之而不能自止,所谓兼失其妄心者也④。玉闻上达节,中守节,下失节。夫虚其心而远于有为者,达节也;存其心而分是非者,守节也;得其所分又悲而挠之者,失节也。"

【注释】

①尪(wāng)弱:瘦弱,衰弱。

②桀:夏桀。纣:商纣王。均以残暴著称,为丧国之君。跖:庄跷,

一作庄豪、庄峤、企足，战国时期反楚起事领袖和楚国将军，楚庄王之苗裔。跖，原名展雄，姬姓，展氏，名跖，又名柳下跖、柳展雄。传说是率领盗匪数千人的大盗，故又被称为盗跖。

③尧：姓伊祁，号放勋，古唐国（今山西临汾尧都区，古称河东地区）人。中国上古时期方国联盟首领。舜：姚姓，妫氏，名重华，字都君，谥曰"舜"，中国上古时代父系氏族社会后期部落联盟首领，建立虞国。均为古史传说中的圣明君主。夔（kuí）、契：帝舜时期的两位贤臣。夔掌典乐，契为司徒。

④妄心：胡乱、大胆不合理的心思。

【译文】

屈原说："不是的。我的悲伤源自忠诚美德的不见用，来自楚国的混乱不治。"宋玉说："当初大夫您可以为捍卫孝悌、忠信的品德而抱赴死之心，既然如此又有什么值得悲伤的呢？况且即使大夫您自己的貌容形体，也不属个人私有。天底下美好的东西不会因受到诋毁而变成丑陋，同样道理丑陋的也变不成美好；长不能变成为短，短也不会变成为长；强壮者不能硬说成瘦弱，瘦弱的也成不了强壮；得了病不能凭空消除，面临死亡也无法挽留生命。人的形骸好像是属于我的，其实不是我可以完全把控的。人对自己的身体尚且难以控制，又怎么能实现治理楚国混乱的宏愿？大夫您是太过糊涂的了！其实君子寄形于天地之间，应当以虚静之心去顺应万物，不存有邪正、是非、善恶、功罪等执念。当心灵处于虚静时，虽然像夏桀、殷纣、庄跷、盗跖这样的坏人也不必获罪；存有执念，则虽然像尧、舜、夔、契那样的创建业绩，也没有功劳可言。那么如大夫您这样的忠诚、靳尚之辈的邪恶，怎么能分得出是非对错呢？不存分别之心，那么忠信、邪恶就无从区别了。存有分别之心，则只是有分别之心者自己的糊涂罢了。现在大夫您背离真实的天性去沿袭谬误，自恃有德而指责别人，等不到楚王的驱逐，已经自我放弃了。如今您追求忠信而得到了实现，却又不能走出悲伤的情绪，这就是人们常说的连什么是糊涂都搞不清楚的人呀！我听说最高的境界在于理解节操，中等的境界在于遵守节操，下等的状态是失却节操。虚静心灵远离有为执念，属于达节的境界；存有为心思而明辨是非，属于执守节操的境界；得到所念想的结果又感到悲伤烦恼，属失节的状态呀。"

原不达，竟沉汨罗而死①。

【注释】

①汨罗：江名，在今湖南东北部。

【译文】

屈原不能接受他的劝解，结果投汨罗江而自杀了。

商隐说第八

  此篇史实在《史记·留侯世家》及《汉书·张良传》中有记载，不过那里都只有与本章中相似的情节，至于为何要这样做的内心思想活动，则没有反映出来。后人于此事也有不同的说法，有的认为商山四皓在归隐方面原本不很彻底，所以有机会就参与政事。也有人说是因为刘邦虽然去请他们，但在心里没有对士人的尊重，常常开口骂骂咧咧，四老怕受辱所以不肯去。而如本篇中那样的心理活动描述，倒是不曾出现过。本章中记载，四老在出山前原本不想去的，但是考虑到吕后作为女人原本气量就不大，加上性格残忍，若事与愿违便要寻隙报复，为求自保只能出山。这样看来，四老为人节操有限，谈不上高风亮节。

  待扶持太子登基目的实现，四老又相聚商量出宫返回商山之事。文中谓四老自己的行为是"废人而全己，殆非杀身成仁者"，如果再待在宫里享受爵禄，那无异于"贼人夕入人室，得金而矜富者"，即如小偷炫耀所得的财宝。也就是如果此前的行为只是苟且偷生的话，那再留在宫里，便是恬不知耻的了。无疑与原先隐居商山的初衷已相去甚远。这样的解释体现出作者对他们行为的批评。

  本章文末记张良"亦悟，屏气绝谷而退居尔"，似乎是受到四老影响所致。其实看《史记》，张良年轻时已经学道，吕后找他商量保太子位前,张良已经居家养病,并学辟谷导引之术,与四老的入宫没有太大的关系。

汉高帝嬖于戚姬①,欲以赵王如意易太子盈②,大臣不能争。吕后危之③,谋于留侯张良④。良曰:"夫有非常之人,然后成非常之事。良闻商洛山遁者四人,曰夏黄公、甪里先生、东园公、绮里季⑤。上尝召不能致。今太子实能自卑以求之,四人且来,来而宾太子,此善助也。"吕后如良计,遣吕泽迎之。

【注释】

①汉高帝:即汉高祖刘邦。沛丰邑中阳里人,汉朝开国皇帝。嬖:宠幸。

②太子盈:即后来的汉惠帝。

③吕后:名雉,字娥姁。或称汉高后、吕太后。单父(今山东菏泽单县)人。汉高祖刘邦的皇后。

④张良:字子房,颍川城父(今河南宝丰)人,秦末汉初杰出的谋士、大臣。汉朝建立时封留侯,后功成身退。

⑤夏黄公、甪(lù)里先生、东园公、绮里季:即夏黄公崔广、甪里先生周术、东园公唐秉、绮里季吴实。后人称之为"商山四皓",并以此来泛指有名望的隐士。

【译文】

汉高帝非常宠爱戚姬,想让她的儿子赵王如意取代太子盈继承王位,大臣们的劝阻起不了作用。吕后因此心中担忧,找来留侯张良商量对策。张良说:"只有超出常规的人,才能成就不同寻常的事情。我听说商洛山中有四位隐士,字号分别为夏黄公、甪里先生、东园公、绮里季。高帝曾想召请他们出山而没有成功。如今太子若能放下身段去拜求他们，使他们四个人能来京城，成为辅佐太子的门客，那对太子会有很大的帮助。"吕后听从了张良的计谋，派哥哥吕泽前去迎请此"四皓"。

四人始耻之，既而相谓曰："刘季大度①，又知所以高我，求我不得，惭己而已矣。吕雉女子，性复惨忍，其子盈不立，必迫于危。危而求我，安危卜于我也。求我不得，必加祸于我，姑俞之可也②。"乃来。

【注释】

①刘季：即汉高帝刘邦。

②俞：答允。

【译文】

四个人刚开始感到很羞耻，后来又相聚在一起商量说："刘季这个人为人大度，又很看重我们，虽然没有实现让我们出山的愿望，也只是自觉惭愧不怪罪别人。吕雉是个女人气量不大，加上性格残忍，如果她的儿子刘盈不能继承皇位，就会陷入危难。处于危难而来求我们，那么他们的安危就与我们密切相关。如果吕雉她来求我们而被拒绝，必然要加害于我们，看来只有暂且答应她比较妥当。"于是就出山来到了京城。

一日偕太子进。高祖见而问之，四人咸自名。帝愕然曰："吾尝求之而不从吾，何谓从太子？"四人曰："陛下慢人，我义不受辱。太子尊人，我即以宾游。"帝谢之①，指谓戚姬曰："太子羽翼成矣，不可摇也。"

【译文】

有一天他们跟着太子一同进宫。汉高祖看到后随即询问，四个人都自报了姓名。高祖惊讶地说："我曾经前来拜求没有得到你们的回应，怎么就肯跟从太子了呢？"四人说："陛下对人傲慢，我们受不得如此的羞辱。太子能尊重人，所以我们就留在太子身边当宾客了。"帝王连忙向四人道歉，然后指着他们对戚姬说："太子的翅膀已经长成，他的地位不可动摇了。"

　　吕后德之①，将尊爵之。四人相谓曰："我之来，远祸也，非欲于心也。盈立则如意黜，吕雉得志则戚姬死。今我惧祸，成盈而败如意，欢吕后而愁戚姬，所谓废人而全己，殆非杀身成仁者也。复将忍耻，爵于女子之手，以立于廷，何异贼人夕入人室，得金而矜富者耶②？"乃复隐商山。吕后不能留。

【译文】

吕后因此非常感谢四位隐士，准备给他们尊封爵位。四个人商议说："我们来京城，是为了逃避祸害，不是为了实现心中的欲望。不过刘盈即位就意味着如意被弃用，吕雉得逞愿望而戚姬难逃一死。现在因为我们怕遭祸害，成全了刘盈而使得如意失败，让吕后高兴而使戚姬犯愁，这种做法分明是为保全自己而去伤害了别人，大概算不上是杀身成仁的勇士。即便如此还要忍着羞耻从女人手中获取爵位，留在朝廷中做官，这跟小偷入室盗窃、偷得金银财宝还要夸耀财富是一样的了！"于是他们又回到了隐居的商山，不再接受吕后的挽留。

张良亦悟，于是屏气绝谷而退居尔①。

【注释】

①屏气：指调整呼吸。为道教养生修炼之术。绝谷：即"辟谷"，源自道家养生中的"不食五谷"，是古代一种养生方式。

【译文】

张良也有所醒悟，于是也学习吐纳呼吸、辟谷养身的方法，退出官场而隐居了起来。

严陵说第九

【题解】

　　严陵,即严光,字子陵。《后汉书·严光列传》有他的生平介绍,说他年少时曾与汉光武帝刘秀是同学,感情很好。以后还为刘秀起兵打仗出谋献策。待到刘秀即位后,躲入浙江富春山(今浙江桐庐)隐居。与本文所记内容不同的是,当时刘秀只是派了使官去请严光,后者被请了三次后也去了京城。在受到丞相司徒侯霸的冷遇和与光武帝的交往失利之后,还是选择退隐回了老家。这与本文中光武帝亲自到富春江边请严光出山而被后者严词拒绝的情况并不相同。据后人分析,严光再次回归家乡的原因或出于对自己将面临处境及自身意愿间的权衡,而非对道家理念的执着所致。由此而言,作者无能子只是按照自己的想象描绘了严光的思想境界,有把严光形象随主观需要调整之嫌。

　　在无能子刻画的故事中,光武帝为严光成为渔夫而感到羞耻,并许诺只要相从就给以高官厚禄、声色犬马,与《后汉书》中只给了一个谏议大夫位子的实情也有差距。而严光当然实际上也没有慷慨陈词,说光武帝所得只十分天下之一二分而已,而公侯卿大夫名号,"皆圣人强名,以等差贵贱而诱愚人"之类的话。

　　史书上说,严子陵答复光武帝所问"我比起过去怎么样"时,只是顾左右而言他地回答:"陛下比过去稍微胖了一点。"而不曾出现文中对其与西汉末其他帝王及王莽、更始帝的对比，并把光武帝说成是"战争杀戮，不知纪极，尽人之性命，得己之所欲"的"求为中国所尊者"。可见作者完全是在借古讽今，通过严光之口，痛骂现实社会中的执政者而已。

不过，文中所批评的社会现象，还是很有针对性的。作者指出所谓的官爵富贵，不过是过眼烟云。这些诱人的"充欲之物"，会使人落得"梏其肢体，愁其精神"的下场。这样的话，即使在今天还是很有教育意义的，值得回味。

光武微时①，与严陵为布衣之交②。及即位，而陵方钓于富春渚③。光武思其旧，慕其贤，躬往聘之。陵不从。

【注释】

①光武：指汉光武帝刘秀（前5—57），字文叔，南阳郡蔡阳县（今湖北枣阳）人。汉高祖刘邦的九世孙。九岁父亲去世，由叔父刘良抚养，成平民百姓。后起兵除乱，登基称帝，史称"东汉"。庙号"世祖"，谥号"光武皇帝"。

②严陵：即严光，生卒年不详。有说生于公元前39年卒于公元41年者。又名遵，字子陵。会稽余姚（今浙江余姚）人。少时与光武帝刘秀同学，亦为好友。其后帮助刘秀起兵，事成后归隐著述，设馆授徒。刘秀即位后，多次聘请严光任官，但他隐姓埋名，退居桐庐富春江。后卒于家，享年八十。布衣之交：指平民之间的友谊。

③富春渚：富春江洲边。富春，富春江，在今浙江桐庐。渚，水中小块陆地。

【译文】

汉光武帝还是平民百姓时，与严陵是同学，为整日相伴的好朋友。等到他登上皇位后，严子陵却躲到富春边上钓鱼去了。光武帝思念子陵的旧情，又爱慕他的才干，所以就亲自前去请他出来任职。子陵不肯。

光武曰："吾与子交也，今吾贵为天子，而子犹渔，吾为子耻之。吾有官爵，可以贵子，金玉可以富子，使子在千万人上。举动可以移山岳，叱咤可以兴云雨^①；荣宗华族，联公继侯；丹腹宫室^②，杂沓车马；美衣服，珍饮食，击钟鼓，合歌舞；身乐于一世，名传于万祀^③。岂与垂饵终日，汨没无闻^④，校其升沉荣辱哉？可为从于我也。"

【注释】

①叱咤：叫喊，怒喝。

②丹腹（huò）：红色的矿物颜料，用以涂饰。这里代指华美的装饰。

③万祀：万年。

④汨没（gǔ mò）：埋没。

【译文】

光武帝说："我与你是好朋友，现在我贵为天子，而你还在钓鱼，我为你感到羞辱。我有官爵，可以使你变得高贵；有金玉财宝，可使你变得富有，可以让你位居千万人之上。这样你在举手投足之间就能移动山岳，叫喊一声可以兴云作雨；能耀祖光宗，世代封侯尊爵；住着华丽的宫室，坐着豪华的车马；穿着光鲜，饮食精美；生前日夜陶醉于音乐、歌舞等欢乐之中，死后名声播于千秋万代。难道不比每天钓鱼，默默无闻来得荣耀、来得地位高吗？你就跟我走吧。"

陵笑曰："始吾交子之日，而子修志意，乐贫贱，似有可取者。今乃夸咤眩惑，妄人也。夫四海之内，自古以为至广大也。十分之中，山岳江海有其半，蛮夷戎狄有其三①，中国所有，一二而已。背叛侵凌，征伐战争，未尝怗息②。夫中国天子之贵，在十分天下一二分中，征伐战争之内，自尊者尔。夫所谓贵且尊者，不过于一二分中，徇喜怒专生杀而已。不过一二分中，择土木以广宫室，集缯帛珍宝以繁车服③，杀牛羊种百谷以美饮食，列姝丽敲金石以悦视听而已④。嗜欲未厌，老至而死。丰肌委于蝼蚁，腐骨沦于土壤，匹夫匹妇一也，天子之贵何有哉？

【注释】

①蛮夷戎狄：是古代对四方少数民族的统称。东方曰夷，南方曰蛮，西方曰戎，北方曰狄。

②怗（tiē）息：平定，安宁。

③缯帛：丝绸的统称。

④姝丽：美女。金石：泛指乐器。金，指金属做成的乐器，如钟。石，指石制的乐器，如磬。

【译文】

严子陵笑着说："当初我与你认识的时候，你有理想有抱负，安贫乐道，似乎有可取之处。现在你自我膨胀又十分糊涂，是个无知又胡作非为的人啊。东南西北四海环绕的中原大地，自古以来被认为是最为广大的地方了吧。若将它分成十份，其中山岳、江海就占去了一半，另外十分之三为南蛮、东夷、西戎、北狄等少数民族所占有，中国只占了其中的十之一二分地域而已。为了占有这些地域，人们之间的背叛、侵凌、征伐、战争等等，从来不见停息。中国天子的尊贵，不过局限在这十分天下的一二分中，是通过不断地使用征伐、战争手段，去争来的自尊罢了。你所说的贵且尊，不过是在这十分之一二中，任由自己的喜怒爱好去处置别人的生死而已。不过是在这十分之一二中,挑选土木材料修建宫室,集聚绸缎珠宝,增加车马、服饰,宰杀牛羊牲畜、种植百谷以享用美食,让美女列队歌舞、演奏音乐以获得视听享受罢了。欲念无休无止尚未完全实现,人就到了年老乃至死亡。那时曾经丰满的肌体被蝼蚁侵食,腐朽的尸骨混入土壤。帝王与平民百姓同样面临这样的情况,作为天子的尊贵又体现在哪里呢?

　　"所谓贵我以官爵者,吾知之矣。自古帝王与公侯卿大夫之号,皆圣人强名,以等差贵贱而诱愚人尔。且子今之帝王之身,昔之布衣之身也;今人虽帝子,而子自视之,何异于昔? 盖以诱我于强名,而使子悦而夸咤也。今又欲以强名公侯卿大夫诱我,非愚我耶? 夫强名者,众人皆能为之。我苟悦此,当自强名曰公侯卿大夫可矣,何须子之强名哉? 子必曰官爵者,以其富贵其身也。官爵实强名也,自我则有富贵之实,不自我则富贵何有哉? 夫所谓官爵富贵者,亦不过于峨冠鸣玉[①],驱前殿后[②],坐大厦,被鲜服[③],耳倦丝竹[④],口饫椒兰[⑤],皆子所诱我之说而已。子所诱我者,不过充欲之物而已。夫车马代劳也,骐骥款段[⑥],一也;屋宇庇风雨也,丹腹篷茅[⑦],一也;衣服蔽形也,绮纨韦布[⑧],一也;食粒却饥也,椒兰藜藿[⑨],一也。况吾汩乎太虚,咀乎太和,动静不作,阴阳同波。今方自忘其姓氏,自委其行止,操竿投缕[⑩],泛然如寄[⑪]。又何暇梏其肢体[⑫],愁其精神,贪乎强名而充乎妄欲哉?

【注释】

　　①峨冠:高冠帽。峨冠博带的简称,古代儒生、士大夫的装束,亦用

来比喻穿着礼服。鸣玉:指佩戴美玉,行步时发出叮当声响。

②驱前殿后:出门时有人开道殿后,前呼后拥。

③被:披,穿着。鲜服:华丽的衣服。

④丝竹:弦乐器与竹管乐器。泛指音乐。

⑤饫:吃。椒兰:代指美味。椒与兰,皆芳香之物,故并称。

⑥骐骥:千里马的别称,骏马。款段:指行动迟缓的驽马。

⑦丹腠:指有华美装饰的宫庭。篷茅:指茅舍草房。

⑧绮纨:丝绸制作的华美衣服。韦布:兽皮粗布,泛指粗制的衣服。

⑨藜藿:泛指粗食。藜,野菜。藿,豆叶,嫩时可食。

⑩缕:指钓鱼线。

⑪寄:暂时寄存。

⑫梏:约束。

【译文】

"你所说的使我得到尊贵的官爵,我知道是怎么回事。自古以来,帝王与公、侯、卿、大夫的称号,都是圣人勉强给出的名号,用以区分出贵贱的差等,来诱惑愚人钻入圈套。况且你现在的帝王之身,原本从过去平民身份转变而来;现在人们尊你为皇帝,你自以为与过去的自己有什么不一样吗? 大概也只有那些用来诱惑我的勉强取的名号,能使你快活而自我炫耀吧。你现在又想用那些公、侯、卿、大夫的强取的名号来诱惑我,这不是在愚弄我吗? 其实勉强取个名号是大家都能做的事情,我如果喜欢,自己制造些公、侯、卿、大夫之类的名号就行了,有什么必要等你来强加名号? 你一定会说,官爵能给人带来富贵。其实官爵就是勉强给的名号,自己有感觉才能体会到富贵这回事,如果没有感觉也就体会不到富贵的存在。你所说的官爵富贵,只不过是指穿戴着礼服、身佩叮当作响的美玉、出行时有人开道压阵、住在气派的宫室里、穿着鲜艳的服装、耳朵听厌了音乐、口中吃遍了美食,这都是你用来引诱我上钩的说法而已。你所用来诱惑我的,都不过是满足欲望的物质享受而已。其实车马作为代步工具，乘骑骐骥这样的好马还是款段这样的劣马作用是一样的；屋子有庇护风雨的功用，与是住装饰美丽的华屋还是茅草房关系不大；衣服是用来遮蔽身体的，不管是穿绫罗绸缎还是兽皮粗布都能起到作用；吃饭是为了填饱肚子，至于吃的是椒兰这样的芬芳美味还是藜藿这样的野草，都是一样的。况且我现在神游于太虚之境，体味着自然界太和的状态，心中没有思绪波动，与天地间阴阳之气同起伏。今天连自己的姓氏都不记得了，行为都顺应其自然，平日里操持钓竿抛出鱼钩，就像寄身于水面般地自在无虑。又有什么工夫来拘束自己的肢体，愁苦自己的精神，去贪图那些勉强造作的名号而在心中塞入邪意恶欲呢！

"且王莽、更始之有天下①，与子之有天下何异哉？同乎求为中国所尊者尔，岂忧天下者耶？今子战争杀戮，不知纪极②，尽人之性命，得己之所欲，仁者不忍言也。而子不耻，反以我渔为耻耶？"

【注释】

①王莽：字巨君，新都哀侯王曼次子、西汉孝元皇后王政君之侄、王永之弟。中国历史上新朝的建立者，公元 8—23 年在位。后被更始帝刘玄所杀。更始：指更始帝刘玄，字圣公，南阳蔡阳（今湖北枣阳西南）人。原是西汉皇族，汉光武帝刘秀的族兄。公元 23 年，被绿林军在淯水（今南阳白河）之滨拥立为皇帝，年号更始，史称更始帝。同年灭王莽新朝，入主长安。公元 25 年，更始政权在赤眉军和刘秀大军的两路夹击之下灭亡，不久刘玄被赤眉军所杀。

②纪极：限度。

【译文】

"况且之前王莽、更始帝之占有天下,与你的占有天下没有本质上的不同。你们同样是想做中国的独尊者,没有为天下担忧的意思。现在你发动战争、杀戮民众而无休无止,不顾民众的死活,只求满足自己的欲望,心怀仁爱者都不忍心提起这样的话题。而你连羞耻感都没有,反倒说我钓鱼生活是一种羞耻?"

光武惭,于是不敢臣陵焉。

【译文】

光武帝听了十分惭愧,于是不敢再提请严子陵出山的事了。

孙登说第十

【题解】

　　嵇康事迹见载于《晋书·嵇康列传》《三国志·魏书》等书中。据载,嵇康曾经游于山泽采药,砍柴的人遇到他都认为是神仙。嵇康遇到过隐士王烈,便随其一道入山,王烈一次得到石头的精髓饴糖,便自己吃了一半,余下一半给嵇康时,却都重新凝结变回了石头。又在石室中见到一卷白绢写的书,立即喊嵇康去取,却再也找不见了。王烈于是感叹道:"嵇康志趣不同寻常却总是怀才不遇,这是命啊!"又有一次他到汲郡(今河南卫辉西南)山中见到隐士孙登,便跟他遨游。孙登沉默自守,不说什么话。嵇康临离开时,孙登说:"你性情刚烈而才气俊杰,怎么能免除灾祸啊?"后面这件事,便是本文故事的出处。不过史籍中所记,原本十分简单。现在的文字当是无能子发挥后的产物。

　　作者本着"无为""虚静"宗旨,对嵇康的所作所为做出了批判。首先他从世界以"无"为第一性为论述出发点,借孙登的口说道:"杳杳冥冥,有精非精,浑浑淳淳,有神非神。精神甚真,离之不分,留之不存。孰谓固命,孰谓理身,孰为有涯,孰为无垠?然而虚无之中,绵绵相循,出入无迹,为天地之根。"杳冥无垠的世界中有精神性的道的存在,它为天地之根,是包括人的形体在内的各种生命体的存在依据。而嵇康未明其中之理,"矜己疵物",纠缠于俗务之内,不得超脱,现在又想寻求到养生之术。此举可谓是"啴噪于尘世之中，而欲探乎永生"，当然是不能获得成功的。所以他以后遇到的厄运，原本也有其内在原因。这种说法与史书中王烈叹其命运不济的记载还是契合的。这种对嵇康做出的负面评价，或许是其对自己所处社会中只从浮表层面妄谈道家"无为""虚静"人群的否定。

应当说，本文作者能从理论层面出发，对何为道、道与人的形体关系、如何学道养生等问题联系起来做出分析，体现了他对道家理论的深入理解，使得道家理论进一步深化，是其对道家理论发展的独特贡献所在。不过，在本章的论述中，还是有对道、精神、形骸与俗务之间关系陈述的含糊之处，这样形成的某些认识层面的跳跃，需要得到进一步的修正。

孙登先生隐苏门山①，嵇康慕而往见之②。曰："康闻蜉蝣不能知龟龄③，燕雀不能与鸿期④，康之心实不足以纳真海。然而日月之照，何限乎康庄堧埒⑤；雨露之润，罔择乎兰荪萧艾⑥。先生理身固命之余⑦，愿以及康，俾康超乎有涯，遨乎无垠。"

【注释】

①孙登先生：字公和。魏晋时期汲郡（今河南卫辉）人。隐居山中，与嵇康交往数年，后不知所终。事见《晋书·隐逸列传》。苏门山：在今河南卫辉境内。

②嵇康（224—263，一作223—262）：字叔夜。谯国铚县（今安徽濉溪）人。三国时期思想家、文学家，"竹林七贤"之一。为曹魏宗室的女婿，娶魏武帝曹操曾孙女长乐亭主为妻。官至中散大夫，世称"嵇中散"。后隐居不仕，屡拒为官。因得罪朝廷重臣钟会，

遭其构陷而被权臣司马昭处死,时年四十岁。

③蜉蝣:小虫。生存至多六七日。龟龄:乌龟的寿命。

④鸿:鸿鹄,即天鹅。

⑤康庄:宽阔平坦的路。墝埆(qiāo què):亦作"硗确"。土地瘠薄,地势险要的地方。

⑥兰荪:香草名。即菖蒲。萧艾:野草名。屈原《离骚》:"兰芷变而不芳兮,荃蕙化而为茅。何昔日之芳草兮,今直为此萧艾也。"喻二者有香草与杂草之区别。

⑦固命:指保养自身的元气。

【译文】

　　孙登先生隐居在苏门山中,嵇康因仰慕他的为人前往山中拜访。他对孙先生说:"我听说小虫蜉蝣不能知晓乌龟的年龄,小燕雀也不能像天鹅般地志向高远,我嵇康也因生性愚笨不足以领会真理的教诲。不过太阳月亮的照耀,遍及康庄大道与荒山险路;雨露的滋润,不挑别施及的是兰荪样的香花还是萧艾般的杂草。先生是否能在修身养性的同时,也关照一下我嵇康,让我也能超脱于有限的生命,而长存于天地自然之间。"

　　登久而应之曰:"夫杳杳冥冥,有精非精,浑浑淳淳,有神非神。精神甚真,离之不分,留之不存。孰谓固命,孰谓理身,孰为有涯,孰为无垠?然而虚无之中,绵绵相循,出入无迹,为天地之根。知之者明,得之者尊。凡汝所论,未窥其门。吾闻诸老聃曰:良贾深藏若虚,君子盛德容貌若愚①。且夫蚌以珠剖②,象以齿焚③,兰煎以膏④,翠拔以文⑤,常人所知也。汝有藻饰之才⑥,亡冥濛之机⑦,如执明烛,煌煌光辉⑧,穹苍所恶也⑨。吾尝得汝《贻山巨源绝交书》⑩,其间二大不可七不堪，皆矜己疵物之说，时之所憎也。夫虚其中者，朝市不喧⑪；欲其中者⑫，岩谷不幽。仕不能夺汝之情，处不能济汝之和。仕则累，不仕则已，而又绝人之交，增以矜己疵物之说。啍噪于尘世之中，而欲探乎永生，可谓恶影而走于日中者也，何足闻吾之诲哉？"

【注释】

①"良贾"二句：语见《史记·老庄申韩列传》。

②蚌以珠剖：蚌为生活于淡水中的软体动物，有的体内生长珍珠。

③齿：指象牙。焚：烧。泛指杀死。

④兰：兰草。因有香味而被制成膏油，用以点灯、涂抹身体等。

⑤翠：翠鸟。文：文采，美丽。

⑥藻饰：点缀文辞。

⑦冥濛：懵懂不清的样子，指韬光养晦。机：机能，本领。

⑧煌煌：明亮的样子。

⑨穹苍：上天。

⑩《贻山巨源绝交书》：书信名。又作《与山巨源绝交书》。贻，送。山巨源，姓山，名涛，字巨源。与嵇康同为"竹林七贤"。曾任选曹郎，迁升为大将军从军中郎时，欲推荐嵇康接任原职，被嵇康写信绝交。

⑪朝市：集市。

⑫欲其中：指心中充满了欲望。

【译文】

孙登沉默了一会才回答他说："天地自然是一种幽微难测的存在，其中有着意识的存在又难以把捉；它浑沌淳朴，似有精神的作用又并非是精神。精神虽然是真实的，无法把它从人体中分离出去，但又不能单独地留存下来。所以无法说得清怎么去保养元气,怎么能做到养身,分辨不出为什么有有涯的生命,什么是自然界的无垠。不过在虚空无形之中,是有一种绵绵不断、运行又找不到行迹的东西存在,它是大道,是天地自然的根本。懂得它的存在的人是智者,凡得到它启迪的人境界就高。而你的种种言论,还没有沾上大道的边。我听说老聃讲过:"好的商人低调而不露富,品德高尚的君子容貌好像很愚笨。"况且一般人都知道水蚌因为孕育珍珠而遭受剖杀,大象因长有贵重的牙齿而被焚林追杀,兰草因芳香而被调制成膏,翠鸟因文采斑斓而被拔除羽毛。你拥有华丽的文采,却没有韬光养晦的心机,就像高举着点亮的蜡烛,四处能见到闪闪的光辉,连上苍都难容这种情况的发生。我曾经读到你的《贻山巨源绝交书》一文,其中提到你不出来做官的两大原因和七件不能忍受的事情,都是一些夸耀自己、指摘别人的说法,会遭来世人的憎恨。心中虚静的人,身处大街集市不觉得喧闹;心中充满欲念的人,即使住在深山幽谷也不能平静。做官并不能夺去你的情怀,隐居也不能使你的心境平和。感到做官很累,那不去做就是了,却去与人绝交,还说出许多抬高自己贬低别人的话。你因出言不慎招惹了那么些是非,又想探求出永生的门径,就像是讨厌影子而偏偏奔走于太阳底下一样啊,哪有资格来听我的教导呢?"

康眩然如醒[①],后果以刑死。

【注释】

①眩然:昏乱的样子。醒(chéng):酒醉不醒的样子。

【译文】

嵇康迷迷糊糊听不懂孙登在说什么,以后果然以受刑而死了结了一生。

卷下

答通问第一

【题解】

本篇开始的下卷,记录的是无能子自己身边的事情,也有借事喻理的成分在内。本篇所记为无能子与其侄子通关于梦与现实关系的讨论。有关这方面的讨论向来在道家学者那里流行。先秦时的庄子,就曾说过庄周梦蝶的故事。《庄子·齐物论》中言:"昔者庄周梦为蝴蝶,栩栩然蝴蝶也,自喻适志与,不知周也。俄而觉,则蘧蘧然周也。不知周之梦为蝴蝶与,蝴蝶之梦为周与?周与蝴蝶则必有分矣。此之谓'物化'。"在其中,庄子运用浪漫的想象力和美妙的文笔,通过对梦中变化为蝴蝶和梦醒后蝴蝶复化为己事件的描述,提出了人不可能确切地区分真实与虚幻和生死物化的观点。同篇中庄子还说到有时候晚上梦到在饮酒作乐,早上醒来却因遇到伤心事而哭泣;晚上梦到在哭泣的人,白天却好好的在打猎行欢。甚至有"方其梦也,不知其梦也。梦之中又占其梦"的情况出现。一般人以为人在醒时的所见所感是真实的,梦境是幻觉,不真实的。庄子却提出虽然醒与梦是两种不同的境界,但它们都只是一种现象,是道运动中的一种形态、一个阶段。这个思想正是本篇中无能子观点的立论依据。

不过庄子说梦更多的是在追寻精神自由并带有着浓厚的失落情绪,所以举出的例子与本篇中所说不尽相同。而类似的故事则在《列子》(相传汉代所传,唐天宝元年唐玄宗诏告其书名为《冲虚真经》,列为道教的重要经典之一)中出现。列子把人类的梦,看成是神游。梦者梦时其形僵卧,而可感知另一个五彩的世界。所以可以推知人在梦中其形不至,必为神至。

《列子·周穆王》书中设计了尹氏与役夫一对主仆的故事,说他们白天的生活与夜晚的梦境正好相反,于是得出梦与觉的无分,世上一切都是相对的结论。还提出"人生百年,昼夜各分",既然梦觉可齐,那么就无所谓在人生的哪一半时间里享受幸福了。这些内容与本章中无能子所说的"昼忧夕乐,均矣。何必易哉""人生百岁,其间昼夕相半,半忧半乐",如出一辙。不过无能子在此基础上又说出"能冥乎虚而专乎常,则不知所以饥寒富贵"的言论,则是超出了《列子》的地方,而在境界上与庄子更为贴近。

无能子贫,其昆弟之子且寒而饥①,嗟吟者相从焉②。

【注释】

①昆弟:兄弟。

②嗟吟:呻吟,哀叹。相从:跟随。

【译文】

无能子生活贫苦,他的弟兄家的孩子也生活于饥寒之中,他们在哀叹着贫困的同时还是跟随着无能子读书辨理。

一日,兄之子通谓无能子曰:"嗟寒吟饥有年矣,夕则多梦禄仕,而丰乎车马金帛。梦则乐,寤则忧,何可获置其易哉?"

【译文】

一天,兄长的儿子通对无能子说:"我们哀叹生活的饥寒交迫也有几年了,晚上我多次梦见当了官领到了俸禄,于是拥有了许多车马与金钱。在梦中我很快乐,到醒过来却分外忧伤,怎么样才能做到梦境与现实的互换呢?"

无能子曰:"昼忧夕乐,均矣,何必易哉?"

【译文】

无能子说:"白天的忧伤从晚上的快乐中得到中和,何必要换呢?"

通曰:"夕乐梦尔。"

【译文】

通说:"晚上的快乐只是一场梦呀。"

无能子曰:"夫梦之居屋室,乘车马,被衣服,进饮食,悦妻子,憎仇雠,忧乐喜怒,与夫寤而所欲所有为者,有所异耶?"曰:"无所异。""无所异,则安知寐而为之者梦耶,寤而为之者梦耶? 且人生百岁,其间昼夕相半,半忧半乐,又何怨乎? 夫冥乎虚而专乎常者,王侯不能为之贵,厮养不能为之贱①,玉帛子女不能为之富,藜羹褴缕不能为之贫②,则忧乐无所容乎其间矣。动乎情而属乎形者,感物而已矣。物者,所谓富贵之具也。形与物,朽败之本也,情感之而忧乐之无常也。以无常之情,萦朽败之本③,寤犹梦也,百年犹一夕也。汝能冥乎虚而专乎常,则不知所以饥寒富贵矣;动乎情而属乎形,则昼夕寤寐俱梦矣。汝其思之!"

【注释】

①厮养:干粗活的奴隶。褴褛:形容衣服破烂。

②藜羹:野菜汤。

③萦:缭绕。

【译文】

无能子说:"在梦里居住的房子、乘坐的车马、穿着的衣服、吃饭喝茶、享受与妻子儿女间的天伦之乐、憎恨仇敌,种种作为与忧乐喜怒的情绪,与白天醒着时候的所思所为,有什么不同吗?"答:"没什么不同。""既然没有不同,那怎么就知道睡觉时见到的一切是在梦里呢?或许醒来时的所作所为也不过是一场梦呀?而且人的一生活不过百岁,这期间白天与夜晚各自一半,能够获得忧伤与快乐的各自一半,又有什么可抱怨的呢?那些解悟了冥渺虚静而专注于恒常之大道的人,给他王侯的地位不能使他感觉到高贵,身为奴隶不能使他感到下贱,坐拥玉帛、子女不能使他感觉到富有,吃糠咽菜、衣服破烂不能使他感觉到贫苦,于是忧乐之类的情感便无法左右他的心志。有情感的波动并形之于外貌的,只是出自外物的诱惑而已。外物,是富贵借助表现的道具。人的形体与外界物质世界,本质上都是容易朽败的东西,情感因之而波动出现的忧、乐情绪,不属恒常的状态。以无常的情感去围绕着容易朽败的形体、外物而变化,那么即使醒着也就像在做梦一般,百年人生不过像做了一夜的梦一样。你如果能解悟冥渺虚静而专注于恒常的大道,就不再有对饥寒、富贵等概念的区分了;受外物诱惑而波动感情并影响到自身的言行,那么就是不管在白天还是夜晚都在做梦啦。你好好想想其中的道理吧!"

答华阳子问第二

【题解】

本篇中作者讲了他与朋友华阳子的一段对话。当华阳子因为欲学"无心"却受到出仕做官邀请而纠结时,无能子点穿了他话中的矛盾:"无心不可学,无心非仕不仕。"无心的精神境界不是靠学习获得的,与身处的境遇地位无关,而是在于内心是否能"至实""知常"。所谓"至实",便是符合于事实本身,那就是世界上的物质形体原本变化不实;所谓"知常",则是懂得"道"的原理。这是无能子自第一章便强调的东西,这里以日常生活中的事例为依据,做出了具体的展开说明。

与卷上《明本》篇中曾举出巢父、许由等隐士与尧、舜、禹、汤、周武王等明君的例子一样,本文中也举了许由善卷、尧舜的事例。所说明的道理,同样在于他们虽有"专其根而独善""张其机而兼济"等行为方式的不同,但都做到了"明之者可藏则藏,可行则行,应物立事,旷乎无情"。一样是"照以无滞之光,委以自然之和"的实践者,能在"无见之中"把握到"无名之元"。这就是本文中提出"无心""无为""以其本无欲而无私"的出处。

由于本篇中出现的是对话形式,所以相形之下,言谈中带有更多的细节,而在理论陈述方面则相对简略。若能在阅读中对照前文来看,则能对其中的内涵理解得更深入一些。

无能子形骸之友华阳子①,为其所知迫以仕②。华阳子疑,问无能子曰:"吾将学无心久矣,仕则违心矣,不仕则忿所知,如何其可也?"

【注释】

①形骸之友:指一般的朋友。与"知心朋友"相对应。

②所知:相识的人,要好的人。迫:逼迫。

【译文】

无能子有个泛泛之交的朋友名华阳子,被朋友逼迫而将去做官。华阳子因此十分烦恼,向无能子求教说:"我很早就想去学'无心'这样的处世状态,如果出去做官就违背了自己的意愿,不出去做官又会让朋友生气,怎么办才好呢?"

无能子曰:"无心不可学,无心非仕不仕。心疑念深①,所谓见瞽者临阱而教之前也②。夫无为者无所不为也,有为者有所不为也。故至实合乎知常,至公近乎无为,以其本无欲而无私也。欲于中,渔樵耕牧有心也;不欲于中,帝车侯服无心也。故圣人宜处则处,宜行则行。理安于独善,则许由善卷不耻为匹夫③;势便于兼济,则尧舜不辞为天子④。其为无心,一也。尧舜在位,不以天子之贵贵乎身,是以垂衣裳而天下治⑤。及朱均不肖⑥,则以之授舜,舜授禹。舍其子如疣赘⑦,去天下如涕唾,是以历万祀而天下思⑧。周公⑨,文王之子,武王之弟,天下熟其德矣。以成王在,其势不便于己,故不为天子。以成王幼,其势宜于居摄,故不敢辞。是以全周之祀⑩,活周之民,巍巍成功,其德不亏。此皆不欲于中，而无所不为也。子能达此，虽斗鸡走狗于屠肆之中⑪，搴旗斩将于兵阵之间⑫，可矣，况仕乎？”

【注释】

①心疑念深：内心思虑过多，陷于迷惑。

②瞽者：盲人。阱：指捕捉野兽的陷坑。

③许由：帝尧在位时，率领许姓部落在今天的河北省行唐县许由村一带活动，尧闻其贤名，想传位于他。许由认为这是对他的一种羞辱，便到颍水河洗他的耳朵。善卷：相传为尧帝时的隐士。他辞帝不受，归隐枉山（今湖南常德德山）。

④尧舜：唐尧和虞舜的并称，远古部落联盟的首领，古史传说中的圣明君主。

⑤垂衣裳而天下治：语出《尚书·武成》："垂拱而天下治。"意为不使用暴力，只是制定了衣服的式样、相见的礼节，就把天下治理好了。后世作为"无为而治"的样板。

⑥朱：即丹朱。尧的儿子。均：即商均。舜的儿子。肖：相似。

⑦疣赘：皮肤上生的瘊子。比喻多余无用的东西。

⑧祀：年。

⑨周公：姓姬名旦。周文王之子，周武王之弟。曾辅佐周武王灭商建立周朝，又辅佐武王之子成王制定国家礼法制度。为周朝的稳定做出很大的贡献。

⑩祀：祭祀。

⑪屠肆：屠宰场。

⑫搴旗：拔取敌人的旗子。

【译文】

无能子说："'无心'的状态不是靠学习得来的，'无心'也与做不做官无关。回答一个心中思虑过多又迷糊的问题，就像指点即将落井的盲人如何前行一样的困难。心中清静无为的人是能够做到无所不为的,而有主观想法的人则会有对所作所为的限制。所以保持着真实天性的人才能懂得恒常的大道,大公无私的人接近于清静无为,是因为他原本没有什么欲望与私心。如果心中存有欲念,那么无论做的是打鱼、砍柴、农耕、放牧的行当也都是有欲求和私心的;心中没有欲念的人,即使是坐上帝王的车马、穿着公侯的衣服也是'无心'之人。所以圣人在适合隐居的时候隐居,适合做官的时候做官。需要安心于独善其身的时候,如许由、善卷这样的人便不以做普通百姓为耻;时势要求你兼济天下,那么尧、舜这样的人就不拒绝去当天子。从'无心'的角度讲,他们是一样符合标准的。尧、舜在位时,不因为天子的地位高贵而自以为高贵,所以不诉诸暴力、无所事事就治理了天下。等到察觉自己儿子丹朱、商均的无才无德,尧就把天下传授给了舜,舜又把天下传授给了禹。舍弃自己的儿子继位好像去除皮肤上的瘊子一样干脆,放弃天下如同擦去鼻涕、吐出唾沫一样的不足惜,所以千载万年之后仍然被天下人所思念。周公,是周文王的儿子,周武王的弟弟,天下人都熟知他的美德。因为有周成王的存在,情势不便于自己当天子,所以就不去坐天子之位。又因为周成王年幼,世势要求他居于摄政大臣地位,因此不敢推辞此任。他保全了周王朝江山,拯救了周朝的百姓,建立了伟大的功绩,德行由此而完满。这些人都是'无心'即没有欲念在心的表现,他们因此而没有举止作为上的限制。你若能达到这样的境界,那么不管是混迹市场以斗鸡走狗谋生,或者上战场冲锋杀人,都没什么问题,何况只是出去做个官呢?"

答愚中子问第三

【题解】

"心友"就是忘形之交,即能够心灵相通的朋友,与前文中"形骸之友"构成对立。

关于本文中出现的经过追问"心在何"而获得解痛的现象,学界中人众说纷纭。有的以为愚中子患的是心理疾病,属于精神上有难受感,而不是真的在躯体上有不舒服。所以被反问之后便悟出问题所在,非药物能够解决,所以就病好了。也有的从心本精神的承载体去考虑,认为因此只能通过"无心""无为"的方法去解决,而不能借物质的药物达到功效。

本人联想前人以为无能子"其书多窃庄列之旨,又杂以释氏之说"(纪昀《四库全书总目提要·子部·道家类·无能子》)的评价,以为也可以解释为,愚中子原先只将"心"理解为肉团心,也就是我们的器官心脏。所以当此处有痛感时便想到要吃药,而当无能子追问其疼痛部位时,才认识到思想上出现的问题,应当从人的认识层面去探求解决的方法,所以就不再找寻药物治疗方法。这是一种自心识层面理解"心"的角度,无能子觉得非常正确,且难能可贵,所以才有了"得天之真,而神光不昧者"的称赞。

无能子心友愚中子病心①,祈药于无能子。无能子曰:

"病何?"曰:"痛。"曰:"痛在何?"曰:"在心。"曰:"心在何?"愚中子告病已间矣②。无能子曰:"此人可谓得天之真,而神光不昧者也。"

【注释】

①心友:知心朋友。与"形骸之友"相对应。

②间:痊愈。

【译文】

无能子的知心朋友愚中子得了心病,向无能子讨药吃。无能子问:"你得的是什么病啊?"答:"感到疼痛。"问:"痛在哪里啊?"答:"痛在心里。"问:"心在哪里啊?"愚中子听了便回答说病已经好了不疼了。无能子说:"这个人可以说是保持了天然真性,具有精神领悟境界的人呀。"

鱼说第四

【题解】

关于禹凿龙门的史实，在《水经注》有记载："梁山北有龙门山，大禹所凿……广八十步，崖际镌迹，遗功尚存。"据说由于地理条件的原因，每年春天有大批鲟鱼洄游至龙门穴洞之处集结，并且在临产卵前两三天内频繁跳跃。其时这些鱼的鱼鳍充血发红，成千上万条大鱼在河面翻动，远望一片红光，于是有"龙门赤河"的景象出现。相关的民间传说也在此基础上产生出来。现存史书中的相关记载可追溯到《埤雅·释鱼》："俗说鱼跃龙门，过而为龙，唯鲤或然。"不过其作者陆佃已是北宋时人，故本文作者无能子生活于此前的唐末，较之《埤雅》记载的故事更为时先。

与民间传说版本不同的是，本章作者的关注重点不在鲤鱼本身，而是对跳不过龙门的"河壖纤鳞"所思所想有更多的描述。文中对"随其形、足其分，各适矣"的状况做出肯定，认为这是最为合理的生存方式。这种思想当然与庄子的"足性"观念有关，但是若用郭象《庄子注》中的"性分"概念来说，可能更为清楚。郭象在《庄子·齐物论注》中谓："苟各足于其性，则秋毫不独小其小，而泰山不独大其大矣。"意思是每一种生命体都依其天赋的本性而活动，那就是最为合理的生存方式。所以"吾鬐鬣而游，彼角足而腾，未尝不顺也"。这样一种"足于天然而安其性命"的生命存在形式，即使在现代社会也有值得提倡的一面，因为它对于一些急功近利的价值观念、社会焦虑症等有着特殊的疏导、治疗意义。

　　河有龙门①,隶古晋地②,禹所凿也。悬水数十仞,淙其声③,雷然一舍之间④。河之巨鱼,春则连群集其下,力而上溯⑤。越其门者则化为龙,于是拏云拽雨焉⑥。河壖纤鳞望之⑦,相谓曰:"彼亦鱼也,而超变如此,岂与我拨拨然壖而游,戢戢然穴而藏哉⑧!"

【注释】

①河:黄河。龙门:山名。在今陕西韩城与山西河津交界处。相传大禹治水时,开凿龙门以导黄河之水。

②隶:附属。

③淙(cóng):水流。

④雷然:像雷声那样。一舍之间:行军三十里为一舍。

⑤上溯:逆水而上行。

⑥拏(ná):牵引。拽:牵引。

⑦壖(ruán):岸边。纤鳞:小鱼。

⑧戢戢然:聚集在一起的样子。

【译文】

　　黄河流域中有个叫龙门的地方,古代曾是晋国的属地,在大禹治水时已被开凿出来。从龙门高处流下的瀑布达数十丈,轰隆隆的水流,如打雷一样地震响到几十里外。黄河里有大鱼,每到春天就成群结队地集在瀑布下面,竭力往上跳跃。能越过龙门的就变成了龙,于是就能牵云作雨了。黄河水边上的小鱼见了,相互说:"它们也是鱼类,却能发生这样的超级改变,再也不会像我们这样拨动着鳍鳞在浅水游动,聚集在一起藏身于洞穴了!"

其一曰："惑矣！汝之思也。夫天地之内，物之颁形者千万焉，形之巨细，分之大小相副焉。随其形，足其分，各适矣。彼超变者，河之时波则与之惊，澄则与之平，意顺力浑，沉浮安定。及其思变也，连群而妒，溯瀑而怒，意挠力困，乃云乃雨。夫云雨来随蒸润之气，自相感尔，于彼何有哉？彼若有心于云雨之间，有时而堕矣。无心自感，又何功乎？角其上，足其下，与吾鬐鬣一也①。吾鬐鬣而游，彼角足而腾，未尝不顺也。岂以吾塆游之无争，穴藏之无虞，人不知而害不加之乐，易其角足云雨之劳乎？"

【注释】

①鬐鬣(qí liè)：鱼、龙的脊鳍。

【译文】

其中有一条小鱼说："糊涂啊！你们的想法。天地之间，物质的形体成千上万，这些大小的形体，都是与其能力的大小相匹配的。如果能接受自身的形体，满足于具有的能力，那就能获得安适的心境。那些超级变化者，原先在黄河出现波澜时同浪花一起翻滚，河水澄静时又与其同样平静。心情顺畅精力充沛，在水中沉浮活得很安定。到它们想有变化时，结聚成群而互怀猜忌之心，竭力逆瀑布向上跳跃时，心里紧张用尽力气，然后才能够牵云作雨。其实云雨是由水蒸气带来的，是事物之间自相感应的结果，与它们有什么相干呢？它们如果在牵云作雨之时夹杂私心的话，可能会导致从天上堕下的危险。若只是无心于云雨而任由事物的自然感应，那又有什么功劳可言呢？龙的头上长角，身下有脚，这和我们长脊鳍是一样的道理。我们长脊鳍能用以游水，它们长了角和脚能腾空飞行，都能顺应功能的发挥。难道要以我们的岸边游水的与世无争，洞穴藏身的平安无虑，因不被外人所知而没有祸害的快乐，去换那生长角足的拖累、牵云作雨的辛劳吗？"

鸩说第五

【题解】

　　有关鸩鸟的记载,先秦《左传》《离骚》等书中已有记载。据说它生活在岭南一带,比鹰略大,羽毛大都是紫色的,腹部和翅膀尖则是绿色的。《五经异义》说它的毒性源于他的食物。岭南多蛇,鸩鸟就以这些阴冷可憎的动物为食。在所有的蛇中,鸩鸟最喜欢毒蛇。唐代法律书上对鸩酒毒药也有提及,《唐律疏议》附录《唐律释文》中说:"鸩,鸟名也。此鸟能食蛇,故聚诸毒在其身,如将此鸟之翅搅酒,饮此酒者必死,故名此酒为鸩浆。"明《草木子》仔细解释了鸩鸟不畏蛇毒的原理,说在它们吃下毒蛇以后,鸩肾就会分泌出含有强烈气息的黏液,将蛇毒萃取出来,并开始煎熬毒药。蛇毒被逐渐分解,直到成为比粉末更细致的东西。最后,这些毒粉随着汗水渗透到皮肤上,沿羽毛流淌并逐渐蒸发散失。因此鸩鸟的羽毛含有剧毒,但它的肉却是无毒的,甚至可以说是一种美味。

　　唐之前的古书中尚无有关鸩蛇相争的记载,而本文的出现使人们对两者关系有了新的认识。所以《鸩说》是本书中流传甚广的篇章之一,而本文中所传递的观念也随之而得到传播。人们认为,同样有毒,但因用处不同而有不一样的社会影响力。要像鸩那样甘愿承担恶名而疾恶如仇,始终保有一颗善心对社会做出善事。至于无能子所说的"不可有心"，若理解为无害人之心，还是行得通的。

　　鸩与蛇相遇①，鸩前而啄之。蛇谓曰："世人皆毒子矣。毒者，恶名也。子所以有恶名者，以食我也。子不食我则无毒，不毒则恶名亡矣。"

【注释】

①鸩：鸟名。传说中的猛禽，比鹰大，鸣声大而凄厉。羽毛紫黑色，脖子细长，喙赤色。因食各种毒物，所以其羽毛有剧毒。用它的羽毛在酒中浸一下，酒就成了鸩酒，毒性很大，几乎不可解救。雄鸟名叫运日，雌鸟名叫阴谐，江南人还把它叫做同力鸟。

【译文】

　　有一天鸩与蛇相遇，鸩就上前去啄食毒蛇。蛇对它说："世人都说你有毒啊。有毒，可是个坏名声。你之所以会有坏名声，是吃了我的缘故。你不吃我就身上无毒，不毒就不再有坏名声了呀。"

　　鸩笑曰："汝岂不毒于世人哉？指我为毒，是欺也。夫汝毒于世人者，有心啮人也。吾怨汝之啮人，所以食汝示刑也①。世人审吾之能刑汝，故畜吾以防汝；又审汝之毒染吾毛羽肢体，故用杀人。吾之毒，汝之毒也，吾疾恶而蒙其名尔。然杀人者，人也；犹人持兵而杀人也，兵罪乎？人罪乎？则非吾之毒也，明矣。世人所以畜吾而不畜汝，又明矣。吾无心毒人，而疾恶得名，为人所用。吾所为，能后其身也。后身而甘恶名，非恶名矣。汝以有心之毒，盱睢于草莽之间②，伺人以自快③。今遇我，天也，而欲诡辩苟免耶？"

【注释】

①刑：惩罚。

②盱睢(xū suī)：睁大眼睛仰视的样子。草莽：野草丛。

③伺人：伺机咬人。

【译文】

鸩笑着说："你难道不毒害世上的人吗？说我毒害世人，那不是实情。你毒害世人，是有意去咬人造成的后果。我因为恨你的故意咬人，所以才吃你以示惩罚。世上的人察知我能惩罚你，所以养育我来预防你的伤害；又察知你的毒会沾染我的羽毛、肢体，所以又利用来杀人。我的毒来自你的毒，我因为痛恨作恶而蒙受了坏名声。不过用毒来杀人的，是人类；这就像人类持兵器去杀人，是兵器犯的罪，还是执兵器的人犯的罪呢？所以并非我毒害人的道理，是明摆着的。世上的人之所以养育我而不养你，原因也是很清楚的。我没有毒害人的动机，而是因想除恶而得了坏名声，所以人们要使用我。我的所作所为，是先人后己的体现。先人后己而宁愿有坏名声，并不是真正的坏名声。你揣着毒害人的心思，抬头睁大眼睛躲藏在乱草丛里，找机会伤害人以获得自己的快乐。今天遇到了我，是天意呀，你还能用狡辩来躲过一死吗？"

蛇不能答，鸩食之。夫昆虫不可以有心，况人乎！

【译文】

蛇听后再无法应答，于是被鸩吃掉了。连昆虫和鸟兽动物都不可有伤害外物之心，何况是人呢！

答鲁问第六

　　本章中第一段围绕着如何"学行学文"而展开。"学行学文"是指学习的具体内容，在儒家那里开始提出。《论语·述而》中有"子以四教：文、行、忠、信"句，即是一例。这里的行，是指对中国传统道德伦理的践履；文，是指对那些道德原则的修饰与表现，诚如本文中所说的"仪也，饰其所行之善也"。正是如此，所以中国人即使将"文"的含义扩展到一切的知识与文学，还是认为它是为实践道德原则服务的，而没有独立的"文化"学习这一说。

　　与儒家所说不同的是，无能子把行、文的源头归之于"心"，由于"心"的活动以符合自然天性为合理，所以行、文最终归属便是"自然"。否则就是私心。既是如此，行文只要通过复返于内心的自然天性就会达到合理合适的程度，而不是通过外在的模仿就能实现的。这里突出了内心感悟的重要性，从内与外的矛盾统一角度，较好地处理了行、文、心三者的关系，具有理论上的新意。

　　后一段文字，记载了无能子对鲁的酗酒行为的分析。他指出鲁借酒消愁，是对自身忧悲之情缺乏认识所致，所以只有对人的情感渺茫不可及有所认识，才能从沉迷于酒的恶习中摆脱出来。这段话将人的情感做了完全的否定，有其道家消极应世的一面；但是换个角度来看，也是对人类理性的召唤,有其合理的地方。

一

无能子从父之弟鲁①,求学于无能子。无能子曰:"何学?"曰:"学行学文。"无能子曰:"吾不知所以行,所以文,然前志中所谓圣人者②,吾尝偶观之。其言曰:行,行也,行其心之所善也。文,仪也,饰其所行之善也。丧者本乎哀。哀,行也;齐缞之服、祭祀之具③,文也。礼者本乎敬。敬,行也;升降揖让,文也。乐者本乎和。和,行也;陶匏丝竹④,文也。文出于行,行出于心,心出于自然。不自然则心生,心生则行薄,行薄则文缛⑤,文缛则伪,伪则乱,乱则圣人所以不能救也。夫总其根者不求其末,专其源者不寻其流。汝能证以无心⑥,还其自然,前无圣人,上无玄天。行与文在乎无学之中矣。"

【注释】

①从父之弟:从父,作为亲属的称谓,指称祖父的亲兄弟的儿子,即堂房的叔伯。从父之弟,指堂叔伯父门中的弟弟,即堂房弟弟。《仪礼·丧服》"从父昆弟"注"世父叔父之子也"。

②前志:指从前的史书或文章。

③齐缞(zī cuī)之服:粗布制的丧服。齐,谓将丧服下部的边折转缝起来。缞,披于胸前的麻布条。

④陶匏丝竹:泛指各种乐器。陶,陶制的乐器,如埙。匏,笙竽一类的乐器。丝,弦乐器,如琴瑟。竹,竹管乐器,如笛子。

⑤行薄:不厚道,品行差。文缛:礼仪繁杂琐碎。

⑥证：参悟。

【译文】

　　无能子的堂房弟弟叫鲁，他想跟随无能子学习。无能子说："想学什么呢？"答："学习道德践履与礼乐文化。"无能子说："我不知道怎么去行，如何为文，不过以前史书里记载了一些圣人的教导，我曾偶然看到了一些。他们说：所谓的'行'，就是指道德践履，去实施心中认识的'善'。所谓的'文'，是指礼仪，把所践行的'善'形成仪式。比如办丧事是出于表达哀伤的情感。哀伤，是内心情感的流露；而穿着丧服、摆上祭祀的器具，便是'文'即礼仪的表现。设置礼仪是出于对人的内心情感的尊敬。而这种'敬重'，就是内心活动的付诸行动；至于各种场面中的位置安排、行礼动作，便属'文'的范围。音乐的创制出于内心对和谐的需要。和，是这种需要的付诸实施；至于陶、匏、丝、竹各种乐器的演奏，则属于'文'的范围。'文'的出现来自'行'的需要，而'行'的指导者是内心，而'心'又是出自人的自然天性。所以不是出自自然天性的属于私心，有了私心带来了行为的缺损，行为缺损则礼节烦琐、形式化，礼节形式化则导致人情的虚伪，人情虚伪则造成社会的混乱，这种混乱连圣人也不能解救。把握根本的不会被细枝末节所迷惑，专注于本源的不会受末流的左右。如果你能参悟无心的境界，恢复自然天性，忘却了圣人的言论，也没有了自然界的玄天等观念，那么不用刻意去学，行与文的认识就自然地存在于心中了。"

<h2 style="text-align:center">二</h2>

　　鲁他日又问曰①："鲁尝念未得而忧②，追已往而悲③，得酒酤醉，陶然不知。今则不能忘乎酒矣。"无能子曰："汝之忧，汝之悲，自形乎？自心乎？"曰："自心。"曰："心可睹乎④？"曰："不可睹。"无能子曰："不可睹者，忧悲之所生也。

求忧悲之所生，且不可睹，忧悲何寄哉？忧悲无寄，则使汝遂其未得，还其已往，又将谁付耶？今汝随而悲忧之，是欲系风擒影也⑤。汝无忧悲之所寄，而有味酒之陶然，不能自得，反浸渍于麹糵⑥，岂酿器乎⑦？"

【注释】

①他日：后来有一天。

②念未得：没有实现愿望。

③追已往：怀念往事。

④睹：看见。

⑤系风擒影：即捕风捉影。

⑥浸渍：沉浸。麹糵(qū niè)：酒精。糵，酿酒的曲。

⑦酿器：指酒桶。

【译文】

鲁又有一天问我道："鲁曾经因为未实现的愿望而感到忧伤，因为追念往事而感觉悲哀，于是我饮酒到沉醉，便心情愉快忘却了所有的烦恼。现在已经戒不了酒了。"无能子问："你的忧伤、你的悲哀，是出自形骸？还是出自内心？"答："出自内心。"问："内心的情感可以看见吗？"答："看不见。"无能子说："可见忧伤、悲哀是生成于看不见之处。既然不能看见忧伤、悲哀所生之处，那这样的忧伤、悲哀又怎么寄托呢？既然忧伤、悲哀无所寄托，那么即使让你实现了原先的心愿，回复到过去往事之中，你又能将这些获得的外物托付到哪里？今天你追随外物而产生悲哀、忧伤，是在做捕风捉影的事情呀。你对于没有来由的忧伤悲哀，试图通过沉醉于酒的方式解脱，不能通过思考而明理，反倒沉浸在酒精的刺激之中，难道你是酒桶没有脑子吗？"

第七(阙)

纪见第八

【题解】

本章记载了作者经历的三件事，笔调较为随意轻松，有感而发，但悟出的均是道家的基本理念，体现了由浅入深的特点。第一件有关幻人之事，作者悟出的是无分神于身，才能实施却火之术，若能实施"无心"，则"上德"的目标也能达到。

第二件记与秦村景氏有关枭即猫头鹰是否带来凶兆的辩论，作者表达的是人与毛群羽族"俱生于天地无私之气"、一律平等、不容伤害的观点。这与他在本书首篇《圣过》中的人为动物中一分子、众生平等的思想是一致的，有着佛、道两家思想影响的痕迹。

第三件则是借樊姓狂人之口，揭露了礼制名教的不合理性，谈到了其对人性的束缚。这在当时社会是一种很大胆的对社会主流意识的批判，直至今天仍值得我们去关注与思考。

一

秦市幻人①，有能烈镬膏而溺其手足者②，烈镬不能坏，而幻人笑容焉。无能子召而问之。幻人曰："受术于师，术能却火之热。然而诀曰，视镬之烈，其心先忘其身。手足枯柕也③，既忘枯柕手足，然后术从之。悸则术败。此吾所以得之。"无能子顾谓其徒曰："小子志之。无心于身,幻人可以寒烈镬,况上德乎?"

【注释】

①秦市:秦地集市。即今陕西一带的集市。幻人:能玩幻术的人。

②烈镬膏:把大锅里的油烧得沸腾起来。镬,大锅。膏,油。溺:沉,浸。

③枯枿(niè):枯树枝。

【译文】

秦国地方的集市中有一种玩幻术的人,他们能在烧开的热油锅浸入自己的手脚,沸腾着的油不会烫坏他们的手脚,玩幻术的人也笑容不改。无能子找他来询问原因。玩幻术的人说:"我这种幻术是从师傅那里学来的,它能退却烈油的炎热。不过也要有口诀的配合。这个口诀中说道:看到滚烫油锅,要先在心中忘掉自身,要把手脚认做为枯树枝,甚至连枯树枝般的手脚也忘掉,这样才能实施幻术。如果心生惊怕幻术就会失败。这是我所以成功的原因。"无能子回头对他的弟子说:"小伙子你要记住。忘掉了自身,实施幻术的人可以冷却热油锅,况且是达到了高层次精神境界者呢?"

二

无能子寓于秦村景氏民舍①,一夕枭鸣其树,景氏色忧,将弹之,无能子止之。景氏曰:"枭,凶鸟也。人家将凶则枭来鸣,杀之则庶几无凶。"无能子曰:"人之家因其鸣而凶,枭罪也。枭可凶人,杀之亦不能弭其已凶。将凶而鸣,非枭忠而先示于人耶? 凶不自枭,杀之害忠也。矧自谓人者②,与夫毛群羽族③,俱生于天地无私之气,横目方足④,虚飞实走,有所异者,偶随气之清浊厚薄,自然而形也,非宰于爱憎者也。谁令枭司其凶耶? 谥枭之凶,谁所自耶? 天地言之耶? 枭自言之耶? 天地不言,枭自不言,何为必其凶耶? 谥枭之凶,不知所自,则羽仪五色,谓之凤者未必祥,枭未必凶。"景氏止,家亦不凶。

【注释】

①秦村:村庄名。在山西、陕西等省均有设置。

②矧:况且。

③毛群:指有毛的兽类。羽族:指长有羽毛的禽类。

④横目方足:指有着横向视角与方形脚掌的人类。

【译文】

无能子住在秦村景姓的百姓家里时,一天晚上猫头鹰飞来到他家树上鸣叫,景氏面露忧色,准备用弹弓去打它。无能子劝阻了他。景氏说:"猫头鹰是凶鸟。据说这家人要出现灾祸就有猫头鹰来鸣叫,打死了它或许可以消灾免祸。"无能子说:"一个家庭因为猫头鹰的鸣叫而获灾,那确实是猫头鹰的罪过。不过即使是因为猫头鹰来鸣叫带来灾害,杀了它也不能消除已形成的灾难。如果它的鸣叫是发生灾难的预报,那不是猫头鹰出于忠心而先来向人预告吗? 灾难不出自猫头鹰,杀了它反倒是伤害了它的忠诚。况且自称为人的,与有毛的兽类、长羽毛的鸟类,都赖天地无私的元气而生成,有着横向视角与方形脚掌的人类与飞在天空的鸟、奔走于大地的兽的不同之处,在于各自偶然地禀赋了元气的清浊、厚薄的不同,自然地形成了不同的模样,并非受制于气的爱护或憎恶。有谁能指令猫头鹰掌管报凶信呢? 又是谁给了猫头鹰凶鸟的称号呢? 是天地说的吗? 还是猫头鹰自己说的呢? 天地没有说过,猫头鹰自己也没说过,为什么就认定它是凶鸟呢? 给猫头鹰安上凶鸟称号，又不知出处，那么可以说有五色羽翼、被叫做凤凰的未必象征吉祥，而猫头鹰也未必就是凶鸟。"景氏听了我的话不再去伤害猫头鹰，他的家庭以后也没有发生什么灾祸。

三

樊氏之族有美男子，年三十，或被发疾走①，或终日端居不言。言则以羊为马，以山为水。凡名一物，多失其常名。其家及乡人狂之，而不之录焉②。无能子亦狂之。

【注释】

①被发：披散着头发。疾走：快步奔跑。

②录：理睬。

【译文】

樊氏家族中有一位美男子，三十来岁年纪，他有时候披散着头发奔跑，有时则整天端正地坐着不说话。开口说话时，常常把羊称之为马，把山称之为水。凡是他称呼一件事物，大多与平时大家说的名字不同。他的家人及乡亲都说他是疯子，因此也不去理睬他。无能子也把他看做是疯子。

或一日遇于藂翳间①，就而叹曰："壮男子也，貌复丰硕，惜哉病如是。"狂者徐曰："吾无病。"无能子愕然曰："冠带不守，起居无常，失万物之名，忘家乡之礼，此狂也，何谓无病乎？"狂者曰："被冠带，节起居，爱家人，敬乡里，岂我自然哉？盖昔有妄作者，文之以为礼，使人习之至于今。而薄醨固醇酽也②，知之而反之者，则反以为不知，又名之曰狂。且万物之名，亦岂自然著哉？清而上者曰天，黄而下者曰地，烛昼者曰日，烛夜者曰月；以至风云雨露，烟雾霜雪；以至山岳江海，草木鸟兽；以至华夏夷狄③，帝王公侯；以至士农工商，皂隶臧获④；以至是非善恶，邪正荣辱，皆妄作者强名之也。人久习之，不见其强名之初，故沿之而不敢移焉。昔妄作者或谓清上者曰地，黄下者曰天，烛昼者月，烛夜者日，今亦沿之矣。强名自人也，我亦人也，彼人何以强名，我人胡为不可哉？则冠带起居，吾得以随意取舍；万状之物，吾得以随意自名。狂不狂吾且不自知，彼不知者狂之亦宜矣！"

【注释】

①薿翳(cóng yì)间：树林深处。薿，草木丛生的样子。翳，遮蔽。

②薄醪(lǎo)：浊酒。醇酎(zhòu)：经过多次酿造的醇酒。

③华夏：指居住于中原地区的汉族。夷狄：指居住于边远地区的少数民族。

④皂隶臧获：均为奴隶的名称。皂，卫士，无爵而有员额者。隶，因犯罪而服役者。臧，男奴隶。获，女奴隶。

【译文】

有一天与他在树林间偶遇，无能子对着他叹息道："一个强壮的汉子，体貌又高大端正，可惜得了这样的病！"疯子缓缓地说："我没有病。"无能子惊讶地说："你衣冠不整，生活没有规律，又不记得万物的名称，忘记了家乡的礼节，这就是疯了呀，怎么会是没有病呢？"疯子说："衣帽穿戴齐整，日常起居有规律，爱护家人，敬重乡亲，这难道是我自然本性中的东西吗？不过是以前有胡乱作为的人，用礼仪来规范人的行为，使人通过学习遵循到现在。薄酒和醇酒原本同属于酒，知道这个道理而反对加以外在的区别的人，反倒被以为是不明事理，还被叫做是疯子。再说世间万物的名字，难道是天生带来的吗？把清虚居上者叫做天，色黄居下者叫做地,照亮白天的叫做日,夜里发光的叫做月;还有风云雨露,烟雾霜雪;还有山岳江海,草木鸟兽;还有华夏夷狄,帝王公侯;还有士农工商,皂隶臧获;以及是非善恶,邪正荣辱,都是胡乱作为之人强加冠名的呀。日子一长人们也就习惯了这样的叫法,不了解当初强加冠名的情况,于是就沿袭下来而不敢变更了。如果以前那些胡乱作为的人把清虚居上者称之为地,色黄居下者称之为天,白天照明者称之为月,夜里照亮者称之为日,现在也就会沿用下来了。被强取的名字出自某人之口,我也是人,为什么那些人可以为万物强加名称,我就不可以做呢! 穿衣戴帽的方式、日常起居的安排,原本可以由我自己随意取舍;千姿百态的外物,也可以由我自己随意命名。疯没有疯我也不知道,那些不了解我的人,把我看做是疯子也是可想而知的!"

第九(阙)

第十（阙）

固本第十一

【题解】

与本卷中前几章的写法不同，这里没有故事情节，不过每一段都出现诸如兵器、棺椁、桑蚕、垤蚁、井蛙之类的事物，还是有以形象喻理的样子。

第一段讲圣人制造了五兵、罗网，致使人类出现相互残杀及捕猎鸟兽鱼虫的现象，愈演愈烈之后，衰世也因之出现。这个观点与《圣过》等篇一致。

第二段讲到造棺椁的工匠与治人病的医生，因为利益趋向的不同而出现不同的心理状态，是有为即受目的性的驱使而形成了爱憎的倾向，所以唯有本着"无为"的初心，才能仁济天下。此说应当以庄子思想为根据，《庄子·天地》中曰："无为为之之谓天，无为言之之谓德，爱人利物之谓仁，不同同之之谓大……循于道之谓备，不以物挫志之谓完。"便是把"无为"与"仁爱"有机结合的典范。

第三段讲有用之害，桑蚕因吐丝能被人类制成衣服穿，而受烹煮死去，一般人把这种不幸归之于命运，而不知若能"无为"无所长，则不受幸不幸的约束，也没有命运可言。这个思想也与庄子有关。《庄子·天地》曾讲到山中大木"以不材得终其天年"，说明有用则可能招致残害，与本文的意见一样。不过庄子于此事物看得更为辩证，他也看到有的物体却有可能因无用而被抛弃，所以他的处世观念是处于材与不材之间。这种见识在无能子这里还是不曾出现。可能是他对现实社会中因有材而遭罪的情况看得更多一些，所以对这方面的不合理状况也有了更多的关注与评判。

第四段讲了世人对"无为"的不理解，他们就像生活于井底、小土堆中的蚂蚁、青蛙一样，无法理解拥有虎豹、鲸鲵的高山大海的景象。这应当是作者对自己学说不能被世人所理解的一种感叹吧！

<h2 style="text-align:center">一</h2>

五兵者[①]，杀人者也。罗网者，获鸟兽虫鱼者也。圣人造之，然后人能相杀，而又能取鸟兽鱼虫焉。使之知可杀，知可取，然后制杀人之罪，设山泽之禁焉。及其衰世，人不能保父子兄弟，鸟兽鱼虫不暇育麛鹿鲲鲕[②]，法令滋彰而不可禁[③]，五兵罗网教之也。造之者复出，其能自已乎？

【注释】

①兵：泛指多种兵器。说法不一，一说指矛、戟、钺、楯、弓矢，一说指矛、戟、弓、剑、戈。

②麛（mí）鹿：小鹿。鲲鲕（ér）：鱼子，小鱼。

③滋彰：更加明确。

【译文】

兵器，是杀人的工具。罗网，是用来捕捉鸟兽虫鱼的用具。它们由圣人制造出来，然后人类用兵器来相互厮杀，用罗网获取鸟兽、鱼虫等动物。为了使人们知道哪些人可杀，哪些动物可以获取，圣人又列举出可杀之人的罪行，设定了山林水泽禁猎的范围与条件。等到了世道衰败的时候，人们连自己的父子兄弟都保护不了，鸟兽鱼虫等动物也得不到养育诸如小鹿、小鱼等后代的机会,法令订得很详细却得不到执行,这都是受到如五兵、罗网这样的杀虐工具教坏的结果。制造这些工具者如果活到现在,想来也不能控制得了这样的局面吧!

二

棺椁者①,济死甚矣。然其工之心,非乐于济彼也,迫于利也。欲其日售则幸死,幸死非怨于彼也,迫于利也。医者乐病,幸其必瘳②,非乐于救彼而又德彼也,迫于利也。棺椁与医,皆有济救,幸死幸生之心,非有憎爱,各谐其所欲尔③。故无为之仁天下也,无棺椁与医之利,在其济死瘳病之间而已。

【注释】

①棺椁:棺材。内棺叫棺,外棺叫椁。

②瘳(chōu):病愈,治愈。

③谐:符合,满足。

【译文】

棺材,是安顿死者的器物。不过制作它的工匠心里,并非想对死者有所帮助,而是出自利益的驱使。他们希望每天能售出棺材从而希望有人死去,这种死人的希望并非是对死者有所怨恨,而是受到利益驱使的结果。作医生的希望有人生病,为能治好人的病而高兴,这不是因为乐于救助别人而施恩德于人,而是受到利益驱使所致。做棺材的工匠和医生,都对别人有所救助,却有愿别人死去或生存的心思的不同,这并非出自对人的憎爱之情,而是与各自的利益欲念有关。所以只有以无为之心施仁于天下,才能没有做棺材、当医生这样的利益考虑,只出自帮助死者、治愈疾病这样的目的而已。

三

角触蹄踏^①,蛇首蝎尾^②,皆用其所长也。审其所用,故得防其所用而制之。是以所用长者,不如无用。食桑之虫,丝其肠者曰蚕,以丝自舍曰茧;茧伏而化,于是羽而蛾焉。其禀也宜如此,犹兽之胎,鸟之卵,俱非我由也。智者知其丝可缕,缕可织,于是烹而缕之^③,机杼以织之^④,幅而缯之^⑤,缯而衣之^⑥。

【注释】

①角触:指动物用角去抵触对手。蹄踏:指动物用蹄子去践踏对手。

②蛇首:指蛇用头部的嘴去咬对手。蝎尾:蝎子尾巴上有毒钩,用以防敌与捕虫。

③烹:煮。缕之:指做成丝线。

④机杼:指织布机与梭子。

⑤幅:布帛的宽度。

⑥缯:古时纺织品的总称。

【译文】

长角的动物会用角去抵触侵犯者,长蹄子的动物会用蹄子来践踏侵犯者,蛇用有毒的牙齿去咬对手,蝎子则用含毒的尾巴攻击对手,它们都用到了自己的长处。若通过考察得知了它们的特长,就能通过防御而制服它们的进攻。所以使用特长,还不如没有长处。有一种吃桑叶、肠子里产丝的虫名字叫蚕,它用丝做成住舍叫茧;蚕在茧中藏伏一段时间之后会有变化,长出翅膀成为蛾子。它禀赋的天性就是这样的,这就像兽类的怀胎、鸟类的产卵一样,都不是主观选择的结果。有的聪明人想到了它的丝可以做成线，线可以织成帛，于是用开水煮烫蚕茧抽出丝线，又用带梭子的织机加以编织，成为有一定宽幅的绸帛，做成衣服穿在身上。

夫蚕自茧将为蛾也，非为乎人谋其衣而甘乎烹也。所以烹者，丝所累尔。烹之者，又非疾其蚕也，利所系尔。夫兽之胎，鸟之卵，蚕之茧，俱其所禀也。蚕所禀独乎丝，丝必烹，似乎不幸也，不幸似乎分也。故无为者，无幸无不幸，何分乎？

【译文】

蚕自造蛹茧是为变成蛾子准备的，不是为人类制作衣服而甘心受到烫煮的。它之所以会遭遇烫煮的祸害，是受到了丝的牵累。对它烫煮的人，也不是与蚕有什么过不去，只是关系到自身的利益罢了。兽类的怀胎，鸟类的产卵，蚕的生茧，都是出自天然的禀性。蚕所禀赋的唯独是丝，而丝则必然地受到烫煮，好像是它的不幸，而这种不幸又来自于它的命运。所以无所作为者，没有幸或不幸的问题，又怎么会受到命运问题的困扰呢？

四

有为，善不必福，恶不必祸，或制于分焉①。故圣人贵乎无为。坯蚁井蛙②，示以虎豹之山、鲸鲵之海③，必疑，熟其所见也。嗜欲世务之人，语以无为之理，必惑，宿于所习也。于是父不能传其子，兄不能传其弟。沉迷嗜欲，以至于死。还其元而无所生者，举世无一人焉。

【注释】

①分：指命运。

②垤(dié)蚁：生活在小土堆里的蚂蚁。井蛙：井底之蛙。

③鲸鲵：即鲸鱼。雄性称鲸，雌性称鲵。

【译文】

　　刻意而为之，做了善事不一定有福报，做了坏事也不一定遭受祸害，这或许有受命运支配的因素。所以圣人最珍惜的还是无为。对生活于小土堆中的蚂蚁和井底的青蛙，去描述虎豹出没的山峦、巨大鲸鲵畅游的大海，一定不能相信，这是因为超出了它们日常熟悉的见闻范围。对追求享受热衷于俗务的人，告之以无为的道理，一定会受到怀疑，是因为这些人的认识被平素养成的习惯所限制。所以做父亲的无法把所认识的"无为"道理传授给子女，做兄长的不能把懂得的"无为"道理告诉给弟弟。人们都沉迷于对欲望的追逐之中，至死不改。能够恢复原初的天性而不生成欲念者，满天下也找不出一个。

　　嗟乎！无为在我也，嗜欲在我也。无为则静，嗜欲则作。静则乐，作则忧。常人惑而终不可使之达者，所习症之也，明者背习焉。

【译文】

　　哎呀！能够认识"无为"的本质在于我自己的觉悟，而贪求享受也在于我的一念之间。能够认识"无为"的境界就能使心获得平静，而追求欲望则心神不定。心境平静就会感到愉快，心思纷扰则会带来忧虑。一般人之所以无法走出迷惑困境，是受到习惯影响落下的毛病，所以明智的人要反习惯而行之。

第十二(阙)

第十三(阙)

第十四(阙)

中华经典名著
全本全注全译丛书
（已出书目）

周易	晏子春秋
尚书	穆天子传
诗经	战国策
周礼	史记
仪礼	吴越春秋
礼记	越绝书
左传	华阳国志
韩诗外传	水经注
春秋公羊传	洛阳伽蓝记
春秋穀梁传	大唐西域记
孝经·忠经	史通
论语·大学·中庸	贞观政要
尔雅	营造法式
孟子	东京梦华录
春秋繁露	唐才子传
说文解字	大明律
释名	廉吏传
国语	徐霞客游记

读通鉴论

宋论

文史通义

老子

道德经

帛书老子

鹖冠子

黄帝四经·关尹子·尸子

孙子兵法

墨子

管子

孔子家语

曾子·子思子·孔丛子

吴子·司马法

商君书

慎子·太白阴经

列子

鬼谷子

庄子

公孙龙子(外三种)

荀子

六韬

吕氏春秋

韩非子

山海经

黄帝内经

素书

新书

淮南子

九章算术(附海岛算经)

新序

说苑

列仙传

盐铁论

法言

方言

白虎通义

论衡

潜夫论

政论·昌言

风俗通义

申鉴·中论

太平经

伤寒论

周易参同契

人物志

博物志

抱朴子内篇

抱朴子外篇

西京杂记

神仙传

搜神记

拾遗记

世说新语

弘明集

齐民要术

刘子

颜氏家训

中说

群书治要

帝范·臣轨·庭训格言

坛经

大慈恩寺三藏法师传

长短经

蒙求·童蒙须知

茶经·续茶经

玄怪录·续玄怪录

酉阳杂俎

历代名画记

唐摭言

化书·无能子

梦溪笔谈

东坡志林

唐语林

北山酒经（外二种）

折狱龟鉴

容斋随笔

近思录

洗冤集录

传习录

焚书

菜根谭

增广贤文

呻吟语

了凡四训

龙文鞭影

长物志

智囊全集

天工开物

溪山琴况·琴声十六法

温疫论

明夷待访录·破邪论

陶庵梦忆

西湖梦寻

虞初新志

幼学琼林

笠翁对韵

声律启蒙

老老恒言

随园食单

阅微草堂笔记

格言联璧

曾国藩家书

曾国藩家训

劝学篇

楚辞

文心雕龙

文选

玉台新咏

二十四诗品·续诗品

词品

闲情偶寄

古文观止

聊斋志异

唐宋八大家文钞

浮生六记

三字经·百家姓·千字
  文·弟子规·千家诗

经史百家杂钞